BURKHARD BENECKEN

INSIDE KNAST

BURKHARD BENECKEN

INSIDE KNAST

LEBEN HINTER GITTERN – DER KNALLHARTE ALLTAG IN DEUTSCHEN GEFÄNGNISSEN

riva

Bibliografische Information der Deutschen Nationalbibliothek
Die Deutsche Nationalbibliothek verzeichnet diese Publikation in der Deutschen Nationalbibliografie. Detaillierte bibliografische Daten sind im Internet über http://dnb.d-nb.de abrufbar.

Für Fragen und Anregungen
info@rivaverlag.de

Wichtiger Hinweis
Ausschließlich zum Zweck der besseren Lesbarkeit wurde auf eine genderspezifische Schreibweise sowie eine Mehrfachbezeichnung verzichtet. Alle personenbezogenen Bezeichnungen sind somit geschlechtsneutral zu verstehen.

Originalausgabe
1. Auflage 2021

Türkenstraße 89
80799 München
Tel.: 089 651285-0
Fax: 089 652096

Redaktion: Sabine Franke
Umschlaggestaltung: Marc-Torben Fischer
Umschlagabbildung: C_FOR/istockphoto.com
Satz: Carsten Klein, Torgau
Druck: GGP Media GmbH, Pößneck
Printed in Germany

ISBN Print 978-3-7423-1668-4
ISBN E-Book (PDF) 978-3-7453-1360-4
ISBN E-Book (EPUB, Mobi) 978-3-7453-1361-1

Für Salam, Eva & Eva, Veronika, Ulfeta, Irene und Nijo

Alle für dieses Buch interviewten Protagonisten sind Mandanten meiner Kanzlei Benecken & Reinhardt im Ruhrgebiet. Sämtliche geschilderten Fälle sind wahr. Soweit erforderlich, habe ich die Namen zum Schutz meiner Mandanten geändert. Die Betroffenen haben mich für dieses Buchprojekt von meiner anwaltlichen Verschwiegenheitsverpflichtung entbunden. Hierfür möchte ich ihnen danken.

Bei der Erstellung des Manuskripts haben mich tatkräftig insbesondere meine Assistentin Janine sowie Axel Spilcker, der die externe Recherche übernommen hat, unterstützt. Mein ganz besonderer Dank gilt zudem Margret, Monika, Steffen, Iolanda und Ananda.

INHALT

VORWORT

REIN IN DEN KNAST

Der Herbsttag beginnt mit einer Haftsache. Ich bin unterwegs, um einen Mandanten im Gefängnis zu besuchen. Dieses Mal geht es zu Christian nach Hamburg-Fuhlsbüttel. Jenem Mann, den sie den »Internetkiller« nennen. Ein weitläufiger, klotziger Bau ragt vor mir auf. Im Volksmund hat der skandalträchtige Knast seinen Namen längst weg. »Santa Fu« heißt er bei den Einheimischen, so als handelte es sich um einen Wildwest-Amüsierschuppen. Das Gegenteil ist der Fall. Hier sitzen vor allem die Schwerkaliber aus dem Verbrechermilieu ein.

Ein Summer öffnet gleich mehrfach Türen, dann erst schwingt die Gefängnispforte auf, öffnet und schließt sich hinter dem Besucher wieder. Beinahe mechanisch steckt der Vollzugsbeamte seine Schlüssel in die Türschlösser. Stetig dringt der Wärter weiter vor und lotst mich in eine Welt, die eine beklemmende Düsternis ausstrahlt: trister Linoleumboden, Stahltüren, Gitter, miese Aussicht, Kantinenfraß, Gewalt, Drogen, der Kampf ums Überleben – geistig wie physisch. Santa Fu steht für die vorläufige Endstation von 800 Häftlingen. Ein Schicksal, das sie mit den gut 67 000 Insassen in den Gefängnissen der Republik teilen.

Willkommen im deutschen Knastland, willkommen in einem ganz eigenen Orbit, in dem andere Gesetze herrschen und eine andere Sprache gesprochen wird als da draußen in der wohlbehüteten bürgerlichen Gesellschaft – wo kaum einer weiß, was es heißt, »Qualm«, nämlich ein hartes

Urteil, zu bekommen, oder dass die Glaskanzel, in der die JVA-Bediensteten sitzen, »Aquarium« genannt wird, und der Anstaltskaffee »Spüli« heißt.

Lange Zeit habe ich mir über die Verhältnisse hinter Gittern Gedanken gemacht. Wer wüsste besser darüber Bescheid als ein Strafverteidiger? Ich habe sie alle vertreten, die Mörder, Totschläger, Vergewaltiger, Kinderschänder, Clan-Größen, Menschenhändler, Prostituierten, Betrüger bis hin zu Drogendealern. Ich habe sie alle, während sie zwischen Stuttgart-Stammheim, Butzbach, Castrop-Rauxel und Berlin-Moabit hinter Gittern saßen, in den deutschen Haftanstalten besucht.

Dieses Buch habe ich geschrieben, weil viele ihre Vorstellungen vom bundesdeutschen Knastleben offenbar aus Hollywood-Filmen beziehen und statt echten Kenntnissen vor allem Klischees vorherrschen. Was wirklich täglich hinter Gittern geschieht, scheint vielen Leuten unbekannt zu sein. Eine fremde Welt, ein abgeschottetes Universum.

Die Gefängnismauern halten viele Blicke fern. Problemlagen bleiben schlicht hinter den Gittern verborgen, da die Justiz nur wenig davon preisgibt – es sei denn, ein Skandal offenbarte die Schwachstellen, wie etwa bei dem Foltermord im Jugendknast in Siegburg, als drei Häftlinge ihren Zellengenossen 2006 stundenlang zu Tode marterten. Die Nachforschungen förderten ein erhebliches Versagen der Anstaltsleitung zutage. Auch stellte sich heraus, dass die JVA Siegburg, ein Bau aus dem 19. Jahrhundert, nicht für die besonderen Lebenslagen jugendlicher Gefangener taugte. In Wuppertal-Ronsdorf ist inzwischen eine neue Jugendhaftanstalt entstanden, die von 2011 an die Gefangenen aus Siegburg übernahm.

Nur selten erfährt die Öffentlichkeit, was sich tatsächlich in den Zellentrakten abspielt. Berichtet wird meist über spektakuläre Geiselnahmen, Meutereien, Razzien, Verfehlungen durch Wärter und Wärterinnen oder aber Selbstmorde. Vom alltäglichen Leben in der Justizvollzugsanstalt (JVA) zwischen dem Weckruf um sechs Uhr morgens und dem Einschluss nach dem Abendessen bekommt kaum ein Außenstehender Details mit – und in den meisten Fällen endet das Interesse der Öffentlichkeit auch nach der Verurteilung des Straffälligen an den Gefängnistoren.

In diesem Buch erzählen Mandanten, mit denen ich tagtäglich zu tun habe, von ihrem Alltag im Knast: Wie gehen die Inhaftierten damit um, täglich nur eine Stunde Freigang zu haben? Und wie vertreiben sie sich den restlichen Tag über die Zeit? Warum spielen Drogen, Gewalt und die stete Angst zu überleben, so eine große Rolle? Was ist, wenn man krank wird? Wie sehen die hygienischen Verhältnisse aus? Wie kommt man mit HIV-Infizierten aus? Gibt es im Knast tatsächlich Ratten? Wie funktioniert das Einkaufssystem für die Knackis und wie kommt man zu neuem Toilettenpapier? Wer darf zu Besuch kommen und wann ist Besuch erlaubt? Was hat es mit den sogenannten »Liebeszellen« auf sich? Welche Sicherheitsvorschriften bestehen für Fernseher? Und wie gehen Anwälte vor, wenn sie mit ihren Mandanten den anstehenden Prozess besprechen wollen?

Die meisten Klienten – und so auch den sogenannten »Internetkiller«, zu dem ich heute unterwegs bin – habe ich erst hinter Gittern kennengelernt. In einer ganz besonderen Ausnahmesituation. Oft wie aus dem Nichts der Freiheit beraubt, sitzen viele von ihnen zum ersten Mal in Untersuchungshaft. Noch ist kein Urteil ergangen, noch besteht die Unschuldsvermutung, allerdings hat ein dringender Tatverdacht nebst Haftgründen wie Flucht-, Verdunkelungs- oder Wiederholungsgefahr die Delinquenten ins Untersuchungsgefängnis geführt.

Die Unterschiede der Untersuchungshaft zur späteren Strafhaft fallen marginal aus: Zunächst darf man während der U-Haft seine Alltagskleidung tragen und das Limit für Einkäufe liegt bei 210 Euro anstatt wie später in der Strafhaft bei 40 Euro pro Monat. Zudem gibt es Unterschiede bei den Besuchsregelungen, insbesondere der Anzahl und Dauer. Ansonsten gleicht sich der Horror der Gefangenschaft. Rausgerissen aus ihrem normalen Leben, agieren manche Untersuchungshäftlinge panisch, beinahe orientierungslos: »Es ist, als würdest du von einem sicheren Felsen plötzlich abgleiten und in 30 Meter Tiefe stürzen, hinein ins Ungewisse, und nichts anderes nimmst du mit als die Furcht vor der Zukunft.« So hat es einer meiner Mandanten einmal beschrieben.

Der Satz geht mir nicht aus dem Kopf. Er sagt alles aus, auch wenn er wahrlich nicht für alle Häftlinge gelten kann. Dafür ist die Melange, aus der die Haftgemeinde besteht, zu vielschichtig. Hartgesottene Gewalttäter, die auf eine lange Verbrecherkarriere zurückblicken, lassen sich nach der erneuten Inhaftnahme nicht mehr durch die trübe Gefängnisatmosphäre beeindrucken. Die wissen, was auf sie zukommt. Für die Knastneulinge aber ist man als Verteidiger der Vertraute, der Libero, der letzte Rettungsanker vor dem Schiffbruch. Nur mit mir darf der Delinquent unbeobachtet über den Fall reden, über das Tatgeschehen und seine Sicht der Dinge. Er kann sich mir anvertrauen und alle Eventualitäten mit mir durchgehen, ohne eine Überwachung fürchten zu müssen. Der Mandant weiß, dass ich der Schweigepflicht unterliege, zugleich wird ihm klar, dass es nur einen gibt, der ihm helfen kann: sein Verteidiger. Andere Besucher werden bei den Treffen mit dem Beschuldigten durch Vollzugsbeamte überwacht. Gespräche über die Ermittlungen, die Tatvorwürfe sind dann tabu.

Bei meinen Mandanten lassen sich immer wieder zwei Extremtypen ausmachen: Da ist derjenige, der mit der Haftsituation überhaupt nicht umgehen kann. Unter Tränen klagt er dann: »Ich komme hier nicht klar, ich bringe mich um, ich halte das hier keine zehn Tage aus.« Vor allem bei Drogensüchtigen stellen sich bald Entzugserscheinungen ein. Wahnvorstellungen brechen sich Bahn. In einem Fall glaubte einer meiner Schützlinge, man wollte ihn in der Viermannzelle vergiften. Es dauerte einige Zeit, ihm diese fixe Idee auszureden. Weitaus seltener tritt mir jedoch das totale Gegenstück entgegen: Cool, abgeklärt geht der Mandant mit seiner schwierigen Lage um, manche genießen sogar den Ausnahmezustand, eingesperrt zu sein. Ein Saunaclubbetreiber erzählte mir glatt: »Herr Anwalt, die bisherigen 14 Tage in U-Haft sind meine schönste Zeit seit Langem gewesen. Ich kann hier täglich in der Muckibude trainieren, ich lese viel, bin echt tiefenentspannt. Die vergangenen zehn Jahre habe ich mich nur um meine drei Clubs gekümmert, da war kein Platz für andere Dinge. Und nun komme ich auch einmal zu mir selbst.« So kann man es auch sehen. Allerdings sind solche Klienten eher rar gesät.

Psychologisches Geschick spielt bei den ersten Zusammenkünften mit meinem inhaftierten Mandanten eine weitaus wichtigere Rolle als den Fall detailliert zu besprechen. Ich bin dann so eine Art Mutmacher. Einer, der seinem Gegenüber nicht die ganze Zeit Vorwürfe macht, der ihn nicht stundenlang mit grimmiger Miene verhört oder wie so mancher Staatsanwalt nebst Kripobeamten eine Drohkulisse aufbaut. Vielmehr geht es darum, eine Perspektive aufzuzeigen, eine Art Hoffnungsschimmer – und wäre der noch so klein. Ein lockeres Gespräch hilft mitunter weit mehr als enervierendes Durchkauen der Fakten. Natürlich will der Klient die Kardinalfrage beantwortet wissen: »Was kommt als Strafe heraus? Muss ich dauerhaft ins Gefängnis?« Er will wissen, welche Chancen er im Prozess hat und ob eventuell eine Möglichkeit besteht, ihn gegen Kaution kurzfristig rauszuholen. Da heißt es, den Druck aus dem Kessel zu nehmen – und zwar ohne Schönfärberei der Lage. Hat der Tatverdächtige bereits bei der Vernehmung ausgepackt, bevor er mich angeheuert hat, ist es meist viel schwieriger als umgekehrt. »Schweigen ist Gold« – nirgends gewinnt dieses alte Sprichwort so viel Bedeutung wie im Strafverfahren.

Abseits dessen gilt es den Inhaftierten zu beruhigen, ohne ihm falsche Versprechungen zu machen: »Warten wir mal ab, was in der Ermittlungsakte steht«, heißt es, »und dann sehen wir weiter.« Zugleich managt der Verteidiger die Kontakte des Untersuchungshäftlings nach draußen zu seinen Angehörigen, der Lebenspartnerin oder dem Lebenspartner.

Zu guter Letzt kläre ich die Mandanten auf, welche Gefahren hinter den Gefängnismauern lauern. »Passen Sie auf, dass Sie gegenüber Zellengenossen nicht über ihre Tat plaudern, denn viele Knackis versuchen gerade die neuen Gefangenen auszuhorchen, um sich bei der Anstaltsleitung oder den Strafverfolgern lieb Kind zu machen.« Paragraf 31 des Betäubungsmittelgesetzes sieht insbesondere bei Drogendelikten für sogenannte »Zinker« aus dem Knast mildernde Umstände vor, sollten sie helfen, ein anderes Verbrechen aufzuklären. Die Knackis sprechen hier vom »Judasparagraphen« – Verrat geht erfahrenen Verbrechern oft völlig gegen den Strich. Ich habe nicht selten erlebt, dass die Staatsanwaltschaft Leute gezielt auf schweigsame Häftlinge ansetzt, um sie zu überführen. Und noch ein Trick ist unter Ermittlern üblich: In den geschlossenen Justizvollzugsanstalten dürfen die Insassen keine Handys besitzen. In einem bekannten Fall haben die Ankläger gezielt Mobiltelefone zu Beschuldigten reinschmuggeln lassen. Blauäugig wie sie waren, redeten sich die Zielpersonen aus der Zelle heraus um Kopf und Kragen, indem sie freimütig telefonisch über die Taten konferierten.

In knapp 180 Justizvollzugsanstalten sind hierzulande Kriminelle jeglicher Couleur inhaftiert. Jedes dritte Gefängnis steht in Bayern und Nordrhein-Westfalen. München-Stadelheim (1500 Plätze) und Köln-Ossendorf (gut 1100 Plätze) rangieren oben auf der Skala der größten Knäste. Mit mehr als 1600 Insassen nimmt die offene Vollzugsanstalt Bielefeld-Senne den bundesweiten Spitzenplatz ein. Die Kosten pro Häftling betragen monatlich im Schnitt knapp 4000 Euro – ein teures Unterfangen. Allein das bevölkerungsreichste Bundesland zwischen Rhein und Weser gab 2017 gut 840 Millionen Euro für den Strafvollzug aus.

Das Gefangenenportfolio ist so gemischt wie die Schwere der Delikte: Angefangen beim notorischen Schwarzfahrer, der eine Ersatzfreiheitstrafe verbüßt, weil er die Geldstrafe nicht zahlen kann, über den Betrüger, den Serienmörder, den islamistischen Terroristen bis hin zu Rocker- und Clan-Bossen oder Anführern der Mafia-Syndikate wie der russischen »Diebe im Gesetz«, die in vielen deutschen Knästen das Sagen haben, findet sich in den Haftanstalten alles versammelt. Neben dem Superhirn verbüßt der Einfaltspinsel seine Strafe. Da ist der Obdachlose, der im Winter das kalte Straßenpflaster gegen eine warme Zelle eintauscht, oder die Masse von Junkies, die wegen Diebereien und Einbrüchen immer wieder aufs Neue in der JVA landen. Schwindler, Vergewaltiger und Clan-Mitglieder sitzen mit hochrangigen Wirtschaftskriminellen, Bankern und Funktionären ein.

Fünf Prozent der Knackis machen Frauen aus. Wie die Männer müssen auch sie sich in dieser schwierigen Situation behaupten. Sie müssen sich hinter den Gefängnismauern oft gegen ihre eigenen Zellengenossinnen zur Wehr setzen, wie gegebenenfalls auch gegen übergriffige Wärter, Lehrer oder Ausbilder. Manche Straftäterinnen sind schwanger, wenn sie in Haft kommen, sie gebären ihr Kind gefesselt im Kreißsaal. Wenn die inhaftierten Frauen Glück haben, ergattern sie mit ihrem Baby in speziellen Mutter-Kind-Trakten einen der wenigen begehrten Plätze. Andernfalls müssen sie ihr Kind zu Verwandten oder Pflegeeltern geben.

In den Justizvollzugsanstalten entwickeln sich Parallelwelten. So manches Klischee über den Knast scheint zuzutreffen – und zugleich dann doch wieder nicht. So unterschiedlich die Menschen draußen ticken, so verschieden denken und leben auch die JVA-Insassen. Christen, Muslime, Juden und Atheisten sitzen im selben Zellentrakt. Russen, Türken, Syrer, Nordafrikaner bilden eigene Cliquen, die gemeinsam agieren – nur die Deutschen schaffen es meist nicht, Gemeinschaften zu bilden.

Dieser Report schildert den Gefängnisalltag in seinen ganz unterschiedlichen Facetten und liefert einen tiefen Einblick in das Seelenleben Gefangener in verschiedenen Situationen. Es wird erzählt, wer hinter Gittern das Sagen hat und wer im Knast-Ranking ganz unten landet. Dabei geht es auch um die Fragen, warum immer wieder Häftlinge den Freitod wählen und warum die Resozialisierung nur teilweise funktioniert. An ausgewählten persönlichen Biografien werden die allgemeinen Probleme und Schwachstellen in den deutschen Haftanstalten kritisch beleuchtet.

Yusuf aus Gelsenkirchen wollte als 16-jähriger Fanatiker im Namen der Terrormiliz »Islamischer Staat« einen Tempel der Glaubensgemeinschaft der Sikh in Essen in die Luft jagen. An seinem Fall zeigt sich unter anderem, dass politische Extremisten – hier radikal-islamische Terroristen – Mithäftlinge auch im Knast noch in ihren Ideen, wie dem Dschihad gegen die Ungläubigen, bestärken, oder aber sie erstmals dafür zu begeistern versuchen. Längst sieht Yusuf sich durch die Teilnahme an einem Aussteigerprogramm sowie den starken Beistand seiner Familie geläutert, hat sich abgewandt von der islamistischen Doktrin. Sein größter Wunsch: Yusuf will sich als Musikproduzent versuchen.

Sunny, die Prostituierte, die vom großen Geld träumte und einen Millionendeal plante, der sie beinahe wieder hinter Gittern gebracht hätte, kann viel erzählen über das Gefängnisdasein einer schwangeren Frau, die dem harten Knastleben trotzt. In drastischer Weise schildert die junge Türkin zudem verbotene Liebesbeziehungen hinter Gittern – mit oder ohne Aufseher.

Für Ausbrecherkönig Michael Heckhoff gilt die höchste Sicherheitsstufe, nachdem ihm im Herbst 2009 zusammen mit seinem Kumpel Peter Paul Michalski mit Hilfe eines Wärters die spektakuläre Flucht aus dem Hochsicherheitstrakt der JVA Aachen gelang. Bewaffnet mit Dienstpistolen der Strafanstalt hielten die Schwerverbrecher vier Tage lang die Republik in Atem, kidnappten auf ihrer Flucht fünf Geiseln, ehe sie dann doch der Polizei ins Netz gingen. Das Landgericht Aachen verurteilte die beiden mehrfach vorbestraften Straftäter zu hohen Haftstrafen und anschließender Sicherungsverwahrung. Heckhoff, heute 61 Jahre alt, beschreibt sein Schicksal, seine Fehler und die Probleme im geschlossenen Vollzug. Dabei offenbart er die Gemütsverfassung eines Gefangenen, der womöglich im Knast sterben wird.

Und da ist der eingangs erwähnte »Internetkiller« aus Hamburg, der aus dem Gefängnis heraus neue Liebschaften anbahnt. Sein Fall wirft Licht auf die Frage, warum so viele Frauen auf hochgradige Gewaltverbrecher stehen. Er berichtet über seine Ausgänge und gewährt Einblicke in seinen Aufenthalt in der sozialtherapeutischen Abteilung der JVA, in der er einsitzt.

Mehmet, ein ehemaliger Vollzugsbeamter, legt offen, warum er für einen Gefangenen ein Handy einschmuggelte. Der Ex-Wärter kritisiert ferner die desaströse Personalsituation in den Gefängnissen. Er allein musste 50 Häftlinge unter Kontrolle halten. »Bei dem Job schwingt stets auch ein Stück Furcht mit«, lautet sein Fazit.

Mehmets Erlebnisse belegen eine offenkundige Misere, die in den zuständigen Bundesländern bisher auf taube Ohren stößt: Der Strafvollzug in Deutschland steht am Limit. Es fehlen gut 2000 Vollzugsbeamte. Die Bezahlung ist nicht gerade üppig und die Aufstiegsmöglichkeiten für Vollzugsbeamte sind überschaubar. Angriffe auf das Aufsichtspersonal steigen seit Jahren massiv an. Allein in Nordrhein-Westfalen ereigneten sich 2018 mehr als 600 Fälle von Gewalt, Bedrohung und Beleidigung. »Die Hemmschwelle für Gewalt ist dramatisch gesunken. Insbesondere ausländische Straftäter attackieren das Personal in einem noch nie dagewesenen Ausmaß«, konstatiert René Selle, Vizechef des Bundes der Strafvollzugsbediensteten Deutschlands (BSBD).

Auch sind die Haftanstalten überfüllt. So fehlen in Baden-Württemberg 1000 Haftplätze, die Abschiebehaftanstalten quellen genauso über wie die normalen JVAs. Die Enge, die stetige Langeweile im Strafvollzug, der Mix kultureller Backgrounds, die Perspektivlosigkeit, das Misstrauen nebst dem Knastcodex sorgen häufig für Ärger und Gewalt.

In letzter Zeit hat die Flüchtlingskrise 2015 und 2016 zu einem weiteren Anstieg der Gefangenenzahlen geführt. In Nordrhein-Westfalen, mit rund 16 000 Insassen das Bundesland mit den meisten Häftlingen, stieg der Anteil ausländischer Inhaftierter von 29 Prozent im Jahr 2013 auf 36 Prozent (2018) an. In Baden-Württemberg schnellte die Rate im selben Zeitraum von 35 Prozent auf 48 Prozent, also um etwa 800 Personen, empor. Die Zustände werden in absehbarer Zeit jedenfalls nicht einfach von alleine besser werden, und schon gar nicht dadurch, dass man weiterhin die Ohren gegenüber den Schwachstellen des Systems verschließt.

Durchgreifende Reformen sind dringend nötig, um die Justiz und den Strafvollzug in die Moderne des 21. Jahrhunderts zu überführen. Ich denke etwa auch an das Lotteriespiel, das psychiatrische Gutachter oft aufführen, wenn sie über die vorzeitige Entlassung von Schwerkriminellen entscheiden müssen. Mitunter reichen der oder dem Sachverständigen kurze Besuche bei dem Delinquenten, um den Daumen zu senken oder zu heben. Diese Art von Exploration erinnert an ein automatisiertes Laufband, das nach dem Aschenputtel-Prinzip die Guten ins Töpfchen und die Schlechten ins Kröpfchen verfrachtet und bei dem mehr das Wohlverhalten und der Mitmachwille des Gefangenen den Ausschlag gibt als eine fundierte Risikoanalyse. Ein Mandant hat mir einmal gesagt: »Wenn du dich im Knast gegenüber den Therapeuten einsichtig zeigst und Ja und Amen sagst, bekommst du

Vorteile. Wenn du dieses falsche Spiel gegenüber dem Gutachter fortsetzt, kommst du vorzeitig in Freiheit. Wenn du dein wahres Gesicht zeigst, sitzt du deine Strafe bis zum letzten Tag ab.« Viele Justizbehörden arbeiten aber auch mit den immer gleichen Hausgutachtern zusammen, deren Urteil dann gegebenenfalls willkürlich nach Wunsch der Justiz ausfällt. Besonders auffällig ist dieses Phänomen im Rahmen der Prüfung der vorzeitigen Entlassung aus dem Maßregelvollzug: Hier geht der Gutachter-Daumen permanent nach unten, zur großen Freude der Anstalt und der Gutachter selbst – kostet doch ein Platz in einer psychiatrischen Klinik rund 300 Euro pro Tag, und der Gutachter bekommt bei der nächsten Prüfung der vorzeitigen Entlassung einen weiteren, oft mehrere Tausend Euro teuren Auftrag. Da würden Sachverständige sich ja ins eigene Fleisch schneiden, wenn sie zu einem günstigen Ergebnis für den Inhaftieren kämen – und die Anstalten freuen sich über weitere knapp 10 000 Euro monatlich für jeden nicht vorzeitig entlassenem Insassen aus der Schatulle des Steuerzahlers.

Vieles liegt beim Strafvollzug im Argen. Das fängt bei einer besseren personellen Ausstattung und Bezahlung im Vollzugsdienst an und hört bei einem Resozialisierungsprogramm auf, das seinen Namen auch verdient. Natürlich sind solche Forderungen in der Öffentlichkeit meist nicht mehr wert als eine Randnotiz. Sie tragen auch keine Wählerstimmen bei der Bevölkerung ein. »Es wird schon seine Gründe haben, wenn diese Leute hinter Gitter müssen«, heißt es meist. »Die können froh sein, dass sie in deutschen Gefängnissen einsitzen und nicht in einem Knast der Türkei, in Mexiko oder Asien.« Und tatsächlich mag es sein, dass die Haftbedingungen und das Strafmaß in Deutschland im internationalen Vergleich vielen noch recht erträglich erscheinen. Das heißt jedoch keineswegs, dass wir uns der Zustände in den bundesdeutschen Gefängnissen rühmen können. Dieses Buch will ein Bild davon vermitteln, wie Gefangene und Vollzugsbeamte den Alltag in einer Haftanstalt tatsächlich erleben. »Dass ich hier nicht das Paradies vorfinde«, hat mir mal mein Klient Christian bei meinem Haftbesuch offenbart, »war mir schon klar. Aber mir war nicht bewusst, dass es so eine Hölle ist.«

KAPITEL 1

KONTAKTE

Da ist er wieder in seinem Element: Wenn es einen gibt, der das Netz virtuos als Kontaktbörse zu nutzen weiß, dann Christian. Weder parshippt der Enddreißiger, noch sucht er Beziehungen über Elite Partner oder Lovescout24. »Irgendwann habe ich Jailmail für mich entdeckt«, erzählt der gebürtige Hamburger lächelnd. Über das digitale Portal suchen Gefangene »Kontakte von drinnen nach draußen«. Die »Webmistress Erna« vermittelt seit 2005 über ihre Plattform Brieffreundschaften zu Inhaftierten – je nach Wunsch zu Mann oder Frau. Eingangs hat die Administratorin allerdings einen Warnhinweis für Interessierte eingestellt: »Auf den folgenden Seiten inserieren strafgefangene Menschen zur Suche nach Brieffreunden. Da Jailmail dabei nicht nach Straftaten selektiert, können sich darunter auch Inserenten mit sehr schweren Straftaten befinden. Also auch mit Taten wie Mord, Totschlag, Vergewaltigung, Geiselnahme, Kindesmissbrauch, Körperverletzung etc.« Wer damit mental nicht klarkommt, ist damit informiert und hat die Gelegenheit, die Homepage wieder zu verlassen.

Christian hat auf dem Feld sicherlich keine Probleme. Er sitzt seit zwölf Jahren hinter Gittern, die meiste Zeit in dem berühmt-berüchtigten Knast in Hamburg-Fuhlsbüttel, der besser bekannt ist unter dem Spitznamen Santa Fu. Die Boulevardpresse hat ihn seinerzeit den »Internetkiller« oder den »Chatroom-Mörder« genannt. Christian ist quasi der kriminelle Pionier der virtuellen Dating-Bazare. Über den Onlinedienst »knuddels.de« gab er den Frauen-Versteher, unter dem Pseudonym »Riddick300«, einer Anspielung auf den von Vin Diesel in mehreren Filmen und Videospielen verkörperten Science-Fiction-Action-Helden. Zeitweilig unterhielt der Loverboy neben seiner jeweiligen Freundin hundert Flirt-Chats gleichzeitig. Für ihn stellte das Liebes-Daddeln am PC ein Muss dar, eine Bestätigung seines labilen Egos. Hier offenbarte sich die verschattete Seite seiner Seele, die stets nach neuen sexuellen Abenteuern suchte, um sich selbst zu überhöhen. Im Netz war er wer, er spielte Riddick, jenen Helden, der es so geschickt verstand, Frauen und junge Mädchen zu beeindrucken. Hier war er nicht der erfolglose Gelegenheitsarbeiter, der meist anderen auf der Tasche lag, weil er nie Geld hatte. Nicht jene Niete, die andere zwar zunächst durch ihre charmante Art beeindruckte, sich aber bald als Langweiler entpuppte.

So sehr Christian in der realen Welt versagte, so sehr feierte er im digitalen Kontakt-Orbit Erfolge. Gekonnt arrangierte er Rendezvous, gaukelte seinen Bekanntschaften die traute Zweisamkeit vor, um schon nach kurzer Zeit erneut im Netz Nachschub für seine Bedürfnisse zu suchen. Seine Aktivitäten via Mausklick entwickelte Christian zur wahren Meisterschaft. Bis er schließlich im Jahr 2008 zwei Frauen tötete und zu lebenslanger Freiheitsstrafe verurteilt wurde. Seitdem hat er auch in Santa Fu den Nimbus des Internetkillers weg.

Inzwischen ist Christian in die sozialtherapeutische Einrichtung der JVA gewechselt; dort geht es weit lockerer zu, die Zellentüren stehen den ganzen Tag auf. Hier soll der Delinquent sich in psychotherapeutischen Sitzungen mit seinen Taten auseinandersetzen, um irgendwann doch wieder freigelassen zu werden.

In der sozialtherapeutischen Abteilung begann Christian sich erneut nach einer Beziehung zu sehnen. Das jahrelange Alleinsein, die ständige Einsamkeit zerrte zunehmend an seinen Nerven. Und so drängte sich der Gedanke auf, »dass es wieder Zeit für eine neue Frau ist«, berichtet mir der Häftling an dem Septembertag, an dem ich ihn besuche, gut gelaunt. »Die lange Zeit ohne eine Beziehung ist richtig hart und ich bin schon so lange ohne, deswegen wollte ich es versuchen.« Da sitzt er nun entspannt und spricht über sein Leben in Santa Fu, und vor allem über sein erfolgreiches Werben via Jailmail.de.

Christian darf in der therapeutischen Anstalt ein Handy benutzen – allerdings ohne Internetzugang. Und so hat er ein Selfie angefertigt. Per Post ging die Aufnahme an die Kontaktbörse. Für das Inserat hatte er folgenden Text verfasst: »Suche Briefkontakt, um dem harten Gefängnisalltag zu entgehen. Wenn du Langeweile hast, schreibe mir doch einfach.« Die Anzeige bei Jailmail.de einzurichten sei simpel, berichtet der JVA-Insasse: »Brief schreiben, hinschicken, warten. Dann kommt die Bestätigung von Jailmail auch per Brief und man steht für sechs Monate online. Ganz leicht«, erzählt Christian.

Gleich auf seine erste Anzeige hin erhielt er einen ganzen Schwung Antworten. Anfangs ging es meist um belanglose Dinge. »Die Frauen schreiben über sich, was sie so machen, über ihre Hobbys. Dann wollen sie meist wissen, warum ich im Knast sitze und wie es mir geht.« Nach einiger Zeit wurden manche Briefkontakte jedoch intimer. Eine Frau schrieb dem Inserenten: »Ich stelle mir gerade vor, wir fahren mit dem Auto zum Strand. Du holst deine Boxershorts und ich ziehe meinen schwarzen Bikini an. Dann gehen wir ins Wasser. Ich werde tauchen und du bleibst stehen. Ich werde dir einen bl…« Christian stoppt an dieser Stelle, in der die Fantasien auf ein Schäferstündchen mit Oral-Sex hinauslaufen. Mehr möchte er nicht aus dem Schreiben zitieren. »Sonst werde ich ja noch richtig rot.«

Insbesondere der Brief einer Frau namens Nadine fiel dem Schwerverbrecher ins Auge. Der Kontakt wurde enger, man tauschte sich aus. Bald besuchte die junge Frau den Mörder. Anfangs war es nicht so einfach. Als sie von den zwei toten Frauen erfuhr und all die ganzen Horrorberichte über ihn googelte, herrschte zunächst zwei Wochen Funkstille. Dann aber meldete sich die 24-Jährige wieder bei Christian. »Es ist schlimm, was du getan hast, aber jeder hat eine zweite Chance verdient«, schrieb sie ihm. Nach sechs Monaten beschlossen die beiden im Jahr 2014, dass man nun ein Paar sei.

Christian stand auf Nadine. Er war froh, endlich jemanden da draußen zu wissen, der etwas für ihn empfand. Jemanden, auf den er sich verlassen konnte, denn sonst gab es da nur seine Mutter. Endlich tat sich eine Beziehung auf, ein Miteinander, das ihn das Einerlei im Strafvollzug oder in der therapeutischen Einrichtung vergessen ließ. Jenseits der Gefängnismauern wartete jemand, der sich kümmerte, der sich nach seinem Befinden erkundigte, der ihn liebte. Blonde Haare, normale Figur, etwas schüchtern, lebte Christians neue Freundin seinerzeit von Hartz IV. Sie war keine Heidi Klum, aber eine tolle Frau. Das Thema »gemeinsame Zukunft« stand bei dem Paar zunächst nicht im Vordergrund. Eher das Hier und Jetzt. »Wir wollten es erst mal langsam angehen lassen«, erinnert sich Christian, »und alles Weitere nach meiner Entlassung besprechen.«

Knastliebe ist nicht einfach. Oft scheitern die Beziehungen am häufigen Getrenntsein. Nur selten sind Besuche zugelassen. Im geschlossenen Vollzug beschränkt sich der Kontakt zudem auf wenige Telefonate im Monat. »Und wen rufst du dann an?« Christian schaut mich fragend an. »Du musst entscheiden, ob es etwa deine Mutter ist oder deine Freundin.« Also bleibt meist nur das Schreiben, gepaart mit der Hoffnung, dass die Partnerin da draußen auf ihn wartet. Herzgeflüster allein auf dem Papier verliert bald seinen Reiz. Zumal die Wärter alles mitlesen. »Das ist echt krass, die Vollzugsbeamten scannen auch die Post, die von den Freundinnen reinkommt«, erklärt Christian empört. »Manchmal kommen dann auch Kommentare: Wieso schreibt sie dir so was? Wer ist sie? – Wieso mischen sich diese Leute da ein?« Dasselbe geschieht, wenn Rechnungen eintreffen. »Da geben die Wärter auch ihren Senf zu ab, das geht gar nicht.«

Sex hinter Gittern in sogenannten »Liebeszellen« ist einzig auf Antrag möglich. Und das nur einmal im Monat. »Dazu kam es erst gar nicht«, erinnert sich Christian, weil es zuerst einer Genehmigung für einen solchen Langzeitbesuch bedarf. Erst nach zwölf Besuchen durch Nadine hätte es etwas werden können. Erst dann entscheiden der Abteilungsleiter und eine Psychologin der Anstalt über das Ersuchen. Das kann lange dauern. Nur bei einem positiven Entscheid kann der Häftling schließlich einen Langzeitbesuch für sieben Stunden beantragen.

Bevor es soweit war, stand die Beziehung bereits vor dem Aus. Offenbar war das Feuer auf beiden Seiten nach dreijähriger Partnerschaft merklich abgekühlt. Das Paar geriet in Streit, als Nadine begann, über Christians Mutter herzuziehen. Der Santa-Fu-Häftling beendete die Liaison im Jahr 2017. Die Trennung machte er endgültig, indem er Nadine aus der Besucherkartei streichen ließ. Inzwischen hat Christian weitere Frauen über das Internet kennengelernt. Gerade hat er wieder eine Kontaktanzeige via Jailmail veröffentlicht.

Die Bekanntschaft mit einem bekannten Schwerverbrecher ist offenbar für manche Frauen von ganz besonderem Reiz. Je prominenter die Tat, desto größer fällt das weibliche Interesse am Täter aus. »Der norwegische Massenmörder Anders Breivik hat beinahe an jedem Hauptverhandlungstag bis zu 70 Heiratsanträge erhalten«, weiß der Kriminalpsychologe Christian Lüdke und ordnet derartige Fälle dem Krankheitsbild der »Hybristophilie« zu, auch »Bonnie-and-Clyde-Syndrom« genannt. Obschon Bonnie Parker und Clyde Barrow zu Beginn der 1930er Jahre im mittleren Westen der USA 14 Morde überwiegend an Polizisten begingen, feierten Teile der Bevölkerung das Gangsterpaar als eine Art moderne Robin-Hood-Ausgabe. Insbesondere Frauen entwickelten große Sympathie für die eiskalten Killer.

In seinem Buch *Profile des Bösen* befasst sich Christian Lüdke mit dem sogenannten »AMIGA-Phänomen« – AMIGA ist eine Abkürzung für den Satz »Aber meiner ist ganz anders.« Aus Sicht des promovierten Psychologen entwickeln bestimmte Frauen den Wunsch, den Gefangenen zu kontrollieren. »Sie glauben, die Einzigen zu sein, die verstehen, was mit dem Straftäter geschehen ist, in ihren Augen ist er meist unschuldig. Durch die anrüchige Liebschaft versuchen diese Frauen eigene Defizite zu kompensieren.« Oft handele es sich um Frauen, die auf der Verliererseite des Lebens stehen und die aus schwierigen Beziehungen kommen. »Viele von ihnen haben massive Grenzverletzungen erlebt, sind gescheitert«, erläutert der Kriminalpsychologe: »Und deshalb suchen sie sich kein normales Liebesglück, sondern etwas anderes, etwas Skandalöses, die Partnerschaft zu einem Mörder. Damit erhöhen sie ihr Selbstwertgefühl.« Lüdke nennt zudem die »Faszination des Abscheulichen«: »Die Gewalttäter ziehen diese weibliche Klientel massiv an.« Oft fühlten sich die Frauen von ihrem Umfeld nicht geliebt. »Und nun kehren sie den Spieß um, konfrontieren ihre Familie oder ihre Freunde damit, dass sie mit einem hochgradigen Verbrecher zusammen sind. Damit polarisiert man und erhält jene Aufmerksamkeit, die vorher nicht gegeben war.« Die neuen Partnerinnen identifizierten sich mit dem aggressiven Täter, indem sie sogar seine Verbrechen rechtfertigten, so Lüdke. »Insgeheim wünschen sich manche, ebenso gehandelt zu haben, weil sie sich selbst als Opfer erlittener Demütigungen sehen«, erklärt Lüdke, »diese Knastlieben sind der paradoxe Versuch einer Eigentherapie«. Die Liebe zum Mörder soll demnach das eigene, schwache Selbstwertgefühl stärken.

Natürlich spielt auch eine erotische Komponente eine wichtige Rolle: »Liebesbriefe regen die kranke sexuelle Fantasie vieler Täter an.« Lüdke weist in dem Kontext auf Peter Madsen hin. In den Jahren 2017 und 2018 beherrschte der Däne weltweit die Schlagzeilen, weil er eine schwedische Journalistin an Bord seines selbstgebauten U-Boots auf brutale Weise gefoltert und ermordet hatte. Ein Jahr nach seiner Verurteilung sorgte der Endvierziger erneut für Aufsehen. Vom Knast aus fand er eine neue Liebe. Der prominente Häftling heiratete eine russische Aktivistin und Künstlerin, die in Finnland lebt. Die Vermählung verkündete Madsen stolz via Facebook. Seine neue Frau zumindest hob ihren Gatten in den sozialen Netzwerken in den Olymp: »Mein Mann hat ein schreckliches Verbrechen begangen und wird dafür bestraft. Aber da ich ihn wirklich kenne, habe ich das Exklusivrecht zu sagen, dass ich das Glück habe, mit der schönsten, klügsten, talentiertesten, hingebungsvollsten und einfühlsamsten Person und dem besten Mann aller Zeiten zusammen zu sein.«

Kriminalpsychologe Lüdke rückt solche Äußerungen an den Rand eines »Wahns, einer falschen Wahrnehmung der Realität«. Derartige Beziehungskonstellationen entsprechen nach seinen Angaben einem Krankheitsbild, das die Franzosen mit dem Begriff *Folie à deux* (»Geistesstörung zu zweit«) versehen. Heißt: Einer leidet unter einem psychischen Defekt, mit dem er seinen normalen Partner infiziert. Nach Ansicht von Lüdke wurde »die junge Künstlerin im Fall Madsen durch einen manipulativen Soziopathen mit in den Sumpf gezogen«. Lüdke vergleicht Verbrecher wie Madsen mit perfekten Manipulatoren: »Sie verwandeln diese Frauen zu Marionetten. Die wissen genau, welche Knöpfe sie drücken müssen, kennen zwar keine Gefühle, können sie sich aber erdenken und vortäuschen. Diese Leute wissen, was sie schreiben müssen, damit die Frauen total von ihnen fasziniert sind.«

Studien zufolge entstehen derartige Avancen zu Kapitalverbrechern immer durch Frauen. »Diese Beziehungen gehen meist nicht gut«, erklärt Lüdke. »Wenn die Täter dann freikommen, fallen sie schnell in ihre alten Verhaltensmuster zurück. Solche Liebschaften funktionieren häufig nur, solange die Männer im Knast einsitzen.« Denn sitzt der Geliebte hinter Gittern, entsteht ein Machtgefälle, bei dem die Frau die Kontrolle hat: Sie muss sich nicht darum sorgen, dass ihr Geliebter sie hintergeht. Es kann kein Alltag entstehen, der die Liebe killt. Besuche sind selten und sind eine freie Entscheidung der Frau. Gleichzeitig glauben sie, dass der Partner sich ändern könnte. Diese Hoffnung nährt das Gefühl, gebraucht zu werden.

Mitunter aber scheitern Romanzen auch an der mangelnden Perspektive der Langzeitgefangenen, in absehbarer Zeit entlassen zu werden. Oder aber die große Liebe hat sich in einen anderen verguckt. Vor zehn Jahren beendete ein 50-jähriger Kindermörder in der »Liebeszelle« der JVA Remscheid das Verhältnis zu seiner vier Jahre jüngeren Freundin in brutaler Manier. Vier Jahre lang hatte die Lebensgefährtin ihren Traummann regelmäßig besuchen dürfen – das Paar verbrachte jeweils mehrere Stunden unbeobachtet in dem »Langzeitbesucherraum«. Die beiden hatten sich über eine Brieffreundschaft näher kennen und lieben gelernt. Dass er ein kleines Mädchen vergewaltigt und ermordet hatte, machte der Verkäuferin und Mutter eines Kindes nichts aus.

An jenem Sonntag im April 2010 öffneten die Vollzugsbeamten die Zellentür. Eine entsetzliche Szene bot sich ihnen dar: Die 46-jährige Besucherin lag unbekleidet und blutüberströmt auf dem Boden, neben ihr zwei Messer und ein Radmutterschlüssel. Offenbar hatte das Opfer nicht mehr den Alarmknopf drücken können. Der Täter saß zusammengesunken und mit aufgeschnittenen Pulsadern auf einer Couch. Er überlebte. In der Zelle fand sich eine Notiz, die bekundete, dass die Frau sich trennen wollte. Diese Nachricht schien er nicht verkraftet zu haben. Fünf Monate später erhängte er sich in der Vollzugsanstalt Werl.

Christian hat sich um solche Auswüchse und Schwierigkeiten, die aus einer brieflichen Beziehung erwachsen können, keine Gedanken gemacht. Für ihn bieten die Briefkontakte eine Chance. Die Möglichkeit, sich mit anderen und darunter auch mit Frauen da draußen auszutauschen. Klar geht es auch darum, sein Ego zu befriedigen. »Aber dieses Vertrauen ausnutzen?« Christian schüttelt den Kopf. »Nee, gewiss nicht, das ist nicht meine Schiene, die Frauen zu manipulieren, das geht gar nicht.« Nach wie vor träumt der Knacki von einer einfachen Zukunft: Eine Beziehung soll es sein, mit einer gestandenen Frau, keinem unsicheren Mädchen. »Beide müssen auf eigenen Beinen stehen, für einander da sein, beide sollten berufstätig sein. Wenn Kinder infrage kommen, ist das auch okay«, schreibt er später in seinen Antworten auf meinen Fragenkatalog.

Länger als nötig will Christian in Santa Fu nicht verbringen. Hier bekommt man nichts geschenkt. »Die vier Jahre im geschlossenen Vollzug waren richtig scheiße«, gesteht der Enddreißiger. Die Beamten gingen meist ruppig mit ihm um. Mit den anderen Gefangenen kam er auch nicht klar, weil sie ihm den Promi-Status neideten. Christian zog sich sehr zurück, um Gefahren aus dem Weg zu gehen. Er suchte sein Heil in der Defensive. Nur ja nicht anecken, lautete seine Devise. Besser man hielt sich aus allem heraus, was Ärger verursachen könnte. Nach dem Urteil »lebenslänglich« hatte er um eine heimatnahe Verlegung gebeten. Seine Mutter und seine Oma leben in der Hansestadt, sie waren seine einzigen Bezugspunkte. Dass er damit den Weg in die Hölle gewählt hatte, ahnte der Internetmörder damals noch nicht.

Santa Fu mit seinen 800 Plätzen rangiert von der Größe her im oberen Mittelfeld deutscher Justizvollzugsanstalten. Das über 140 Jahre alte Gefängnis blickt auf eine äußerst skandalträchtige Geschichte zurück: organisierter Drogenschmuggel, politische Untersuchungsausschüsse, bestechliche Wärter, tödliche Revolten. Noch in den 1930er Jahren wurden Neuankömmlinge zur Begrüßung auf eine Pritsche geschnallt und von den Wärtern verprügelt. Laut »Santa-Fu-Report« der Hamburger Morgenpost stürzte bei der ersten Knastmeuterei im Juli 1972 ein Gefangener vom Dach in den Tod. Mit dem Beginn der Liberalisierung des Vollzugs häuften sich in Hamburg-Fuhlsbüttel die Zahl der Ausbrüche. »Santa Fu und raus bist du«, spotteten die Inhaftierten.

In den 80er und 90er Jahren muss es äußerst fidel in den Zellentrakten zugegangen sein. Aufseherinnen schmuggelten Alkohol in den Knast und sollen sich mit Häftlingen vergnügt haben, Prostituierte wurden als Besucherinnen eingeschleust. Wärter chauffierten einen Mörder in den Puff. In Santa Fu kam der spätere Kiez-Killer Werner »Mucki« Pinzner auf Kokain und Heroin. Ein Anstaltsleiter vertuschte hinter Gittern verübte Vergewaltigungen. Auch floss Schmiergeld. Die Anstaltsleitung wiegelte indes ab: So etwas könne auch in jedem anderen Gefängnis vorkommen. Justizsenator Klaus Hardraht bezeichnete noch Mitte der 90er Jahre die Zustände in dem Gefängnis als »saumäßig«. Später sollte sich die Lage dann deutlich verbessern.

Christian, der »Internetkiller«, betrachtet die Gefängnishistorie mit gemischten Gefühlen. Zwar lässt der Senat die gesamte Anstalt aufwendig sanieren. Nach wie vor aber sind die Verhältnisse nicht problemfrei. So hat sich die prekäre Personalsituation immer weiter zugespitzt. Vor einigen Jahren hat Christian aus seinem Fenster heraus eine Meuterei anderer Schwerverbrecher aus dem Hochsicherheitstrakt verfolgt. Die Gefangenen weigerten sich, den Sportplatz zu verlassen. »Die haben gemeutert, weil die Wärter wegen chronischer Unterbesetzung die Türen nicht zwei bis vier Stunden offengelassen hatten, wie es vorgesehen ist. 60 bis 70 Gefangene pöbelten und provozierten die Aufpasser. Die Wärter mussten sich Schutzhelme aufziehen, ehe die Polizei zur Verstärkung angerückt ist.«

Was Christian beobachtet hat, ist beileibe nicht einzige Fall einer Meuterei. Ende Mai 2020 revoltierten die Knackis erneut. Als Rädelsführer agierte laut der *Bild-Zeitung* dieses Mal der inzwischen über sechzigjährige Peter Zantop. Der ehemalige Auftragskiller, der vor 30 Jahren einen Auto- und einen Immobilienhändler tötete, wetterte anschließend gegen die miserablen Haftbedingungen. »Die Zustände hinter Gittern waren nie so schlecht wie jetzt. Wir werden nur noch verwahrt, sitzen doof rum. Von Resozialisierung und Vorbereitung auf die Freiheit keine Spur.« *Bild* titelte damals: »In Santa Fu kann es jederzeit knallen« – und Christian kann dieser Kritik nur beipflichten: Die vier Jahre im geschlossenen Vollzug seien die wahre Hölle gewesen, sagt er. »Die Wärter sind unglaublich hart drauf.«

Mit Härte kennt Christian sich aus, schon in seiner Kindheit pendelt er zwischen den stets wiederkehrenden Stationen Familie, Mutter und Heim. Mitunter war Christians Mutter Waltraud mit ihrem Filius überfordert. Der leibliche Vater entwickelte sich zum Schläger und Alkoholiker. Christian musste oft mitansehen, wie er die Mutter im Suff vergewaltigte. Letztlich löste sich die Verbindung. Christians Mutter – Dreh- und Angelpunkt seiner Welt – wechselte fortan häufig die Liebhaber. Die männlichen Ernährer kamen und gingen, gelegentlich gesellten sich auch neue Geschwister hinzu. Christian litt unter Sprachstörungen und wurde deswegen von einem der neuen Partner seiner Mutter gehänselt und gequält.

Mit neun Jahren wechselte Christian ins Pestalozzi-Heim in Hamburg. Erst lief es ganz gut. Nur mit der Schule tat sich der Junge schwer. Nichts wollte gelingen. Christian schaffte den Hauptschulabschluss nicht. Danach brach er mehrere Lehren ab. Auch in seinen Beziehungen war er unstet, und er wechselte häufig den Wohnort. Es scheint, als wäre er nicht in der Lage gewesen, sich für irgendetwas richtig zu begeistern, wahre Gefühle für andere Menschen zu empfinden. Ihm fehlte die rechte Empathie, vor allen Dingen bei Frauen. Und dennoch standen sie im Mittelpunkt seiner Leidenschaft, seiner Begehrlichkeiten.

Frühzeitig entdeckte Christian das Internet. Stundenlang konnte er am PC hocken und sich in Spielen verlieren. In digitalen Beziehungsbörsen suchte er außerdem nach Kontakten. Und das mit viel Geschick. Mit 23 Jahren lebte er wieder bei seiner Mutter, meist war er arbeitslos und chattete von morgens bis abends mit jungen Mädchen. Der junge Mann bandelte mit einem 16-jährigen Teenager an und betrog das Mädchen dann mit einer zwei Jahre jüngeren Schülerin. Die eine oder andere seiner Bekanntschaften wurde von ihm schwanger, und sogleich verlor Christian das Interesse. Nur sporadisch arbeitete der junge Mann bei Zeitarbeitsfirmen als Staplerfahrer oder im Lager, meist suchte er im Chat nach »Frischfleisch«.

Mitunter dauerte es Monate, ehe der Charming Boy wieder einen neuen Fisch an der Angel hatte. Doch die Verbindungen hielten nie lange, schon bald zog es ihn weiter. Jede Eroberung, die er auf knuddels.de und ähnlichen Plattformen machte, betrachtete Christian als eine Art Selbstbestätigung. Stets versicherte er den Frauen, dass sie für ihn die einzige Wahre seien, etwas Besonderes. Er schmeichelte ihnen, hofierte sie, wie ein Gigolo beim Tanztee. Nur dass Christians Parkett das Netz war. Im virtuellen Kontaktraum gelangen all seine Figuren und Pirouetten. Hier parlierte er, hier zelebrierte er den Traum von Mann, den er in der wirklichen Welt gar nicht darstellte.

Einem Virtuosen gleich unterhielt der Liebesknuddler parallel etliche Liebschaften. Es war, als hätte sich da jemand eine Ersatzfamilie geschaffen, eine Community von Verehrerinnen, die ihn vorübergehend aufnahm, verköstigte und versorgte, mit ihm vögelte und ihm dadurch das Gefühl vermittelte, er wäre der Superstar ihres Lebens. Bis die Gespielinnen merkten, dass Christian sie nur ausnutzte, dass er nichts auf die Reihe bekam. Dass er meist zu faul war, einen Job anzunehmen. Und dass er tatsächlich gar nichts für diese Frauen empfand.

Darüber hinaus musste der Internetdater seine Seitensprünge vor seiner damaligen Partnerin verbergen. Im Juni 2008 erwartete seine Freundin ein Kind von ihm. Christian heuchelte überschwänglich Freude vor. Tatsächlich aber war der werdende Vater wieder auf dem Sprung. Klick, klick – auf zum nächsten Abenteuer. Er konnte nicht anders, er musste immer wieder etwas Neues aufreißen. Christian brauchte das Adrenalin der Selbstbestätigung durch neue Dates.

Im Frühsommer 2008 meldete sich schließlich Elena bei ihm, unter dem Pseudonym »minimumff82«. Ihre Biografie wies ebenfalls ein äußerst schwieriges Profil auf: Eine Betreuerin kümmerte sich um die Frau, weil sie unter einer tiefgreifenden Persönlichkeitsstörung litt. Gleich von mehreren Männern hatte sie bereits Kinder zur Welt gebracht, die jedoch alle nicht bei ihr wohnten. Inzwischen aber lebte Elena in einer festen Verbindung. Dem neuen Mann hatte sie versprochen, dass man gemeinsam eine Familie gründen werde. Ihre schon vorhandenen Kinder wollte Elena ebenfalls in dieses neue Zuhause holen.

Bei näherer Betrachtung aber schien all dies Lug und Trug. Elena erfand sich immer wieder neu. Sie erzählte die gefakten Geschichten so lange, bis sie selbst daran glaubte. Gewiss sehnte sie sich nach Geborgenheit. Gleichzeitig aber gab es noch eine andere Seite. Elena stand offenbar auf die schnellen One-Night-Stands via Internet – wie mit Christian, alias »Riddick300«.

Am 5. Juni 2008 trafen sich beide in der Stader Innenstadt und gingen danach zu einem außerhalb gelegenen Feld. Was harmonisch begann, endete in einer tödlichen Katastrophe. Beide hatten sie ihren Partnern nichts von dem Treffen erzählt. Vielmehr hatten sie irgendwelche Termine vorgegaukelt. Doch Elenas Freund schöpfte Verdacht. Zumindest klangen seine Handynachrichten deutlich kühler als zuvor. Elena geriet in Panik. Die Frau glaubte, aufgeflogen zu sein.

Unwillkürlich gab sie Christian die Schuld: Vielleicht hatte er ja hinter ihrem Rücken ihren Lebensgefährten über das heimliche Techtelmechtel informiert? Immer mehr redete sie sich in Rage, schlug mit ihrer Handtasche auf Christian ein. Der suchte eigenen Angaben zufolge anfangs, seine neue Bekanntschaft zu beruhigen, wehrte sich. Dann aber legte er den Schalter um, legte eine Hand an ihren Hals und drückte kurz zu.

Später wird das Schwurgericht bei der Todesursache von einem Karotis-Sinus-Reflex-Tod sprechen. »Karotis-Sinus« ist die Bezeichnung für einen Punkt, der nahe der Halsschlagader liegt. Im schlimmsten Fall kann der Druck auf diese Stelle Herzfrequenz und Blutdruck derart herabsetzen, dass ein Kreislaufstillstand erfolgt und der Tod eintritt.

Christian war geschockt, als er keinen Puls bei Elena mehr fühlte, geriet in Panik und flüchtete unerkannt vom Tatort, das Portemonnaie und andere Utensilien ließ er mitgehen. Zwei Wochen später wurde Elenas Leichnam in dem Feld bei Stade gefunden. Die starke Sommerhitze hatte dazu geführt, dass eine nahezu vollständige Verwesung eingesetzt hatte und daher die Todesursache rechtsmedizinisch nicht festgestellt werden konnte.

Das schreckliche Erlebnis hielt ihn allerdings nicht davon ab, weiterhin seiner Leidenschaft nachzugehen. Knapp zwei Wochen nach dem Tod Elenas reiste Christian nach Marl. Er hatte eine neue Liebschaft aufgetan. Martina schwärmte bereits von ihrem neuen »Schatz« und man hatte schon tiefschürfende Liebesschwüre und Gedichte ausgetauscht. Eine Bildcollage im Chatverlauf zeigte Christian und Martina vereint inmitten eines roten Herzens. Martina, eine Witwe Ende 30, träumte bereits vom großen Glück.

Es sollte anders kommen. Auch der Besuch in Marl lief aus dem Ruder. Nach einem tollen Nachmittag, der im Bett endete, kam Martina auf ihre Zukunftspläne zu sprechen. Christian möge doch dableiben oder sie mit nach Hamburg nehmen. Außerdem drückten sie Schulden. Die Enddreißigerin bat ihren Liebhaber deshalb um 400 Euro. Christian winkte ab. Frauen, die Geld von ihm wollten, konnte er nicht leiden, zumal er selbst keins hatte. Die Fassade vom liebestollen Riddick wich. Kühl erklärte Christian, dass er sich in einer festen Beziehung befinde und nicht daran denke, seine Freundin zu verlassen.

Martina rastete aus. Sie begann ihm zu drohen. Sollte er nicht zahlen, wollte sie ihn in den Kontaktportalen als Vergewaltiger und »geile Sau« diffamieren. Wütend verließ sie mit ihrem kleinen Hund die Wohnung. Christian folgte ihr mit einem Küchenmesser. Er konnte nicht zulassen, dass diese Frau ihm das Wichtigste in seinem Leben nahm: seinen Ruf als Super-Held im Netz. Auf einer Wiese nahe einem Autobahnzubringer stacht er zu, gleich dutzendfach. Aus der Wohnung der Toten stahl er eine Playstation, einen PC und andere Dinge, die er tags darauf seiner damaligen Lebensgefährtin schenkte.

Am 18. Juni 2008 wurde Martinas Leiche auf der Grünfläche gefunden. Auf einer Bierflasche in der Wohnung der toten Frau sicherten die Ermittler

Christians Fingerabdruck. Hinweise von Martinas Angehörigen zum Chatpartner »Riddick300« führten über die IP-Adresse des Nutzers auf seine Spur.

19. Juni 2008. In der Eisenauer Straße in Hamburg quietschten Reifen. Ein Auto stoppte neben Christian. Drei Polizeibeamte stiegen aus: »Sie sind hiermit festgenommen, einsteigen!« Im Polizeipräsidium musste der Beschuldigte sich komplett ausziehen, denn vielleicht führte er ja Waffen mit sich.

Christian wusste nun, dass die Internetscharaden vorbei waren. Kurz nach seiner Verhaftung packte er aus. Allerdings verschwieg der Tatverdächtige das erste Verbrechen in Stade. Vielmehr gab er den Kronzeugen, stellte bereitwillig für die Kripo den Mord auf der Brache in Marl nach.

Die Ermittlungskommission zog Christian eigens einen weißen Schutzanzug bei der Rekonstruktion der Tat über, damit keine Spuren verloren gingen. »Riddick300« wirkte wie ein Mischung aus Astronaut und einem Mitarbeiter aus einem Fleischzerlegungsbetrieb. Am Leichenfundort legte sich ein Polizeibeamter mitten aufs Feld. Die Beamten drückten Christian einen Holzstock in die Hand. Er sollte die Messerattacke noch einmal nachspielen. Der Aufforderung kam er geflissentlich nach. Immer wieder sauste sein Arm nieder, bis die Beamten alles per Videofilm im Kasten hatten. Zum Lohn besorgte ein Polizist dem Täter vom nahe gelegenen Kiosk ein Päckchen Tabak und Blättchen. Noch eine rauchen, dann erzählt es sich leichter. Später auf dem Polizeirevier reichten die Strafverfolger dem Mörder zur Belohnung für seine Mitarbeit einen Gyrosteller mit Pommes und Zaziki. Zu guter Letzt fuhr man gemeinsam mit dem Zug die Strecke von Marl-Sinsen nach Hamburg ab. Christian sollte die Stelle zeigen, an der er die Tatwaffe aus dem Fenster geworfen hatte. Die Aktion verlief allerdings ergebnislos. Bis heute bleibt die Tatwaffe unauffindbar.

»Es war damals wie in einem Kinofilm«, erzählt Christian im Rückblick. »Und ich war der Hauptdarsteller.« Und zwar in vielerlei Hinsicht. Die Medien stürzten sich auf den Fall. Zum ersten Mal hatte ein Internetdate in Deutschland zum gewaltsamen Tod einer Frau geführt. Christian war in aller Munde.

Fotos vom Netz-Killer kursierten durch die Gazetten, während er inzwischen in Essen in Untersuchungshaft saß. Seine Vergangenheit wurde durchleuchtet. In großen Lettern stand zu lesen: »Der Jack the Ripper des Internets.«

Zur gleichen Zeit hatte die Kripo in Stade ein Fahndungsfoto des mutmaßlichen Täters im Fall Elena veröffentlicht. Das Bild zeigte Elena und einen unbekannten Begleiter an einem Geldautomaten. Ein Wärter in der JVA Essen fühlte sich bei dem Fahndungsfoto unwillkürlich an Christian erinnert. Der Vollzugsbeamte meldete den Strafverfolgern seinen Verdacht, der sich alsbald bestätigte: Tatsächlich fanden sich Blutspuren des Opfers aus Stade an den sichergestellten Schuhen des Dating-Mörders. Der DNA-Test überführte den Delinquenten.

Zu diesem Zeitpunkt beauftragte mich Christian mit seiner Verteidigung. Als ich ihn das erste Mal in der JVA Essen besuchte, wirkte er zum einen verschlossen, zum anderen etwas wirr. »Ich habe die Augen Jesu Christi gesehen, als ich über vierzigmal auf Martina eingestochen habe«, erzählte er mir. Bis zum Prozessbeginn sollte es acht Monate dauern. Über sechzigmal besuchte ich ihn in dieser Zeit hinter Gittern. Von Mal zu Mal wurde er offener und klarer.

Manche Gefangene der JVA Essen piesackten ihn damals, setzten ihm zu, weil er zu trauriger Berühmtheit gelangt war und so viel Aufmerksamkeit in der Presse bekam. Neid macht auch vor der Zellentür nicht halt. »Warum hast du das gemacht?« Diese Frage verfolgte ihn wie ein stetes Mantra. Eine befriedigende Antwort konnte Christian nicht geben, weil er es zu jenem Zeitpunkt selbst nicht so recht wusste.

Viele Häftlinge versuchten ihn zu provozieren, er sollte die Geduld verlieren und sich zu einem Angriff mit weitreichenden Konsequenzen hinreißen lassen. Sie lachten ihn aus, verspotteten oder beschimpfen ihn, den zweifachen Frauenmörder. Nur mühsam wusste sich Christian zu beherrschen. Mit Glück überstand er die Anfeindungen ohne große Blessuren. Wenn er an diese Zeit zurückdenkt, überkommt ihn immer noch das Schaudern: »So eine Art, ein Promi zu sein, ist echt scheiße.«

Eine ganze Weile spekulierten Journalisten, dass bis zu 200 Fälle auf das Konto der »Bestie aus dem Netz« gehen könnten. Auch die TV-Sender überschlugen sich mit wilden Spekulationen. Aus Sicherheitsgründen bekam der Tatverdächtige eine Einzelzelle, da er ansonsten im Knast zum Abschuss freigegeben gewesen wäre. Als Christian sich zum ersten Mal selbst auf dem Bildschirm erblickte, war er nicht stolz, sondern er dachte nur: »Scheiße, wenn man sich selbst mit so etwas im Fernsehen sieht«. Es ist ihm unangenehm, er schämt sich.

In jener Zeit ging selbst Christians Mutter zu ihm auf Distanz. Der Gedanke an die schlimmen Taten, das Mediengetöse, die Nachbarn, die sie mit Vorwürfen und Häme überhäuften – all das konnte sie nur schwer verkraften. Es sollte drei Jahre dauern, bis sich das Verhältnis zur Mutter wieder normalisierte.

Der Prozess im Jahr 2009 stellte dann alles in den Schatten. Das Blitzlichtgewitter blendete Christian zunächst, das Presse-Echo war enorm. Der Essener Schwurgerichtssaal platzte aus allen Nähten. Während der Hauptverhandlung schaute Christian konzentriert den vorsitzenden Richter an oder fixierte den Tisch vor der Anklagebank. Lange Zeit fürchtete er, dass die Strafkammer ihn wegen zweifachen Mordes verurteilen könnte. Dann hätte das Gericht neben einer lebenslänglichen Freiheitsstrafe die besondere Schwere der Schuld feststellen können. Dies hätte für Christian bedeutet, dass er realistisch betrachtet frühestens nach 20 Jahren mit Lockerungen und einer vorzeitigen Entlassung hätte rechnen können. Die Sitzungen spulten sich wie eine Aufnahme ab, die stets weiterlief, ein Horrorfilm, der nicht enden wollte. Letztlich aber wurde er nur wegen Mordes und fahrlässiger Tötung zu einem »kleinen Lebenslänglich« verurteilt. Christian hat somit die Möglichkeit, schon nach 15 Jahren vorzeitig aus der Haft entlassen zu werden, zudem gibt es bei einem solchen Strafmaß oft schon nach acht bis zehn Jahren Lockerungen wie Ausgänge.

Christian absolviert in Santa Fu seit neun Jahren eine Therapie. Aus den Gesprächen mit der Psychologin in Fuhlsbüttel hat er nach eigener Aussage

»viel mitgenommen« und sich »ganz anders geöffnet als früher. Ich bin heilfroh, diese Gespräche geführt zu haben.«

Seit einigen Jahren lebt Christian in der sozialtherapeutischen Einrichtung der JVA. Hier herrschen weitaus liberalere Regeln als im übrigen Gefängnis. Morgens um fünf Uhr steht Christian auf. Eine Stunde später öffnet sich die Tür. Duschen, Kaffee, Frühstück, danach streift er sich seine Arbeitsklamotten über. Kurz vor sieben Uhr beginnt der Job. Christian fertigt die roten Mappen für die Büroarbeit von Justiz und Polizei in einer gefängnisinternen Druckerei. Nach der Mittagspause dauert die Nachmittagsschicht bis 15 oder 16 Uhr, gefolgt vom Zählappell. Die Freizeitstunden sind das Highlight des Tages: »Du kannst dich auf dem Anstaltsgelände bis 18 Uhr frei bewegen. Die Türen stehen bis 18:30 Uhr offen, man kann mit anderen Gefangenen sprechen, Sport treiben, Musik hören oder Fernsehen gucken. Dann folgt der Zählappell: Alle Gefangenen stehen vor ihrer Zellentür und ein Beamter zählt durch, ob wir komplett sind. Wenn einer fehlt, wird geprüft, ob er einen Termin hat, z. B. beim Anstaltsarzt, oder ob er auf Flucht ist. Dann geht der Alarm los.«

Christians Geständnis, das der schnellen Tataufklärung diente, ist ihm zugutegekommen. Und auch sein positives Verhalten während der bisherigen Haftzeit hat ihm vor drei Jahren entsprechende Vollzugslockerungen eingebracht. Inzwischen darf der einstige Chatroom-Mörder zwölfmal im Jahr die Anstalt verlassen. Acht Stunden Ausgang hat er dann, um 18 Uhr endet die Deadline. Anfangs haben ihn zwei Vollzugsbeamte begleitet, mittlerweile kommt nur noch ein Beamter mit.

Nie wird Christian seinen ersten Trip in die Freiheit nach neun Jahren Haft vergessen: »Da war die S-Bahn in Hamburg, so viele Leute, das hat mir anfangs Angst gemacht, solche Menschenmassen auf einer so kleinen Fläche nach so langer Zeit zu sehen. Es gab auch keine Fahrgäste mehr, die Zeitung lasen, die meisten starrten nur auf ihr Handy.«

Meist geht Christian shoppen, wenn er Ausgang hat. Er besorgt sich Lebensmittel oder CDs mit Techno-Musik. Sein Lieblingsziel ist ein Elektronikladen in der Mönckebergstraße gegenüber dem Hamburger Hauptbahnhof. Üblicherweise hebt er vorher 30 Euro von seinem JVA-Konto ab. Geld, das er angespart hat. Wie immer muss Christian auch in diesem Fall stets einen Antrag ausfüllen und ihn bei der Zahlstelle einreichen. Morgens marschiert der Häftling dann zuerst zu dem entsprechenden Büro, holt sich sein Geld ab und geht dann in Begleitung hinaus. Neben seiner Einkaufstour besucht er auch ab und zu seine Mutter oder seine Oma. Manchmal darf Christian eine Stunde ganz alleine in der Stadt herumstromern oder sich bei seiner Mutter aufhalten. »Das ist gut, das ist wichtig, es geht aufwärts«, denkt er oft, um sich Mut zu machen.

Mitunter aber quält ihn aber auch die Frage aller Fragen: »Wie lange muss ich noch?« Zwölf Jahre sitzt der Schwerverbrecher bereits ein. Und auch wenn der Wechsel in die sozialtherapeutische Abteilung ihm gutgetan hat, so lebt er dort dennoch nicht in einer Wohlfühl-Akademie. »Ich habe lange gebraucht, um alles zu verarbeiten – meine Kindheit, meine schlimmen Straftaten und auch die langen Jahre hinter Gittern«, offenbart der Inhaftierte. Einerseits froh über das glimpfliche Urteil, sorgt sich Christian doch um seine Zukunft. »Ein kleines ›lebenslänglich‹ bedeutet, dass ich erst nach 13 Jahren ein Begnadigungsgesuch stellen und diesem frühestens nach 15 Jahren stattgegeben werden kann. Du weißt also gar nicht, ob du 15 Jahre, 20 Jahre oder vielleicht sogar noch länger drin bleiben musst oder ob du überhaupt jemals wieder rauskommst. All das steht ja in den Sternen.« Christian sackt ein wenig in seinem Stuhl im Besucherraum zusammen, fahrig trommelt er auf der Tischplatte herum. Angst vor den kommenden Jahren hat er nicht, gewiss nicht, aber mitunter ein mulmiges Gefühl, denn es schwebt immer das große Fragezeichen über ihm, wie es weitergehen wird.

Es ist keineswegs garantiert, dass sein Wunsch auf eine frühere Haftentlassung in Erfüllung geht. Zum Beispiel gibt es da die »Schoßhündchen«, die ihm immer wieder Probleme bereiten: »Diese Zinker provozieren einen und rennen sofort zur Aufsicht ins Büro, wenn du dich nicht beherrschen kannst«, schildert Christian seine Erlebnisse. »Diese Typen kriegen dann alles in den Arsch geschoben. Die bekommen zum Beispiel mehr Ausgang, weil sie so schön gepetzt haben.« Christian wurde gleich dreimal verpfiffen, weil er illegale Gegenstände im Haftraum versteckt hatte. Die Wärter verpassten ihm daraufhin drei »Gelbe« – der Knastjargon für eine Verwarnung oder eine Art Disziplinarmaßnahme. Für Christian hieß es etwa, eine Woche lang nicht mehr aus der Zelle herauszudürfen. »Im Endeffekt war es mir aber scheißegal, ich habe immer mein Ding gemacht.« Und deshalb hofft er auch, dass am Tag X die Gutachter seine Entlassung befürworten werden.

Christians Perspektive ist positiv. Er hat in der Therapie große Fortschritte gemacht und seine Taten aufgearbeitet. Am Rande spielt auch mit hinein, dass ein häufiges Hindernis für Lockerungen im Knast bei Christian keine Rolle spielt: Seine UKs (also die obligatorischen Urinkontrollen auf Drogen) waren bei ihm negativ. Sollten die Ausgänge sich weiterhin so problemlos gestalten wie bisher, steht der nächste Schritt an: Christian würde gerne in ein bis zwei Jahren in ein betreutes Wohnprojekt nach Neustadt bei Lübeck übersiedeln. Das wäre das Eintrittsticket in ein normales Leben. Früher hat er als Staplerfahrer oder im Lager gearbeitet. »Das wäre etwas, um wieder auf die Beine zu kommen«, beteuert der Häftling. Mit knuddels.de hat er längst abgeschlossen. Vielmehr setzt er seine Hoffnungen auf Jailmail.de. Sein größter Wunsch ist es, »ein ordentliches Leben zu führen«. So schlicht können Träume sein.

KAPITEL 2

GEFANGEN IM KNASTTROTT

Bumm. Die Erinnerung endet kurz vor dem Crash auf der B 224 auf dem Weg nach Herten. In die lange Magistrale, eine 70er-Zone, rauscht André mit Tempo 280 hinein. Das letzte Bild aus seinem Gedächtnis zeigt den vollaufgedrehten Gashahn seiner 1100er-Maschine. Dann schaltet das Kopfkino ab. Dem Unfallfahrer wird schwarz vor Augen. Erst Wochen später wacht André aus dem Koma auf.

Der Heißsporn überlebt wie durch ein Wunder, auch wenn er sich fortan als halber Krüppel durchs Leben schlagen muss. Den 40-Tonner, mit dem der Berufskraftfahrer früher die ausgewaschenen Schuttberge aus den Zechen auf die Halde transportiert hat, kann er nicht mehr steuern. Die Beine wollen nicht mehr so richtig. Metallschienen halten den verkümmerten rechten Arm zusammen.

Der Motorradunfall führt den großgewachsenen Mann aus dem Revier über einige Umwege direkt auf die schiefe Bahn. Mit 30 startet André seine Karriere als Serieneinbrecher. Zwei Kumpel aus dem Viertel steigen in Bürogebäude ein. Ali, der Boss, ist ein echter Profi. Der macht schneller Türen und Geldschränke auf, als Otto-Normalverbraucher gucken kann. André gibt den Fahrer. Meist steht er draußen Schmiere. 28 Brüche legt die Bande innerhalb eines Jahres hin, dann gerät sie bei Ermittlungen gegen einen Hehler in die Telefonüberwachung der Kripo.

2005 stehen die Strafverfolger vor Andrés Tür: Die Beamten zeigen ihm einen roten Haftbefehl. Sie lesen ihm seine Rechte vor, legen ihm Handschellen an und bugsieren ihn in ein Zivilfahrzeug. Der Amtsrichter schickt ihn für sechs Monate nach Essen in Untersuchungshaft. Die schwere Behinderung des ehemaligen Brummi-Lenkers spielt dabei keine Rolle.

»Damals ging der ganze Scheiß los«, schildert André 15 Jahre später im Sommer 2020 seine Knastzeit. Bedächtig pickt er an seinem Salat, während er seine Geschichte erzählt. André ist mein ältester Kunde. Wir sind quasi im Sandkasten zusammen aufgewachsen, und als seine Probleme begannen, habe ich stets seine Verteidigung übernommen. Ab und zu rufe ich ihn an, um zu fragen, wie es meinem alten Kindergartenfreund geht, und dann treffen wir uns auf einen Drink im Biergarten oder einen Plausch in der Kanzlei.

André ist keine große Nummer, ein Durchschnittsgefangener, so wie viele der knapp 70 000 Knackis in bundesdeutschen Haftanstalten. Kein Schwerkrimineller. Ein mittelmäßiger Einbrecher, der nicht nur einmal eingesessen hat. Einer, der stets bemüht ist, sich aus dem kriminellen Milieu zu lösen, der aber der Versuchung nicht widerstehen kann. Damit ist er beileibe kein Einzelfall: Fast jeder zweite Straftäter hierzulande wird laut einer Studie der Wissenschaftler des Max-Planck-Instituts für ausländisches und internationales Strafrecht sowie der Juristischen Fakultät der Universität Göttingen rückfällig. André kennt sich also aus.

Die Sonne scheint. André sitzt da und versucht zwischen zwei Bissen Salat zu erklären, warum er zweimal ins Gefängnis musste: »Weil ich damals so blöde war, die ganzen miesen Erlebnisse hinter Gittern auszublenden. Sobald ich draußen war, verblasste die Erinnerung an all die Erniedrigungen – und dann ging et widder von vorne los«, erzählt der Mittvierziger im besten Ruhrpottdialekt.

Nie wird er die ersten Tage in der U-Haft vergessen. All die provozierenden Sprüche der Vollzugsbeamten, der psychische Druck: »Hey, zieh das T-Shirt richtig hoch!« oder »Mach mal die Knöpfe zu!« Es scheint so, als wollten sie einen testen. »Wer da explodiert oder dagegen aufbegehrt, wird gleich bestraft«, weiß André zu berichten. Dann heißt es: »Den nächsten Hofgang kannst du gleich vergessen.« Manchem Zellenkumpel, der eine große Lippe riskiert, streichen die JVA-Bediensteten auch kurzerhand den Besuch.

André lässt sich nicht locken, nach einer Woche haben sie den Neuankömmling in die Rubrik »umgänglich« einsortiert. Danach wird es für ihn leichter. Obschon er auch private Klamotten im Schrank hängen hat, trägt der Untersuchungshäftling meist die Knastkleidung: blaue lange Hemden, graue T-Shirts, blaue Hosen.

Anfangs hat André Glück. Normalerweise liegen vier Männer auf einer Stube. Er bewohnt mit nur einem Mithäftling zusammen eine Zelle. Walter ist schon 54 Jahre alt und verfügte eigentlich über ausreichend Schotter, so dass er sich eine Finca auf Mallorca hätte leisten können. Sein Problem war nur die Zockerei. Und was er nicht verspielte, ließ er im Puff. So wusste Walter, als seine Frau wieder mal nach Malle jetten wollte, sich nicht anders zu helfen, als eine Lottoannahmestelle mit einem Messer zu überfallen. Walter ist okay, wenn auch nicht der Hellste.

Es ist Sommer, in der schlecht isolierten Zelle herrscht drückende Hitze. Walter setzt sich die ganze Zeit ans Fenster, um sich zu bräunen. Von seinem Anwalt weiß er, dass die Zeugen des Überfalls sich an ein Muttermal an seinem Arm erinnert haben. Durch die gebräunte Haut hofft er sein verräterisches Mal zu verdecken, was natürlich in die Hose geht.

Während André sich ein nasses Handtuch um den Hals wickelt, fächeln ihm gleich zwei Ventilatoren frische Luft zu. Die Geräte sind nicht billig gewesen. Zirka 60 Euro pro Stück ruft der Lieferant auf, mit dem die JVA Essen zusammenarbeitet. André hat beim Einzug in die Zelle einen ganzen Katalog mit Elektroprodukten erhalten, die über diese Firma erhältlich sind. »Das Angebot reicht vom DVD-Player bis zum Fernseher, alles ist etwas teurer als draußen.« Im Gegensatz zu seinem Zellenkumpel Walter verfügt André über ausreichende Mittel. Er bezieht eine Erwerbsminderungsrente und aus seiner Zeit als Schweißer unter Tage »auffer Zeche« noch eine Zuwendung durch die Knappschaft von insgesamt 720 Euro. Also legt sich der Serieneinbrecher bereits während der Untersuchungshaft auch ein kleines Röhren-TV-Gerät für 200 Euro zu. Um ein solches TV-Gerät zu bekommen, muss man zunächst bei der Anstalt einen Antrag stellen. Es dauert einige Wochen, und wenn keine Sicherheitsbedenken bestehen, darf man als Untersuchungshäftling ein zuvor durch die JVA überprüftes Gerät auf der Zelle haben. Alle Elektrogeräte sind verplombt und besitzen das Siegel der JVA Essen. Damit wollen die Verantwortlichen sicherstellen, dass nichts via Fernseher eingeschmuggelt werden kann.

Das Ding läuft von morgens bis abends, spätestens nach dem Frühstück um halb sieben Uhr in der Frühe, zu dem sich André und seine Mitinsassen angezogen an der Zellentür aufstellen müssen. Ein Mithäftling, abkommandiert zur Küchenbrigade, teilt die Brotration nebst Wurst, Marmelade oder einem Nusspli samt Tee oder einer Art ungenießbarem Muckefuck aus. Wer nicht rechtzeitig antritt, geht leer aus. Um zwölf Uhr wiederholt sich das Prozedere beim Mittagessen. Meist gibt es Nudeln mit einer undefinierbaren Soße. Auf Vegetarier und Muslime wird bei der Kost auf Wunsch Rücksicht genommen. Fünf Stunden später teilen die Küchenhäftlinge das Abendbrot aus. Das Angebot ähnelt dem Frühstück, mitunter macht ein Joghurt oder ein Pudding das Dinner zum Highlight des Tages. Spätestens um 20 Uhr ist Schicht im Schacht, den Block bewachen dann nur noch wenige Wärter.

Der Fernseher läuft derweil immer noch. »Knast ist bis auf den einstündigen Hofgang pro Tag Langeweile pur, 23 Stunden lang, wenn man nicht arbeitet«, stellt André klar. Mit Lesen ist Essig, die Buchstelle bietet nur alte Schmöker an. Magazine, Zeitungen, Computer, Internet, all diese Informationsquellen sind verboten. Und somit übertünchen Trash-TV am Mittag, die Soap am Nachmittag, die Vorabendserie um 18 Uhr und der Krimi am Abend das öde Nichtstun. Dazwischen natürlich sorgen die Nachrichtensendungen für Infos aus der Welt da draußen. In Essen konnte André 14 Programme abrufen. Wer keine 50 Euro für die DVB-T-Antenne aufwenden kann, nutzt eine Gabel als Ersatzempfänger. »Das funktioniert ganz wunderbar«, grinst André. Dann aber wird er wieder ernst. Der Gedanke an die Tristesse im Gefängnis holt ihn wieder ein.

C-Block, dritte Etage, JVA Essen: Dreißig Gefangene trippeln hinter den Vollzugsbeamten her. André mittendrin. Meist ist der späte Mittag für den Hofgang reserviert: Fünf Meter hohe Mauern türmen sich um das 150 Quadratmeter große Viereck, oben drauf Stacheldraht. Essen hält zwei Ausgangsflächen vor. Im »Schweinehof« bröckelt das Gestein bereits an einigen Stellen ab. Die Wände sind von oben bis unten beschmiert: »Mein Schatz, ich liebe Dich über alles«, hat irgendein liebeskranker Idiot geschrieben. »Als wenn die Frau das jemals lesen würde!«, lacht André leise in sich hinein.

Mitunter zieht sich der ehemalige Lkw-Fahrer die US-Gefängnisfilme rein. Etwa jenen mit Robert Redford, »Die letzte Festung«, in dem die Gefangenen draußen beim Hofgang Basketball spielen oder Gewichte stemmen. Die JVA Essen bietet dagegen eine 200 Quadratmeter große Fitness-Bude unterm Dach mit uralten Geräten an, in der jeder Insasse zweimal die Woche eine Stunde lang pumpen darf. Allerdings nur, wenn der zuständige Wachmann Zeit dafür hat, sonst fällt das Hantel-Training auch mal für einen Monat aus.

Im großen Hof stehen zwei Bänke zur Verfügung. André geht immer nur widerwillig raus. Da sind zu viele mittellose Penner, die ihn zigmal wegen einer Kippe anschnorren. Viele bekommen keinen Besuch, keine finanzielle Unterstützung, kein gar nichts. Diese Leute sammeln die Tabakreste vom Boden, egal, von wem die Kippe stammt. HIV oder nicht. Dann heißt es oft: »Haste mal ein Blättchen?« André hat jedes Mal eins parat. Er kann auf feste Einnahmen durch seine Rente zurückgreifen. Viele wissen das. Im Knast verbreiten sich Nachrichten schnell, da geht es zu wie im Dorf. Das ewige Anbetteln kann aber auch ganz schön nerven.

Beim Hofgang und auf der Zelle wird viel getratscht. Wer hat den besten Verteidiger? Welcher Richter tickt wie genau? Und wie kommt man am besten glimpflich davon? Einige Häftlinge meinen, sie hätten die juristische Weisheit gepachtet und führen sich auf, als wären sie Professoren. Dabei hauen sie dann oft Halbwahrheiten oder völligen Unsinn raus: Man solle ja keine Drogentherapie im Strafverfahren anstreben, da man in der Maßregelanstalt bei der späteren Therapie dann zwangsmedikamentiert würde wie bei Sekten. Oder: Man solle ja keinen Strafverteidiger mit großem Namen engagieren, weil die Richter dann denken würden, dass man mit den Straftaten viel Kohle verdient habe. Und: Man solle ja billige und abgelederte Kleidung bei Gericht tragen, das würde Mitgefühl auslösen. Außer mit dem Flimmerkasten schlägt man nämlich mit Erzählen die Zeit tot. Jede Kleinigkeit erhält Gewicht. Die meisten Storys kursieren gleich mehrfach. Urlaubserlebnisse, Freundin, Familie, einschneidende Schicksale, was hat wer verbrochen. Einer Wiederholungsschleife gleich spulen die Protagonisten immer dieselben Geschichten ab, als wäre es das erste Mal. Jedes Detail, jedes Wort wird erneut durchgekaut. Oft lachen die anderen höflich über den Witz, den sie in- und auswendig kennen. Der Stresspegel im Haftraum fällt mitunter recht hoch aus, da ist es immer klug, gute Miene zum bösen Spiel zu machen und mitzulachen.

André lernt schnell, vorsichtig mit eigenen Infos umzugehen. »Da sind genug Leute, die gehen mit deinen Erzählungen hausieren«, bekennt der Ex-Knacki. »Die petzen bei den Beamten, kriechen denen in den Arsch, um kleine Vergünstigungen zu erhalten. Nirgends gibt es so viele Spitzel wie im Knast.«

André, so scheint es, hat im Knast einen sechsten Sinn für Gefahren entwickelt. Er lässt sich kaum anmachen. Streit sucht er aus dem Weg zu gehen, und wenn es wirklich Ärger gibt, hilft meist ein Päckchen »Bombe«, wie der Tabak im Knast genannt wird, die Gemüter zu beruhigen. »Hinter Gittern«, das lernt er schnell, »gibt es keine Freunde.« Manchmal reicht es zu einer Art Schicksalsgemeinschaft. Einen Pakt auf Zeit, der auf Geben, Nehmen und Teilen beruht. Mehr aber auch nicht. Durch die hohe Fluktuation in den Zellen zerfallen diese Allianzen mitunter auch schnell.

Einmal haben sie ihn reingelegt. Im Knast darf sich der schwer Behinderte Tramadol, ein Schmerzmittel auf der Basis von Opioiden, selbst verabreichen. Allerdings muss er das Medikament in seinem Schrank verschließen. Irgendwann kam ein 24-jähriger Kleindealer namens Clemens auf ihn zu und bat ihn um Hilfe. Er habe fürchterliche Zahnschmerzen, ob André ihm nicht mit einer Charge Tramadol helfen könne? André konnte. Und bereut seine Hilfestellung bis heute. Kaum genesen, verriet Clemens ihn an die Wachmannschaft. André beteuerte zwar seine Unschuld, musste allerdings fortan seine Medikamente dreimal am Tag vor den Augen der Vollzugsbediensteten einnehmen.

In jedem Block geben einige wenige den Ton an. André erzählt von einem Mitglied der Bandidos, in seinen Augen der mächtigsten Motorrad- und Rocker-Organisation bundesweit. »Wenn der sich einmal aufgebaut hat, gab es keinen Ärger mehr.« Da war zudem jener Kosovo-Albaner, der einen Rivalen in Dortmund erschossen hatte. Persönlich schien der Killer äußerst zugänglich zu sein, »aber jeder achtete ihn«, berichtet André. Der Killer war der Einzige, der offen mit dem Handy in der Tasche herumlief. »Die JVA-Leute haben sich nicht getraut, etwas zu sagen, die hatten Angst vor dem Typen. Wenn unsereins mit einem Mobiltelefon erwischt worden wäre, wäre es sofort runter in den Bunker – einen kargen Isolierraum – gegangen, und da bleibt man dann eine Woche.«

Türken, Nordafrikaner und Abkömmlinge krimineller Libanesen-Clans halten eng zusammen. Er ist einmal Zeuge geworden, wie ein 19-jähriger Deutscher unter der Dusche von Arabern verprügelt wurde. Der Junge hatte einen Libanesen bei den Wärtern angeschwärzt, weil der Marihuana verkauft hatte. Anderntags wurde der Zinker in Block B verlegt. Die Schläger blieben unentdeckt.

Zoff unter den Gefangenen wird meist unter der Brause geregelt. Nur selten bekommen die Beamten etwas mit, denn das Gros der Haftinsassen schweigt aus Angst vor Repressalien. Besondere Vorsicht gilt bei russischen Gangs. André erinnert sich noch gut an eine Treibjagd auf dem Hof in der JVA Essen. Ein Mann lief vor, seine Landsleute lösten sich aus der Gruppe und schlugen abwechselnd auf ihn ein. Anschließend ließen sie sich in die Menge zurückfallen. Das Blut tropfte ihrem Opfer aus Mund und Nase. Es dauerte einige Minuten, ehe die Beamten den Gejagten herausholten. Kein Außenstehender hat je etwas über den Grund dieser Strafaktion erfahren. Die Russen, meist Mitglieder der Mafia-Organisation »Diebe im Gesetz«, halten eng zusammen. Alles wird geteilt. Stets bleibt man unter sich. Draußen sammeln Gangmitglieder für die Inhaftierten eine Art Mitgliedsbeitrag. Die Abgabe nennt sich Abschtschjak (»Gemeinschaftskasse«). Die osteuropäischen Gangs stellen ein ganz eigenes Kaliber dar. Hart, verschwiegen und eingeschworen. Die meisten russischen Insassen füllen reihenweise Strafakten. Raub, Überfälle auf Tankstellen, Juwelierläden, Schutzgelderpressung bis hin zum Mord. Wladimir, ein Mitglied der Gefängnistruppe, sagte André einmal: »Ich lebe lieber in Deutschland im Knast als in meiner Heimat auf der Straße. Hier habe ich genug zu essen, zu trinken und einen Schlafplatz. Und ich muss im Winter nicht frieren.« In der Anstalt braucht sich ein Russe nie um sein Leben zu fürchten, weil alle sich dem Codex verpflichtet fühlen: Alle für einen, einer für alle!«

Die Aufpasser in der JVA wissen um die Gefahren in ihrem Job: Sollte es zu einer konzertierten Aktion kommen, einer Revolte, in der alle Häftlinge das Aufsichtspersonal angreifen, dann haben die Wachtmeister keine Chance. »Fast jeder Knacki hat ein Messer auffer Stube oder eine Gabel, das gehört zum Inventar«, weiß André. Viele Insassen schieben weitestgehend Frust, die ewige Langeweile, die harschen Ansagen durch die Anstaltsmitarbeiter, die Isolation schlägt auch manchem hartgesottenen Mann aufs Gemüt. Mal rasten die Männer aus, mitunter dringt aber auch nachts aus irgendeiner Zellenecke verhaltenes Schluchzen zu Andrés oberem Etagenbett herauf.

Ein Satz gilt quasi als ehernes Gesetz im Zellentrakt: Wenn jemand seine Schulden nicht bezahlt, bekommt er Ärger. Oft geht es um Drogen, denn Drogen spielen hinter den Gefängnismauern eine enorme Rolle. Wer den Stoff besitzt, hat die Macht. »Dabei mischen vor allen Dingen die Russen, Türken und Araber mit«, erklärt André im Rückblick. Letztere nennt der Ex-Häftling immer »die Taliban«. Seinen Angaben zufolge schleusen insbesondere muslimische Frauen Marihuana, Haschisch, Speed oder Koks ein. Mal in die Haare eingefädelt, verdeckt durchs Kopftuch, mal in den Genitalien verborgen. André sagt: »Die Taliban sind echt schmerzfrei, ihre Frauen so etwas machen zu lassen.«

Bezahlt wird entweder draußen von Familie zu Familie – oder per Einkauf im Knast. Tabak firmiert als höchstes Handelsgut. Ein Gramm Marihuana für fünf Päckchen Tabak geht als durchaus üblicher Tarif durch. Umgerechnet also 30 Euro. »Und obschon sie die Frauen mit einem Magnetscanner abgetastet haben, kamen illegal immer wieder Handys herein.« André reibt sich nickend über die Nase, während er sich eine neue Zigarette dreht.

Über die offiziellen Einkäufe führt hingegen die Gefängnisleitung genau Buch, sie führt auch die Konten der Inhaftierten. In der U-Haft darf jeder Gefangene bis zu 210 Euro pro Monat ausgeben, in der Strafhaft sinkt der Betrag auf 45 Euro. Zahnpasta, Zahnbürste, Seife und Toilettenpapier stellt die JVA. Sobald der Vorrat zur Neige geht, muss jeder Insasse einen Antrag auf Nachschub ausfüllen. Tags darauf steht das Gewünschte bei der Frühstücksausgabe am Zelleneingang.

André gehört zu den Privilegierten im geschlossenen Vollzug. Wenn er die Liste für den »Einkauf« ausfüllt, legt er Wert auf Tabak, Kaffee, Toilettenartikel, Rasierer, Nudeln, Thunfischdosen oder mal frisches Obst. Wie er erzählt, fallen die Preise in Essen im Gegensatz zu anderen Haftanstalten moderat aus, die Discounter legen hier im Schnitt nur zehn Cent drauf. Zu seinen wichtigsten Einkäufen gehört auch ein Wasserkocher: Wenn das Gefängnismenü ihm mal wieder nicht behagt, kocht er sich darin Spaghetti. Manche Zellenkumpel mutieren zu wahren Meistern der Gefängnisküche. Sie hantieren mit leeren Thunfischdosen, füllen Öl hinein, basteln sich aus Lakenfetzen Dochte wie bei Kerzen. Dann bauen sie sich aus einer Tasse, einem Teller nebst Unterteller eine Art Kochtopf. Das Ganze stellt man über die Flammen eines Feuerzeuges, erhitzt die Dose und kocht sich seine Pasta mit Tomatensoße oder eine Suppe.

Es gibt keinen Kühlschrank auf den Zellen. Stattdessen stellen die Häftlinge reihenweise ihre Getränke zur Kühlung nachts und an kühlen Tagen vor die Gitterstäbe auf die Fensterbänke. Manche versuchen sogar, sich im Gefängnis ihren eigenen Schnaps zu brauen. Kleingeschnittene Äpfel oder Birnen stopfen die Gefangenen in eine große Mineralwasserflasche. Hefe, die man sich vom Koch oder den Küchenhelfern gegen Gefälligkeiten organisiert hat, kommt ebenfalls dazu, um einen Gärungsprozess in Gang zu setzen.

Der Herbst kündigt sich an, als vier Mann auf Andrés Stube an einem Abend das obsthaltige Gebräu testen. Sie schlürfen das Zeug aus ihren Tassen. Zunächst entspannen sich die Mienen, die Stimmung ist gut, bald aber lassen die Folgen nicht mehr auf sich warten. »Das Teil hat höchstens ein Prozent«, murrt ein Zellengenosse, bevor er ins Klo kotzt. Der Rest der saufenden Bagage folgt ihm. Der angebliche Obstbrand ist ungenießbar. »Doch was tut man nicht alles, um sich ein wenig abzulenken!«, sinniert André, der damals als Einziger nicht vom Birnen-Schabau gekostet hat.

Eine Stunde am Tag dürfen Häftlinge den sogenannten »Umschluss« in Anspruch nehmen: Dann geht es zu einem Mitgefangenen auf eine andere Zelle. Man trinkt Kaffee, schwätzt miteinander. Es ist aber ein Privileg, dass nur jenen gewährt wird, die keinen Ärger machen.

André mausert sich mit der Zeit zum Hausarbeiter. Freiwillig fegt er, während »Aufschluss« ist, das JVA-Personal also die Zellentüren aufstehen lässt und die Gefangenen sich auf ihrer Abteilung frei bewegen können, den Flur auf seiner Etage. Im Gegenzug für solche freiwilligen Dienste dürfen sich die Hilfskräfte übriggebliebene Nutella-Döschen aus der Besenkammer nehmen. Besonders begehrt sind aber Küchenjobs. Dafür gibt es Geld, das man ausgeben darf. Um eingeteilt zu werden, benötigt man weniger besondere Kochkünste als vielmehr gute Beziehungen zu den Vollzugsbeamten.

Unten im Keller der JVA Essen unterhält eine Firma eine Schlosserei. Die Gefangenen, die dort arbeiten, kassieren insgesamt 360 Euro pro Monat für ihre Tätigkeit. Ein Drittel dürfen sie direkt ausgeben, der Rest wandert auf ihr Konto. Am Tag der Entlassung wird der Betrag an den Gefangenen ausgezahlt.

Obwohl es André im Vergleich zu anderen Insassen in der JVA zu Beginn recht gut geht, zeigt sich doch mit der Zeit, wie sehr er weiterhin unter den Folgen seines Unfalls leidet. Nicht nur muss er regelmäßig gegen die bohrenden Schmerzen seine opiathaltigen Medikamente einnehmen. Es ragen als Spätfolge einer OP zudem bedrohlich Metalldrähte aus seinem rechten

Ellenbogen heraus, sodass der Haftarzt nach drei Monaten empfiehlt, ihn rauszulassen und in eine Klinik zu überführen. Die Staatsanwältin lehnt jedoch ab. Schließlich soll der Tatverdächtige bald vor dem Richter erscheinen.

Beim Prozesstermin kassiert der Serieneinbrecher vier Jahre und acht Monate. Das Gericht hat noch eine ausstehende Bewährungsstrafe ins Urteil miteinbezogen. Auf der Anklagbank sieht man André an, dass er auf dem Zahnfleisch kriecht, sein Gesundheitszustand hat sich zusehends verschlechtert. Und so folgt die Justiz meinem Antrag und befindet ihn zunächst für haftunfähig. Vorläufig darf er raus, um wieder auf die Beine zu kommen. Drei Jahre lang dauert das Moratorium.

André knüpft nach seiner vorläufigen Entlassung eine neue Beziehung und heiratet. Es folgt eine Phase in seinem Leben, in der er Zukunftspläne schmiedet, mit einem Autohandel und seiner Liebsten an der Seite. Bald aber tun sich Probleme auf. Seine Frau leidet unter depressiven Schüben. Im Jahr 2008 nimmt sie ein Bettlaken und hängt sich auf.

Die Nachricht trifft André wie ein Hammer. Er fällt ins Bodenlose, nichts kann ihn halten, nichts hilft, und wenn es ein noch so gut gemeintes Wort ist. André findet keinen Trost. Er sucht, er forscht, er zweifelt an sich selbst. Da hatte er mal etwas Schönes, etwas Gutes, etwas, das ihn wieder auf die richtige Bahn schieben würde. Und nun war sie weg, seine geliebte Frau, einfach weg. Wie ein Schnippen mit dem Finger. Schnipp, weg. Nicht mehr da. Einfach irre, unfassbar. Wieso? Warum?

Kurz darauf holen sie ihn ab. Die Staatsanwaltschaft verfügt kurz nach dem Tod seiner Ehefrau, dass André nun seine Reststrafe von gut vier Jahren verbüßen soll. Aufgrund seiner starken Behinderungen kommt er schnell in den offenen Vollzug in Bielefeld-Sennestadt – dies bedeutet, dass er das Gefängnis zu bestimmten Zeiten verlassen darf. Er darf Ärzte besuchen, erhält Medikamente. Für ihn gilt nur eingeschränkter Arbeitseinsatz. Am Wochenende darf er auch nach Hause.

2011 kommt André frei. Er weiß noch gut, wie sich das angefühlt hat: Raus, endlich raus! Keiner mehr, der ihm etwas sagen kann, keiner mehr, der ihn zwingen kann, keiner mehr, der ihn zurechtweist. Er ist jetzt wieder sein eigener Herr. Ein unbeschreibliches Gefühl bricht sich Bahn. Nun hat er alles selbst in der Hand! Er muss nur arbeiten gehen, sich was einfallen lassen mit den kaputten Beinen und dem Arm.

Viele Kumpels, die rauskamen, gingen zum Bahnhof und hauten sich den Kopf voll mit Schnaps und Bier. Einer von ihnen landete nach drei Tagen erneut im Gefängnis, weil er mit Drogen aufgefallen war. André will es dieses Mal besser machen. Er probiert viel aus, versucht sich erneut im Autohandel, dann macht er sich als Kurierfahrer selbstständig. Doch gönnen ihm die Schicksalsschläge in der Familie keinen Frieden. Als hätte er einen Fluch auf sich geladen, erkranken seine zwei Geschwister an Krebs.

Wenn er heute darüber nachdenkt, steigen ihm die Tränen in die Augen. Die Stimme wird brüchig: 2017 stirbt seine Schwester Karin, im Jahr darauf folgte die jüngste Schwester Michaela. Er hat sie alle würdig beerdigt, auch wenn die Kosten ihn fast auffraßen. Seine ganze Sippe war binnen weniger Jahre ausgelöscht. »Und dann habe ich wieder Scheiße gebaut«, gesteht der bullige Mann.

Auf Geheiß eines Besitzers von mehreren Tabakgeschäften täuscht André Überfälle auf die Läden vor, um die Versicherung zu leimen. Die Nummer geht in die Hose. Als die Polizei ihn an einem Tatort erwischt, setzt sich der Einbrecher fügsam auf den Boden. Erst da kehren die Bilder zurück. Die Bilder aus dem Knast, von all jenen negativen Erfahrungen, die Erinnerung an den untrüglichen Gefängnismuff, den man nie vergisst. »Ich stand im Flur auf der Wache und hätte mir in die Fresse hauen können«, offenbart André seine damalige Gemütslage. »Da kam alles wieder hoch. All die Erlebnisse, die Sprüche der Wärter. Du wirst kleingemacht. Wer den Mund aufmacht, hat verloren. All dieser Mist wurde wieder offenbar.«

Erneut darf ich André vor Gericht »rauspauken«. Er hat Glück, aufgrund seiner schweren Behinderung kommt mein Kindergartenfreund wieder in den offenen Vollzug. 14 Monate muss er dort verbüßen – ein Schnäppchen bei den Vorstrafen. André verschlägt es wieder nach Bielefeld-Senne: Mit

16 Außenstellen und 1358 Plätzen handelt es sich hierbei um die größte Anstalt für den offenen Vollzug in Europa. Hier saßen schon der ehemalige Chef der Konzerne Bertelsmann und Arcandor, Thomas Middelhoff, und der einstige Profi-Boxer Graciano Rocchigiani ein. Meist sind die Außenstellen an Bauernhöfe gekoppelt. André kommt erst nach Brockhagen, später wechselt er nach Theenhausen.

»Die Gefangenen werden im offenen Vollzug richtiggehend ausgenutzt«, behauptet der Ex-Häftling. Morgens zwischen sieben und acht Uhr fahren die Busse vor. Benachbarte Großbetriebe für Garagen- oder Tortechnik sammeln ihre Mitarbeiter aus der Anstalt ein, gefolgt von einem Holzbetrieb oder kleineren Unternehmen. Zurückgebracht werden die Häftlinge zwischen 16 und 18 Uhr. André spricht von Theenhausen als einem »Arbeitslager«: »Gelernte Gerüstbauer malochen da wie die Schweine.« Manchmal habe es ein kleines Handgeld gegeben. Ansonsten zahlen die Firmen 360 Euro pro Monat. »Billiger geht's doch gar nicht!«, schimpft der ehemalige Strafhäftling. Nur »FBer« dürfen mit einem eigenen Auto zur Arbeit fahren und höheren Lohn kassieren. FBer – »Freiberufler« – sind Häftlinge, die ein eigenes festes Beschäftigungsverhältnis bei einer nicht der JVA nahestehenden Firma haben.

20 Stunden Ausgang pro Woche stehen André im offenen Vollzug zu. Dreimal in der Woche darf er auf schriftlichen Antrag hin raus, von 17 Uhr bis morgens um 8 Uhr. Wer zu spät zurückkommt, erfährt Sanktionen, den nächsten Monat über geht dann nichts mehr. Immerhin darf jeder über die drei Münztelefone seine Anrufe durchführen – allerdings zu Mondpreisen: Ein Euro pro Minute allein für das Festnetz sind Usus, alles andere als ein Spottpreis.

Gerade im offenen Vollzug erlebt André so manchen Horror. Da ist jener Abend, als aus dem oberen Zimmer Lärm dringt, dann klirrt Glas, laute Schreie hallen herunter, dumpf fällt ein Körper zu Boden. Vier Russen nehmen ein Zimmer auseinander. Sie haben Wodka-Pullen durch die Rohre im Waschraum reingeschmuggelt. Erst stehen die Zeichen auf Party, dann folgt die Bölkerei. Es kracht, die Leute drehen richtig durch. Als der Wachhabende nach oben geht und mit seinem »Bitte seid leise!« nicht durchdringt, rauscht nach einer Stunde die sogenannte »SO-Gruppe« an. Die Spezialeinheit knüppelt die Randalierer nieder. Ein Beamter wird ins Bein gebissen, ehe der Spuk vorbei ist.

In jener Nacht stellt sich André tot, die Tür von seinem Zimmer, die sonst stets offen steht, hat er abgeschlossen. Als es klopft und jemand sich lautstark nach seinem Befinden erkundigt, stellt sich André schlafend. »Da hast du einfach nur Schiss, denn diese Leute reißen dir im besoffenen Kopp jede Bude auseinander.«

19. November 2019. André tritt vor die Gefängnistür, er hat noch eine halbe Stunde, ehe die Bahn kommt, die ihn die 120 Kilometer nach Hause bringt. Die jährliche Weihnachtsamnestie hat dafür gesorgt, dass ihm zwei Monate erlassen wurden. Die vorzeitige Entlassung rund um den Heiligen Abend kann auf Häftlinge angewendet werden, die zwischen Anfang November und dem sechsten Januar ohnehin freigekommen wären. Wer einen Tag später herausgekommen wäre, hat schlichtweg Pech gehabt.

André hat seine Wohnung zum Glück immer behalten. Die Rente macht's möglich. Er versucht seither erneut, zurück ins normale Leben zu finden. Er wiegt seinen Kopf hin und her, schaut auf seinen verkrüppelten Arm hinunter. »Nie wieder zurück, nie wieder denselben Fehler machen!«, flüstert er leise vor sich hin. André ist jetzt Mitte 40, hat keine Familie mehr, ist körperlich ein Wrack und hat zweimal im Knast gesessen. »Aber«, so meint er im besten Pott-Slang, »et muss weitergehen, wat willste denn sonst vom Leben?«

Da sitzt er nun und lächelt ein wenig. Ein Hauch von Bitterkeit umspielt seine Lippen. Klar gibt er sich selbst die Schuld für »die ganze Scheiße«. Aber das Glück hat sich bisher in seinem Leben auch eher rar gemacht. Zweimal war er jetzt drin, ein drittes Mal soll es nicht sein. »Weißte«, resümiert André, »dat Schlimme iss, dat man alles Miese aus dem Knast vergisst, wenne draußen biss – un genau dat bringt dich wieder rein.« Kopfkino einfach ausgeknipst. Als er über sein Schicksal berichtet habe, sei ihm dies noch mal richtig klar geworden. »War gut, dat alles zu erzählen, mach wat draus in deinem Buch!«, gibt er mir zum Abschied auf den Weg.

KAPITEL 3

IM FRAUENKNAST

Klick, ratsch, klick, die Schlüssel am Bund der Vollzugsbeamtin schleudern gegeneinander, ratsch, klick, ratsch, einem blechern dröhnenden Automatismus gleich fahren die Metallbärte ins nächste Schloss, die Gittertür öffnet und schließt sich wieder. Der Weg in Sunnys persönliche Hölle in der Justizvollzugsanstalt Dinslaken ist begleitet von diesem ewig wiederkehrenden Geräusch. Die Treppe rauf, den langen Flur entlang. Tristesse pur, der Boden grau und ausgetreten, die ockerfarbenen Wände mit einer Patina belegt, stapft Sunny ihrem Schicksal entgegen.

Erneut greift die Vollzugsbeamtin in lang geübter Routine zu ihrem Bund. Klick, ritsch, ratsch. Sunny, gerade mal 20 Jahre alt, wähnt sich in einem Albtraum. Die Angst beschleicht sie, zerrt an ihren Nerven. Fragen schießen ihr durch Kopf: »Was tue ich hier? Was kommt jetzt noch? Was machen die mit mir? Halte ich das aus? Wann komme ich wieder raus?« Panik steigt auf, die Furcht vor einer ungewissen Zukunft überschwemmt Sunny wie Schockwellen bei einem Tsunami.

Abrupt reißt ein Befehl die junge Türkin aus ihren Gedankengängen. »Ziehen Sie sich aus!«, kommandiert die Gefängnisbeamtin. Sunny zögert. Ausziehen vor diesen Leuten? Doch sie muss, sie kann nicht anders, die Mienen der JVA-Frauen lassen keinen Widerspruch zu. Entnervt, leicht zitternd, fügt sich die schwarzhaarige, attraktive Frau den Anweisungen.

Sunny stellt sich unter die Brause. Danach erhält sie, die bis dahin als Edelprostituierte in den besten Clubs im Ruhrpott bis zu 5000 Euro am Tag angeschafft hat und ihre Freier nach Strich und Faden ausnehmen konnte, triste Gefängniskleidung und ein Paket mit Besteck, einem Blechteller und Tasse nebst einer abgenutzten, fleckigen Decke.

Vorbei die Zeit teurer Klamotten von Gucci & Co., vorbei die luxuriöse Fahrt auf der Achterbahn des Lebens. Kein Glamour, keine Action mehr, wie sie es eben noch in den zwei Welten gewohnt war, in denen sie sich bewegt hatte: Hier die angebliche Börsenmaklerin, die ihrer Familie Erfolg vorgaukelte, wo keiner war, und dort die Hure, die unter ihrem Künstlernamen Sunny anschaffen ging, um eine reiche Frau zu werden.

Sunny fühlt sich wie eine Gestrandete, eine gescheiterte Spielerin, die gezockt und alles verloren hat. Aus, vorbei, ganz unten. Ritsch, ratsch, klick. Die Furcht vor dem Unbekannten tritt an die Stelle all der Hoffnungen, all jener Lebensträume mit einem neuen Partner, der ihr das große Glück versprochen hatte. Hassan, ein Freier, gewiss, aber endlich mal jemand, den Sunny ernst nehmen konnte, den sie nicht wie einen stinknormalen Kunden behandelte, dem sie glaubte, den sie liebte.

Üblicherweise hatten Gefühle in ihrem Geschäft nichts zu suchen, das weiß Sunny, aber dieses Mal war es anders, sollte es anders sein. Sie hatte den Mann ihres Lebens gefunden. Gerade erst waren sie in Paris gewesen mit seinem Porsche. Halligalli und ein wenig *Savoir-vivre*. Lange Nächte mit Champagner, Austern und mehr … »Das ist jetzt wohl vorbei, ich bin im Arsch«, lacht Sunny bitter in sich hinein. Just in dem Moment, als sie den Weg aus der Prostitution gefunden zu haben schien, tauchten die Strafverfolger auf und nahmen sie fest. Verdacht auf Raubüberfall, lautet der Vorwurf.

Bei dem Opfer handelt es sich um einen 91 Jahre alten Stammkunden der Prostituierten. Die Täter haben den vermögenden Pensionär in seinem Haus gefesselt, geschlagen und ausgeplündert. Den Zugang hatten sie sich über einen kurzen Handyanruf erschlichen: »Hallo, hier ist Sunny, lass mich rein!« Als der alte Mann die Tür öffnete, fielen die Gangster über ihn her. Das Opfer überlebte verletzt. Und seine erste Aussage führt bald auf die Spur von Sunny.

Zuerst geht es auf die Wache. Der erste Tag hinter Gittern, ohne die geliebten Zigaretten, die Nacht auf einer harten Pritsche, sie macht kein Auge zu. Dann der Gang zum Haftrichter. Ein surrealer Augenblick. Alles ist so ungewohnt, die strengen Blicke der Kripo-Leute, des Staatsanwalts, des Richters. Vehement beteuert Sunny ihre Unschuld, gibt die Namen der wahren Täter aber nicht preis. Die eigene Familie, so schwierig sie sein mag, verzinkt man nicht.

Und so verschweigt die Tatverdächtige, dass ihr jüngerer Bruder Mehmet, einst ein hoffnungsvoller Fußballer, der in seiner Jugend mit dem heutigen WM-Star Mario Götze zusammen spielte, den Überfall inszeniert hat. Sunny hatte dem Bruder von dem Greis erzählt, der auf ganz seltsame Praktiken stand und für Hausbesuche mindestens 2000 Euro springen ließ, obwohl er längst keine Erektion mehr bekam. Zweifelsohne verfügte der Senior also über Kohle. Sie wusste, er bunkerte viel Bargeld im Haus. Aber er legte auch ein gesundes Misstrauen an den Tag. Sunny kündigte ihren Besuch stets vorher kurz telefonisch an. Dann öffnete der alte Mann die Haustür. All das hatte die Türkin ihrem Bruder in einer launigen Minute erzählt.

Im Gegensatz zu seiner Schwester hatte Mehmet sich bei der Geschichte mehr gedacht und nun seinen Plan, den Pensionär auszunehmen, in die Tat umgesetzt. Dabei hatte er Sunnys Handy benutzt – ohne ihr Wissen, wie sie heute im Rückblick beteuert. »Ich hatte mit dem Raubüberfall nichts zu tun! Aber mir hat keiner geglaubt, und meinen kleinen Bruder wollte ich nicht hinhängen, da kam der Beschützerinstinkt in mir hoch. Deshalb habe ich den Gang in die Hölle auf mich genommen.«

Sunny, die ihren richtigen Namen nicht lesen möchte, sitzt zehn Jahre nach den Ereignissen entspannt in ihrem großen Garten in einer Kleinstadt mitten im Ruhrpott. Die mandelbraunen Augen fixieren mich selbstbewusst. »Es war ein langer, schwieriger Weg«, sagt die Mutter zweier Kinder. Ihr offener Blick spricht Bände: Die harten Knastjahre sind vorbei. Die letzten Bewährungsauflagen laufen bald ab.

Sunny will erzählen. Sie will mir über den Alltag im Frauenknast berichten, möchte aufklären, will aufräumen mit Mythen und Klischees.

Schonungslos schildert Sunny, die Ex-Prostituierte, wie schwer es ist, als schwangere Frau hinter Gittern zu überleben. Mit ihr blicken wir in die dunklen Ecken des Strafvollzugs für Frauen. Wo Tabus dazu da sind, sie zu brechen.

Fünf Prozent der Knackis sind weiblich. Gut 3000 Frauen sitzen bundesweit in speziellen Trakten der JVAs oder in eigens als Frauengefängnis ausgewiesenen Anstalten ein. Und dort geht es nicht etwa netter zu als bei den Männern. Auch die Frauen müssen sich hinter den Gefängnismauern gegen ihre eigenen Zellengenossinnen behaupten, und sie haben immer wieder mit übergriffigen Wärtern oder Wärterinnen, Lehrern, Psychologen oder Ausbildern zu kämpfen. Mitunter müssen sie zusehen, wie sie mit ihrem kleinen Kind hinter Gittern über die Runden kommen.

»90 Prozent der Frauen im Knast sind drogensüchtig. Das ist ein Riesenproblem«, weiß Sunny. Nie hat sie Rauschgift angerührt, weder Kokain, Heroin, Ecstasy noch Marihuana. Gesoffen hat sie freilich, aber nur um den Ekel herunterzuspülen, um zu vergessen, »was es heißt, eine Hure zu sein«. Sunny hat die Riesenkohle gerne mitgenommen, »aber der Preis dafür ist nicht ohne, man muss lernen, es einfach auszublenden, wenn da einer über dir liegt.« Versonnen schaut sie über den gemähten Rasen. Der Rauch ihrer Marlboro weht über den Biertisch, auf dem sich Kaffee, Kekse und Berge von türkischem Gebäck stapeln. Eine Zeitlang wirkt die aparte Frau ein wenig entrückt, so als lasse sie die Vergangenheit, all die Jahre, die sie ins Gefängnis führten, nochmals Revue passieren.

Aufgewachsen ist sie in einem überwiegend von Türken bewohnten Viertel im westfälischen Werne, wo damals die Verhältnisse zum Teil eine äußerst archaische Welt widerspiegeln. Die Männer gehen in den Zechen malochen und haben meist das Sagen. Bei Sunny zu Hause herrscht jedoch ein gemischtes Klima. Während der Vater strenggläubig den muslimischen Sitten seiner türkischen Heimat am Schwarzen Meer anhängt, pflegt die Mutter den westlich gewandten Gegenpart. In diesem familiären Zwiespalt wächst

Sunny auf. Stets auf der Suche nach Freiheit, lehnt sie sich oft gegen das strenge Regiment ihres Vaters auf, die Mutter hilft ihr dabei.

Das Mädchen stromert mehr auf der Straße herum, als dass es in der Schule auftaucht. Mit fünfzehn fällt Sunny zum ersten Mal wegen gemeinschaftlicher Körperverletzung auf: Eine Mitschülerin hatte sie im Internet mit ausländerfeindlichen Sprüchen beleidigt. Das lässt sich Sunny nicht gefallen, und als ihr die Übeltäterin auf dem Schulhof gezeigt wird, geht sie gemeinsam mit einer Mitschülerin auf sie los.

In dieser Zeit möchte der Vater seine Tochter mit einem türkischen Jungen aus der Nachbarschaft vermählen. »Eine arrangierte Hochzeit wie in türkischen Kreisen üblich«, erinnert sich Sunny. Doch sie weigert sich. Der Gatte in spe, bereits Mitte 20, ist nicht ihr Fall. Zumal sich herausstellt, dass er Männer liebt. In der Familie bahnt sich ein Mordsskandal an. Ein Onkel plant gar, die renitente Nichte zu kidnappen und zurück in die Türkei schicken, um sie dort zu verheiraten.

Streit entbrennt, der Krach zu Hause scheint unerträglich. Im Jahr 2006 gerät Sunny erneut wegen gefährlicher Körperverletzung mit dem Gesetz in Konflikt. Sie driftet in Kreise ab, in denen es rabiat zugeht. »Kein Bock auf gar nichts!«, heißt die Losung. Dieses Mal kommt die Hauptschülerin mit Sozialstunden davon, die sie abzuleisten hat. Das Jugendamt schaut vorbei, die Polizei liefert das Mädchen gleich mehrfach zu Hause ab. Irgendwann wirft der Vater seine Tochter hinaus, weil sie nicht seinem Wunsch folgen und den ausgeguckten Gatten ehelichen will. »Du bist nicht mehr meine Tochter!«, brüllt der *Baba*. In Rage nimmt er seiner Tochter die Schuhe weg. Auf Strümpfen verlässt sie die Wohnung. Ohne Geld, ohne alles – sie weiß nicht, wo es hingehen soll.

Fortan ist Sunny auf sich allein gestellt: Die Schule schmeißt sie ohne Abschluss. Die Stationen wechseln, mal wohnt sie in einer Wohngemeinschaft, initiiert durch das Jugendamt, mal im Frauenhaus. Sunny hält sich lange Zeit mit Kellnern in einer Kneipe über Wasser. Als sie schließlich wegen einiger Regelverstöße aus dem Frauenhaus rausfliegt, steht sie mittellos auf der Straße. Sie weiß nicht mehr weiter.

In ihrer prekären Lage springt ihr eine Zeitungsannonce eines Rotlichtclubs ins Auge. Sunny ruft Rita, die Wirtin, an. »Wie alt bist du denn?«, erkundigt sich die Puffmutter. »In zwei Wochen werde ich 18«, antwortet das Mädchen. »Okay, wenn du volljährig bist, kannst du bei mir arbeiten«, sagt Rita. Sie hat Sunny noch gar nicht gesehen, ist aber schon Feuer und Flamme. Sunny hat den Job.

Im Rotlichtgewerbe zählt vor allem das sogenannte »Frischfleisch« – je jünger, desto knackiger, desto begehrter. Verzweifelt bittet Sunny um ein kleines Überbrückungsgeld für die Wartezeit. »Okay, ich schicke dir meinen Fahrer«, verspricht Rita.

Es ist auch jener Chauffeur, der Sunny just an ihrem 18. Geburtstag abholt und zu Ritas Etablissement fährt. Der erste Freier ist zirka 60 Jahre alt, hat schon einiges intus, als er Sunny hereinkommen sieht. »Die will ich«, brabbelt der Mann und stiert den Neuankömmling lüstern an. Sunny versucht, ihre Unruhe zu überspielen. Zunächst geht es in ein Separee mit Whirlpool. Der Mann stinkt nach Alkohol. Aber er hält sich zurück, als ihm klar wird, dass die junge Frau zum ersten Mal anschaffen geht. Die beiden reden viel, ehe Sunny ihre Gefühle und Gedanken irgendwo in eine hintere Kammer verdrängt und es über sich ergehen lässt.

Klar ist das ekelhaft, aber als Rita ihr am Ende des Tages die Hälfte der eingenommenen 1500 Euro als Liebeslohn in die Hand drückt, »da fühlte sich das Ganze gar nicht mehr so schlimm an«, bekennt Sunny heute. 750 Euro ist viel Geld für einen Tag. Zwar fällt die Geburtstagfeier zum Achtzehnten aus, doch die junge Prostituierte sieht eine Perspektive und beginnt Geschmack an ihrem Job zu finden. So viel schnell verdiente Pappe kann sie nirgends sonst hereinholen. Sie hat keinen Schulabschluss, keine Ausbildung. Das Einzige, was Sunny weiterbringt, ist ihr Aussehen und ihre tolle Figur. Und weil sie so jung ist, fliegen ihr die Freier zu.

Alsbald avanciert sie zur gefragtesten Nutte in Ritas Club. Das Geld, so schnell es hereinrauscht, geht ebenso schnell wieder drauf für Spielhallen oder Casinos, für wilde Partys mit viel Alkohol und geilen Klamotten. Sunny hat einen Lauf, wechselt die Etablissements, wie es ihr gerade passt, schafft etwa in einer Wohnung für einen Zuhälter namens Steve an, der ihr einen Safe ins Büro baut, damit sie dort ihre Einnahmen sicher verwahren kann. Irgendwann ist Steve jedoch auf und davon, und mit ihm auch ihre 80 000 angesparten Euro. Erneut mittellos, heuert Sunny bei einem Sauna-Club an und macht dort mindestens 2000 Euro am Tag. »Die Höchstleistung waren 48 Freier in 24 Stunden«, erzählt die Türkin aus dem Revier stolz. Mit zwanzig hat sie alle Tricks drauf, um die Kunden hinters Licht zu führen. Die Männer müssen erst duschen gehen. »Dort habe ich sie schon so heiß gemacht, dass es im Bett nicht lange dauerte, bis sie fertig waren«, lacht Sunny in der Rückschau. Oft täuscht sie den Verkehr nur vor, was sie »Falle schieben« nennt, das heißt, sie setzte sich in der Reiterstellung auf ihren Kunden, befriedigte ihn aber hinterrücks heimlich nur mit der Hand, statt ihn tatsächlich in sich eindringen zu lassen.

Etliche vermögende Freier plündert die Schwindlerin in dieser Zeit gnadenlos aus. »Viele wollten mich aus meinem Schicksal befreien und heiraten, denen spielte ich das arme Mädchen vor, das endlich aussteigen wollte.« Da ist zum Beispiel Rainer, ein reicher Börsenmakler. Er steht auf das Glamourgirl mit den langen schwarzen Haaren. Immer wieder weint Sunny ihm etwas vor. Dass Schulden drückten, die sie bei irgendwelchen Gangs habe und nicht zurückzahlen könne. Und dass ihr etwas passiere, wenn sie nicht bald das Geld auftreibe. Rainer überreicht ihr anstandslos einen Scheck. Nicht einmal, sondern bei etlichen Gelegenheiten. Wie oft? Sunny weiß es heute nicht mehr zu sagen, »aber gut 50 000 Euro habe ich ihm sicher abgenommen.« Am Ende geht der Börsenmakler pleite. Und Sunny muss sich vor dem Jugendschöffengericht wegen Betruges verantworten. Ein halbes Jahr auf Bewährung, lautet der Schuldspruch.

Unbeeindruckt macht die Verurteilte weiter wie bisher. Zwischenzeitlich organisiert sie in einer Wohnung Pokerspiele. Zahlungskräftige Freier sehnen sich nach einem weiteren Vergnügen. Sunny befriedigt ihre Wünsche. »Wer zahlt, der gewinnt«, lautet die Devise. Etliche Kolleginnen aus dem Sauna-Club geben die Escort-Damen oder schenken die Getränke aus, während die Zocker um hohe Summen spielen. Zirka 5000 Euro am Abend springen mitunter für Sunny dabei heraus. »Besser, als die Beine breit zu machen«, erläutert sie mit einem leichten Anflug von Bitterkeit.

Alles scheint in den richtigen Bahnen zu laufen, auch wenn das Beziehungsleben der Zockerfrau genauso chaotisch verläuft wie der Rest ihres Tuns. Mal ist sie obenauf, mal unten, mal in der Mitte, nie aber in einer Balance. Und dann taucht da der neue Lover auf. Okay, der ist zwar 20 Jahre älter als sie. Aber Sunny steht auf ältere Männer, vor allen Dingen, wenn sie so schnuckelig und spendierfreudig sind wie dieser. Mehmet macht mit dem Aufstellen von Spielautomaten viel Schotter. Stets fährt er mit seinem Porsche Carrera vor. Er strahlt das aus, was Sunny mag: Beschützertum, Erfahrung, ein wenig Papa-Attitüde, schließlich einen Hang zum Luxus.

Und dann kommt jener 13. Dezember 2011, der Sunnys Leben komplett verändern wird. An jenem Tag geschieht der Überfall auf den alten Rentner und kurze Zeit später steht die Kripo vor ihrer Tür. Polizeigewahrsam, anderntags steigt Sunny mit einem Haftbefehl auf rotem Papier in der Hand in einen Gefangenen-Transporter. Angekettet schaut sie um sich, manche Mitinsassinnen grinsen sie anzüglich an, andere wiederum blicken stoisch an ihr vorbei. »Nur nicht durchdrehen«, fährt es ihr permanent durch den Kopf, »bleib ruhig, immer ruhig.«

Der Wagen ruckelt die U-Häftlinge durch. Sunnys Magen meldet sich. Zu dem Zeitpunkt denkt sie, ihre Nerven spielen ihr einen Streich: All der Stress, die Angst, die ungewohnte Umgebung wirken sich auf ihren Körper aus. Der Wagen rumpelt weiter, während die U-Häftlinge entweder schlafen oder trübsinnig in die Gegend stieren. Es wird kaum gesprochen, die Stimmung erinnert an einen trübsinnigen Abgesang an die Freude. Der Transporter hält an mehreren Stationen, ehe sich erneut die Türen öffnen und Sunnys Name aufgerufen wird. Hastig bugsiert man die Gefangene aus dem Bulli. »Hopp, hopp, hopp!«, brüllt jemand.

Sunny schaut auf die Eingangspforte der JVA Dinslaken. Einem Knast, einzig angelegt für Frauen. Die sogenannte »Zweiganstalt« der JVA Duisburg-Hamborn dient ausschließlich als Anlaufstelle für weibliche Untersuchungshäftlinge. Es ist ein in die Jahre gekommener Kasten mit 70 Haftplätzen, davon 30 in Sammelzellen. Seit Jahren will die Landesregierung von Nordrhein-Westfalen das alte Gemäuer aufgeben. Wegen Überfüllung aller Frauenknäste wird Dinslaken allerdings noch bis auf Weiteres in Betrieb bleiben.

Der Bau mit seinem braunen Mauerstein strahlt eine düstere Atmosphäre aus, die sich automatisch auf Sunnys Gemüt legt. Hier ist sie allein auf sich gestellt, niemand wird ihr helfen, schließlich gilt sie als Kriminelle, eine Verbrecherin, da muss sie selbst durch.

»Weiter geht's«, drängeln die Vollzugsbeamtinnen. Sunny gehorcht. Nach der Aufnahme der Personalien und der Abgabe ihrer Ringe, goldenen Ketten und der Rolex nebst Duschprozedur läuft sie automatisch weiter. Stets aufs Neue wird ihr übel. Verzweifelt versucht sie nicht daran zu denken. »Nur ja nicht kotzen!«, hämmert sie sich ein. Furcht treibt Sunny um, während der Weg weiter führt über die nüchternen Flure, vorbei an den Eisenzellen mit den kleinen Gucklöchern, aus denen weibliche Stimmen tönen.

Ritsch, ratsch, klick. Sunnys Begleiterin schließt ihr die Zelle auf. Zwei Frauen schauen erwartungsvoll, als sie eintritt. Kaum in der Zelle, muss sich die Neuangekommene in die Toilette übergeben. Die Kloschüssel steht beinahe mitten in dem gerade mal acht Quadratmeter großen Haftraum. Keine Privatsphäre, kein Vorhang, kein abgetrenntes Badezimmer.

»Wenn du glaubst, dass wir die Schweinerei wegmachen, dann hast du dich schwer geirrt«, raunzt eine der Mitgefangenen Sunny an. »Sieh zu, dass alles schnell wieder sauber wird, sonst …« Das »sonst« bleibt bedrohlich in der Luft hängen. Sunny versteht schon. Hastig greift sie zum Toilettenpapier, gräbt ihr Handtuch aus dem Gefangenenpaket und beginnt zu wischen.

»Willkommen in einer neuen, miesen Welt«, sinniert Sunny, als sie versucht, unter den kritischen Augen ihrer Zellen-Kumpaninnen die Sauerei zu entfernen. Zunächst einmal hält sie hier lieber die Klappe. Das Ganze ist neu für sie. Wer weiß denn, wer die beiden Frauen sind? Was sie auf dem Kerbholz haben? Wie sie reagieren, wenn man unverhohlen widerspricht? »Vorsicht ist die Mutter der Porzellankiste«, flüstert Sunny leise in sich hinein. Besser erst mal nicht anecken, erst mal schauen, wie der Laden läuft.

Bald erfährt »die Neue«, mit wem sie es zu tun hat. Da ist etwa Margarete. Sie ist eine typische Junkie-Braut. Ihr Gesicht wirkt teigig, sie ist zwar erst Ende 20, sieht aber aus wie Ende 40: verbraucht, desillusioniert. Schnell reizbar ist sie, durch den Entzug, der ihr zusetzt. Immer wieder ist sie eingefahren: Ladendiebstahl, Betrug. Mitunter muss Margarete auch eine Ersatzfreiheitstrafe absitzen, weil sie gleich mehrfach beim Schwarzfahren in Bus und Bahn erwischt wurde. In Freiheit verkauft die Drogenabhängige ihren Köper in den miesen Winkeln auf der Straße.

Die niederrheinische Anstalt ist berühmt-berüchtigt. Aus der offenen Toilette kriechen mitunter die Ratten heraus. Ein Holzbrett muss herhalten, um die Toilette notdürftig zuzudecken, damit die Viecher nicht nachts in die Zelle kommen. Wenig besser ist es unter der Dusche: »Statt Duschgel gab es an einigen Tagen nur ein Generalreinigungsmittel«, berichtet Sunny, »es war ein Allzweckreiniger, der an sich für die Reinigung von Oberflächen gedacht war und nicht für die Haut von Menschen. Aber es gab nichts anderes.« Kein Wunder, dass ihre Haut zu brennen beginnt. Neben ihr rasieren sich HIV-infizierte Frauen unter der Brause die Beine. Mitunter fließt ihr Blut in den Ablauf. Wenn dann doch einmal jemand der Gefangenen echte Seife mitbringt, dann erheben die stärksten Frauen Anspruch darauf. »Das gehört mir!«, blitzt es Sunny gefährlich aus den Augen einer Konkurrentin entgegen, einer Junkie-Mutter, die dabei drohend ihre HIV-infizierte Rasierklinge hebt.

Will eine der Insassinnen ein außerplanmäßiges Telefonat führen, lässt sich dies nach Sunnys Aussagen bei einem Geistlichen arrangieren. »Einige weibliche Mitgefangene haben mir erzählt, dass sie zu dem Priester in die Sprechstunde gegangen sind und ihre Liebsten angerufen haben.« Die Gegenleistung sei ein Blowjob gewesen. Eine Mitgefangene verbrachte demnach zwei Stunden bei dem Seelsorger. »Was hast du da so lange gemacht?«, erkundigt sich Sunny im Anschluss. Die Zellengenossin seufzt nur: »Frag besser nicht ...«

Manche Frauen takeln sich auf, um ihre Aufpasser anzumachen, machen sich auf diese Weise bei Teilen der männlichen JVA-Belegschaft lieb Kind, erschleichen sich ihr Vertrauen, ihre Zuneigung. »Zur Belohnung gab es dann mal ein Happy Meal von McDonald's oder einen Döner«, weiß Sunny. Mahlzeiten, die im Vollzug denselben Wert besitzen wie ein Sternemenü draußen. Mitunter seien einige JVA-Bedienstete auch in die Einzelzellen zu weiblichen Gefangenen verschwunden, schildert die junge Frau ihre Erlebnisse. Das Stöhnen dringt dann gut hörbar über den Flur. »Da sind manche Frauen auch in der Anstalt schwanger geworden, aber das wurde vertuscht.«

Hinter Gittern heißt es vor allen Dingen zu überleben. Nicht, dass täglich Gewalt und Gefahr das Leben bestimmt. Eher schwingt ein latentes Gefühl der Wachsamkeit mit. Auch hier herrschen Neid, Missgunst, Anti- und Sympathie, Freund- und Feindschaften.

Sunny hat stets darauf geachtet, das obere Etagenbett zu beziehen, um etwaige Angriffe besser abwehren zu können. Schon bald hat sich die junge Frau an den Mief in der Zelle gewöhnt, an den Uringestank aus dem Klo, den harschen Umgangston und die hohe Fluktuation im Trakt. Sunny teilt mit Mörderinnen die Zelle wie auch mit Kleinkriminellen. »Da lernt man schnell, aufzupassen, zumal wir ja in Dinslaken richtiges Besteck hatten mit Gabel und Messer«, erinnert sie sich im Rückblick.

Bereits kurz nach ihrer Einlieferung in die U-Haft erhält die junge Frau eine einschneidende Nachricht: Die routinemäßige ärztliche Untersuchung fördert zutage, dass Sunny schwanger ist. Mit dem Befund bekommen die plötzlichen Anfälle von Übelkeit eine andere Erklärung. Der Schock sitzt tief. Fragen über Fragen türmen sich plötzlich auf, wie Mauern, über die kein Weg zu führen scheint. »Du bist im Gefängnis und schwanger? Wie soll das gehen?« Natürlich weiß sie, wer der Vater ist: Paris, die Spritztour *d'amour* an die Seine mit Hassan, dem 20 Jahre älteren Porschefahrer einige Wochen vor ihrer Verhaftung.

Sunnys Zustand verschlechtert sich im Laufe der nächsten Tage. Sie hat Blutungen. Irgendetwas stimmt nicht mit der Schwangerschaft. Anstatt Sunny aber in eine nahe gelegene Klinik zu bringen, lässt die Anstaltsleitung die schwer erkrankte Gefangene per Transporter gut anderthalb Stunden in das hundert Kilometer entfernte Justizvollzugkrankenhaus Fröndenberg im Sauerland verfrachten.

Es ist ein Unterschied wie Tag und Nacht. Zwar verhindern auch hier Gitter vor den Fenstern einen Ausbruch, doch die Patientenzimmer sind hell, verfügen über hohe Decken und viel Platz. Zudem kommt Sunny in einen Einzelraum. Die Schwestern sind zwar nicht gerade Sympathieträgerinnen, bleiben im Umgang mit Sunny aber neutral.

Am Tag nach ihrer Einlieferung in Fröndenberg ist es wieder so, dass der Mediziner im Laufe der ärztlichen Untersuchung eine aufwühlende Nachricht für die Patientin hat. Er macht ihr wenig Hoffnung, dass die Geburt normal verlaufen werde. Im Gegenteil, er bekundet: »Es besteht die Gefahr, dass Ihre Gebärmutter das Kind nicht halten kann und Sie es verlieren werden.« Der Arzt empfiehlt eine Abtreibung, um etwaige Gefahren für die Mutter auszuschließen. Ein entsprechendes Formular hat er schon ausgefüllt: »Sie brauchen hier nur zu unterschreiben.« Sein Blick spricht Bände. So als wollte er sagen: Besser so, als dass der kleine Balg als Kind einer kriminellen Mutter und Hure aufwächst. Nüchtern resümiert der Mediziner: »Was wollen Sie denn mit einem Kind im Gefängnis?«

Sunny weiß nicht, wie ihr geschieht. »Abtreibung.« Ihr schwirrt der Kopf. Sie kann keinen klaren Gedanken fassen. »Abtreibung.« Das hat sie schon hinter sich. Einmal hat sie abgetrieben. Mit einer weiteren würde sie, seelisch wie körperlich, nicht fertigwerden. Nein, eine Abtreibung kommt nicht in Frage.

Die junge Frau strafft sich. »Ich möchte das Kind behalten«, entgegnet sie dem Arzt. Der runzelt unwillig die Stirn. Doch Sunny hört nicht mehr hin, als der Doktor auf all die Risiken hinweist, auf sie einredet und über die geringen Erfolgschancen einer Geburt referiert. Sunnys Entschluss steht fest.

Tage später erscheinen ihre Eltern zu Besuch. Durch die Verhaftung hat man wieder zueinander gefunden. Auf die Nachricht von der Schwangerschaft reagieren Vater und Mutter besorgt. Mit betrübten Mienen versichern sie ihrer Tochter, sich während der Haftzeit um das Kind kümmern zu wollen. Hassan, der Vater in spe, taucht ebenfalls auf. Seit Jahren wünscht er sich nichts sehnlicher als Nachwuchs, einen Statthalter, der mal sein Geschäft übernehmen soll. Allerdings kann er seine Skepsis nicht verhehlen. »Was ist, wenn das Kind gar nicht von mir ist?« Die Frage verletzt Sunny. Sie brüllt, schreit ihn an. »Da ist sonst niemand gewesen, du bist eindeutig der Vater, was willst du noch mehr?« Hassan lenkt ein, er verspricht ihr seine Liebe. »Ich werde zu dir halten und besorge dir einen vernünftigen Anwalt.«

Der Frieden scheint wiederhergestellt. Plötzlich sieht Sunny Licht am Horizont. Durch die gute Pflege in der JVA-Klinik bessert sich ihr Gesundheitszustand zusehends. Nach einigen Wochen geht es wieder zurück in den U-Haft-Trakt der JVA Dinslaken. *Welcome again* im Gefängnisdschungel.

Dieses Mal ist es noch schlimmer, dieses Mal muss Sunny nicht nur an sich denken, sondern auch an das Leben, das sie in ihrem Leib trägt. Zum ersten Mal muss sie Verantwortung übernehmen.

Hinter Gittern hat sie nicht verlernt, wie man Leute einwickelt. Durch ihr einnehmendes Wesen gewinnt Sunny viele Mitgefangene und im Vollzug Beschäftigte für sich. Bald ist ihr Zustand für jedermann sichtbar. Sie ist die Frau mit der Risikoschwangerschaft, die keinen Stress gebrauchen kann. Damit fährt sie gut. Aber erneut treten Alarmsignale auf. Sunny will zum Bibelseminar, weil es beim Pfarrer so leckere Kekse und Kaffee gibt. Kurz vor Beginn der Stunde bricht sie zusammen. Ein Rettungswagen bringt die Frau in ein Krankenhaus. Eine Not-OP verhindert, dass sie das Kind verliert.

Nur langsam schwindet bei Sunny die Furcht vor neuem Unheil. Sie will, sie muss raus aus dem Knast, um ihr Kind in Ruhe zur Welt bringen zu können. Und sie hat Glück, dass sich das Gericht auf einen Deal einlässt. Der Prozess dauert nur einen Tag. Anstatt alles abzustreiten, räumt die Angeklagte in einem kurzen Statement ihre Schuld ein. »Ich bereue alles.« Eine Lüge gewiss, denn tatsächlich hat sie bei dem Raubüberfall auf den Rentner gar nicht mitgemacht. »Aber scheiß drauf«, lautet ihre Devise, Hauptsache frei, Hauptsache, das Kind erblickt nicht im Gefängnis das Licht der Welt.

Das Urteil lautet vier Jahre und drei Monate. Und die Richter setzen den Strafantritt gegen eine Kaution von 10 000 Euro zunächst aus.

Sunny darf also erst einmal nach Hause. Erst später muss sie ihre Haft antreten. Bei der Nachricht brechen bei ihr alle Dämme. Tränen strömen über ihr Gesicht. Die eigentlich so abgebrühte Prostituierte weint ohne Unterlass. »Mensch, was haste für ein Glück!«, fährt es ihr in den Sinn, »jetzt biste erst mal frei.« Selbst ihren Pass darf sie wieder an sich nehmen. Es fällt ihr schwer sich zu rühren. »Erst kommst du rein in den Knast und nun darfst du raus.« Sunny kann es kaum fassen. Warum, wieso, weshalb? Ein Wust von Emotionen stürmt auf sie ein. Hassan hilft ihr letztlich auf. Vor dem Gerichtsgebäude reicht er seiner Freundin ein Handy. Nach kurzem Warten hört Sunny die Stimme ihrer Mutter. »Kind, kommt erst mal nach Hause, es gibt deinen Lieblingsauflauf mit Brokkoli, alles wird gut.« Die Stimme ist brüchig, als die Tochter antwortet: »Ja, Mama. Ich werde mein Kind hier draußen zur Welt bringen und dann wird alles gut.«

Welch ein Irrtum. Denn die Bruchlinien ziehen sich bei Sunny weiter durchs Leben. Nichts läuft stetig geradeaus, mal geht es scharf nach links, dann wiederum rückwärts oder genau in die Gegenrichtung. Sunny lebt da draußen von geborgter Zeit, mit ihrer Familie, mit ihrem Partner. Sie weiß, dass sie bald wieder in den Knast muss. Der Gedanke schwebt wie ein Damoklesschwert über ihr. Natürlich versucht sie die trüben Augenblicke wegzuschieben, aber es will ihr nicht ohne Weiteres gelingen.

Sunny genießt die Freiheit, sie fühlt sich im siebten Himmel, wenn ihr Liebster verspricht, man werde von nun an immer zusammenbleiben. »Ich lasse dich nicht mehr gehen«, säuselt Hassan ihr ins Ohr – Worte wie aus einem zweitklassigen Liebesroman, aber Sunny, die früher die harte SM-Nummer bei Kunden durchziehen konnte, wird dabei wachsweich. Selbst noch, als die Geburt ihres ersten Sohnes sie wieder kurzzeitig in die Realität zurückkatapultiert: Kaum ist der Kleine geboren, steckt ihm sein Erzeuger noch ihm Kreißsaal ein Stäbchen in den Mund, um einen Abstrich durchzuführen. Hassan, der nicht so recht an seine Vaterschaft glaubt, sucht Gewissheit und will einen DNA-Test veranlassen. Sunny fasst es nicht. »Muss das jetzt sofort sein?«, ruft sie sichtlich verletzt aus. Da war er wieder: Der übliche Vorbehalt gegen Sunny, die Prostituierte, die Nutte, die täglich mit Dutzenden Männern geschlafen hatte. »Geht's noch?«, brüllt die junge Frau ihren Freund an. Hassan lässt sich nicht beirren. Ungerührt verlässt er den Kreißsaal.

Tage später besucht er Sunny freudestrahlend mit dem Testergebnis in den Händen: Hassan ist der Vater. Auf sein Geheiß wird der Junge »Attila« genannt. Attila, der Hunnenkönig. Endlich gibt es einen Stammhalter. Der Geschäftsmann kann sein Glück kaum fassen. Jahrzehntelang hat er von einem Sohn geträumt. Und nun hat sich sein Wunsch erfüllt.

»Jetzt kaufen wir ein Haus!«, verspricht der Automatenaufsteller seiner Freundin. Sunny lächelt befriedigt. Endlich läuft einmal etwas in die richtige Richtung in ihrem Leben. In Marl bezieht das Paar einen luxuriösen Bungalow nebst Terrasse und großem Garten. Alles wirkt wie aus einer kitschigen Soap. Trautes Heim, traute Familie, traute Eltern. Damit Sunny das Baby stillen kann, verlängert die Justiz gar die Haftverschonung um sechs Monate.

Doch die Uhr tickt unaufhörlich, der Termin für den Haftantritt rückt näher. Stunde für Stunde, Tag für Tag. Und mit ihm überkommt Sunny wieder jene Furcht vor dem Ungewissen. Sie weiß, sie soll ihre restlichen dreieinhalb Jahre Haft im Frauentrakt der JVA Gelsenkirchen absitzen. »Wird das so mies und dreckig werden wie in Dinslaken?« Sunny schaudert bei dem Gedanken.

Der Trübsinn verfliegt noch für eine Weile, als die Familie in der Türkei urlaubt. Ein letztes Mal ausspannen, bevor der deutsche Knast ruft. Ein letztes Mal kuscheln mit dem kleinen Sohn, die Sonne, das Meer genießen. Hier merkt Sunny, dass sie erneut schwanger ist. Hassan hat gebettelt, hat auf ein zweites Kind gedrängt. Ihr Erstgeborener, so sein Tenor, soll nicht allein aufwachsen. Sunny hat nachgegeben. Die ärztliche Diagnose hinterlässt bei ihr gemischte Gefühle: Sie ist im dritten Monat schwanger. Natürlich freut sie sich, macht sich aber zugleich auch klar, welches Risiko hinter Gittern droht. Vor dem Abflug haben sie die Justiz um einen weiteren Haftaufschub ersucht, aber der Staatsanwalt hat abgelehnt. Sein Rüffel hat es in sich: »Sie wussten, dass der Haftantritt anstand, das ist unverantwortlich, dass Sie wieder schwanger sind. Eine Haftverschonung kommt nicht in Frage.«

Und nun sitzt sie am Strand. Türkei. Eine leichte Brise weht ihr durchs schwarze Haar. Sunny sinniert über das Für und Wider einer Offerte ihres Freundes: Hassan will ihr hier ein Haus schenken. »Bleib halt zehn Jahre in der Türkei, wird sicher schwer, aber dann ist Gras über die Sache gewachsen und wir holen dich zurück nach Deutschland.«

Türkei, Deutschland. Deutschland, Türkei, immer wieder wägt Sunny die Vorteile beider Länder gegeneinander ab. Die Entscheidung steht bald fest. Nein, feige weglaufen will sie nicht. Sunny strafft sich, macht sich selbst Mut, als sie ihrem Partner ihren Entschluss mitteilt. »Ich habe keine Angst mehr vor dem Knast, und mein Sohn soll auch nicht darunter leiden. Er soll in Deutschland groß werden. Ich will keine Memme-Mutter sein. Kein Weichei.« Dann listet sie die Vorzüge auf, die ein Kind in Deutschland erwarten darf. Grundsicherheit, das Gesundheitswesen. Sunny reklamiert ein hohes Maß an Verantwortung für sich, jetzt, wo der kleine Attila da ist und bald das zweite Kind folge. »Nee, nee«, lautet ihr Fazit, »wir müssen nach Deutschland zurück.«

Nach der Rückkehr arbeitet Sunny eine Kinderfrau aus Spanien ein, ihre Mutter gibt eigens ihren Job als Putzfrau auf, um die junge Familie zu unterstützen. Alles scheint in bester Ordnung, für alles ist gesorgt, als Sunny an der Eingangsschleuse in der JVA Gelsenkirchen vorspricht. Der Abschied von ihrem Mann fällt Sunny unendlich schwer. Hassan streichelt ihren Bauch. Besorgt fügt er hinzu: »Pass auf das Baby auf!« Dann öffnen sich schon die Türen.

Sunny zeigt an der Pforte ihr Stellungsgesuch vor. Sie ist zu früh dran. »Kommen Sie mal rein!«, ruft ein Vollzugsbediensteter durch den Lautsprecher. »Willkommen zurück in der Hölle«, fährt es Sunny in den Sinn. Wieder die Wartezelle, wieder dieselbe Prozedur mit der Abgabe aller Sachen, Papiere,

Portemonnaie, Handy. »Scheiße, jetzt bist du wieder drin«, murmelt Sunny leise vor sich hin, »wärste besser mal in der Türkei geblieben.« Tränen rinnen über ihr Gesicht.

Doch die Beamten und Beamtinnen in Gelsenkirchen reagieren ganz anders als jene in Dinslaken. Beruhigend reden sie auf Sunny ein. Das vertraute Geräusch der Schlüssel tut sein Übriges, dass sie ihre Nerven wieder in den Griff bekommt. Erneut geht es die Flure entlang, das Bündel mit ihren Utensilien hält die Gefangene fest umschlossen.

Sunny hat Glück im Unglück. Die werdende Mutter kommt in die dritte Abteilung, Etage 1. Dort stehen die Zellen vor- und nachmittags meist offen. Drei weibliche Gefangene empfangen die Ex-Prostituierte neugierig. Sie weiß bereits, was nun kommt, weiß, wie man schnell Freundinnen gewinnt. »Haste 'ne Kippe? Haste Tabak? Haste Kaffee?«

Klar hat Sunny. Bestens vorbereitet, verspricht die junge Frau zu teilen, sobald man ihre private Habe untersucht und an sie ausgehändigt habe.

Überrascht registriert die Neuangekommene, wie hell und modern die Zelle wirkt. Das Bad nebst Toilette besitzt eine eigene Tür, ein kleines Stück Privatsphäre ist also mit inbegriffen. »Wow, ist richtig schön hier«, entfährt es Sunny. Der Spruch zieht argwöhnische Blicke nach sich. Ob die Neue sie noch alle beieinander hat? Sunny lächelt verschmitzt. Was wissen diese Mädels schon von Dinslaken, wo man vor den Augen der anderen sein Geschäft verrichten musste. Im Gegensatz dazu mutet Gelsenkirchen wie das Schlaraffenland an. »Wenn du da landest, dann bist du echt privilegiert«, wird sie später erzählen. »Man kann zum Beispiel einfach in die Gemeinschaftsküche rein, ohne sich eintragen zu müssen.« Sunny schildert ihren Zellengenossinnen freimütig ihr Schicksal. Als sie ihre Schwangerschaft erwähnt, bricht ein haltloses Schluchzen in ihrem Rücken los. Eine bulgarische Frau beginnt zu weinen. Auch sie ist auf den Strich gegangen, allerdings Klassen unter Sunny. Die junge Frau musste sich für ein paar Euro hergeben, den Großteil ihres Lohns nahmen ihr die Zuhälter ab. Am Ende ist sie wegen einer Lappalie im Gefängnis gelandet: Diebstahl. Die Geldstrafe konnte sie nicht zahlen, deshalb muss sie einige Wochen hier absitzen. Gerade erst hat sie ein Kind entbunden. Sie wirkt verstört, fängt an zu heulen, wenn nur jemand das Wort »Baby« in den Mund nimmt. Ihren Säugling hat sie notgedrungen in eine Pflegefamilie gegeben. Sunny nimmt sie mitfühlend in den Arm und denkt: Diese Frau hat niemanden, was für ein Glück, dass ich so eine tolle Familie habe.

Am meisten schockiert sie der Gedanke, dass man wegen nicht bezahlter Rechnungen oder 400 Euro Geldstrafe aufgrund wiederholten Schwarzfahrens einsitzen muss. Es will ihr nicht in den Kopf, dass sie, Sunny, hier immerhin eine Haftstrafe wegen Raubüberfalls verbüßt und manch andere Schicksalsgenossin einzig wegen Schwarzfahrens hinter Gitter muss.

Gleich am ersten Tag absolviert Sunny das übliche Einführungsritual: Wann ist Freistunde? Wie läuft der Umschluss zu anderen Gefangenen ab? Wo sitzt der Pfarrer oder der Sozialarbeiter? Welche Anträge sind zu stellen, wenn man einen so genannten »Langzeitbesuch« organisieren will?

Alle drei Monate dürfen Häftlinge nämlich ihre Partner oder Partnerinnen in einem speziellen Haftraum empfangen. Das Zimmer weist ein Bett, ein Bad mit Dusche und eine kleine Küchenzeile nebst Sitzbank auf. Drei Stunden lang dürfen sich die Paare lieben, mit ihren Kindern spielen, gemeinsam kochen und essen. Hassan lässt keinen dieser Termine verstreichen, mitunter bringt er den kleinen Attila mit, der meistens selig in seinem Maxi-Cosi-Kindersitz schläft. Für Sunny vergeht das Beisammensein stets wie im Fluge, es fällt ihr schwer, ihrem Mann und ihrem Sohn hinterherzublicken, wenn sie wieder hinausgehen. Ein kleines Winke-Winke und dann sind ihre Liebsten wieder verschwunden.

Bereits nach einem Monat entscheidet die Anstaltsleitung, dass die junge Inhaftierte in den benachbarten offenen Vollzug wechseln darf. Dabei spielt vor allem der Umstand eine Rolle, dass sie im vierten Monat schwanger ist. Im offenen Vollzug gelten andere Spielregeln: Die Zellen heißen »Zimmer«. Die Ein-Personen-Räume stehen offen. Gefangene können eine Küche nutzen und eine Telefonzelle. Im Gegensatz zum geschlossenen Vollzug darf jeder den Draht zur Außenwelt beanspruchen, der über Telefonkarten verfügt. Und Sunny hat Geld, im Vergleich zu normalen Knackis ist sie reich. Hassan und ihre Mutter sorgen für ihren Unterhalt. Somit schläft sie auf einer Extramatratze, besitzt ein eigenes Kissen. Telefonkarten sind kein Problem, genauso wenig wie alle anderen Dinge des Lebens, die eine werdende Mutter so braucht.

20 Stunden pro Woche dürfen Inhaftierte im offenen Vollzug nach einem entsprechenden Antrag außerhalb der Anstalt verbringen, sich mit der Familie treffen, shoppen oder ins Kino gehen. Danach müssen sie wieder zurück und die Nacht im Gefängnis verbringen. Bei Sunny läuft die Probezeit noch, bevor sie befristet ausgehen darf. Sie freut sich auf die Zeit, wenn ihr diese weitere Freiheit erlaubt sein wird. Eines Morgens jedoch ordnet die Leiterin der offenen JVA-Abteilung ihr Erscheinen an. Während draußen bereits der Transporter wartet, schnauzt die Beamtin die Delinquentin an: »Sie gehen jetzt in den geschlossenen Vollzug zurück, weil es eine Anzeige gibt, die Sie schwer belastet.« Der Vorwurf lautet auf Freiheitsberaubung und Bedrohung eines Mädchens. Sunny soll eine Mitgefangene mit Kabelbindern an eine Heizung gefesselt und sie mit dem Tode bedroht haben. Zwei weitere Gefangene hätten alles beobachtet und stünden als Zeuginnen zur Verfügung.

Sunny schaut ihr Gegenüber ungläubig an. »Was ist das denn wieder für eine Scheiße?« Langsam beginnt es bei ihr zu dämmern. Da haben ein paar Damen, die neidisch auf ihre finanziellen Möglichkeiten sind, wohl mal schnell ein mieses Komplott geschmiedet und ihr etwas angehängt. Freiheitsberaubung und Bedrohung – so ein Quatsch! Mit sowas hat sie nichts zu tun. Sunny schreit laut: »Das ist nicht wahr, da will mir jemand etwas anhängen!« Aber ihre Worte verhallen ohne Wirkung.

Sunny muss wieder zurück in den geschlossenen Vollzug. Denn wenn gegen Gefangene im offenen Vollzug ein neues Strafverfahren anhängig ist, schickt einen die JVA in der Regel ohne weitere Prüfung des Vorwurfes sofort in den geschlossenen Vollzug. Sunny hat keine Wahl. Dass sie sich im vierten Monat befindet, spielt keine Rolle. »Du wirst gepackt und unschuldig wieder in den geschlossenen Knast verfrachtet«, schildert sie heute den Moment. Gerade im Frauengefängnis sind solche Intrigen laut Sunny an der Tagesordnung. Bald holt sie der triste Gefängnisalltag wieder ein. Zelle, Hofgang, Zelle. Später arbeitet die Gefangene in der Bücherei, die größte Abwechslung bieten die Besuche der Familie oder die Bibelkurse beim Pfarrer.

Dann kommt es zur Gerichtsverhandlung vor dem Amtsgericht in Gelsenkirchen wegen der angeblichen Taten gegenüber den Mitgefangenen. Sunny wird mit dem Transporter zum Gerichtsgebäude gebracht und mit Handschellen in den Saal geführt. Der Staatsanwalt verliest die Anklage, die klarmachen sollte, dass Sunny eine unbelehrbare Schwerverbrecherin wäre, die auch noch im Gefängnis Straftaten beginge. Sunny stritt die Vorwürfe vehement ab und erklärte dem Richter, dass es sich um eine miese Intrige von neidischen Mitgefangenen handele. Als die drei bereits aus der JVA Gelsenkirchen entlassenen Zeuginnen allesamt nicht erscheinen, reichte es dem Gericht: Das Verfahren gegen Sunny wird eingestellt. Direkt danach verlegt die Anstalt sie wieder zurück in den offenen Vollzug.

Sunny gibt fortan den Musterhäftling. Sie hat sich geschworen, dass sie nirgends mehr aneckt, jedem Streit aus dem Weg geht. Nie mehr soll sie Opfer einer solchen Intrige werden. Sunny führt sich so gut, dass sie sogar in einer Fernsehreportage mitwirken darf.

Die Geburt rückt näher. Als die Wehen einsetzen, bringt ein Gefangenentransporter die werdende Mutter in eine nahegelegene Klinik. Normalerweise bleiben die Delinquentinnen auch im Kreißsaal angekettet. Vollzugsbeamtinnen überwachen die Niederkunft. Dieses Mal ist es anders: Auf Anweisung der JVA-Leiterin lösen die Begleiter Sunnys Handschellen. Sie darf ihr Kind ganz normal gebären. »Wenn das Baby da ist, informiert uns das Krankenhaus«, erklärt eine Wärterin der Gefangenen, »anschließend dürfen Sie noch neun Tage mit dem Neugeborenen hier verbringen, bevor wir Sie wieder abholen.« Mit ernster Miene nehmen die Staatsbediensteten Sunny das Versprechen ab, nicht zu flüchten. Die Angesprochene lächelt nur matt und winkt ab: »Klar, warum soll ich denn abhauen?« Sunny ist bis heute der Leiterin der JVA sehr dankbar für den großen Vertrauensvorschuss. »Das macht nicht jede, das war eine ganz große Geste von der Frau.«

Dreizehn Stunden vergehen, ehe ihre Tochter schließlich per Kaiserschnitt das Licht der Welt erblickt. Hassan ist ganz aufgeregt. Er lächelt selig, als er die kleine Fatima zum ersten Mal behutsam in seine Arme schließt. Auch Sunnys Eltern platzen beinahe vor Stolz. Neun Tage lang genießt die Inhaftierte anschließend ihre Freiheit in der Klinik, ihr Töchterchen meist eng umschlungen. Für diese kurze Zeit führt sie das ganz normale Leben als Mutter einer Neugeborenen.

Es ist Mittwoch, 14 Uhr, als JVA-Beamtinnen an ihrer Tür klopfen. Sunny packt ihre Sachen, legt behutsam Fatima ins Bettchen. Ein letzter Kuss, dann geht sie auf ihr Empfangskomitee zu. Den Frauen, teils selbst Mütter, ist die Situation sichtlich unangenehm: »Lassen Sie sich ruhig Zeit«, sagt eine von ihnen. Sunny schüttelt nur den Kopf: »Nein, nehmt mich jetzt mit, sonst haue ich doch noch ab.«

Bei der Rückfahrt in die Anstalt übt sie ihr weiteres Verhalten ein. Aus Erzählungen weiß sie, dass in den Frauengefängnissen gerade auf Mütter, die frisch entbunden haben, ein besonderes Auge geworfen wird. Es ist kein Geheimnis, dass sich bei vielen Wöchnerinnen nach der Niederkunft Depressionen einstellen. Der sogenannte »Baby-Blues« nebst der ohnehin schon düsteren Knastatmosphäre erhöht die Suizidgefahr, insbesondere bei Müttern, die abrupt von ihren Säuglingen getrennt wurden. Gewiss hätte Sunny mit ihrer Tochter die Aufnahme in einer Mutter-und-Kind-Einrichtung beantragen können. Bundesweit aber hält der Staat gerade mal hundert derartige Plätze in Vollzugsanstalten vor, und die sind meist ausgebucht. Sunny gibt ihr Baby in die Obhut ihres Freundes. Hassan und ihre Eltern sollen Fatima und den älteren Bruder wohlbehütet aufwachsen lassen. »Ich wollte ihr die Knasterfahrung ersparen«, erläutert Sunny im Rückblick.

Als der Transporter durch die Gefängnisschleuse rollt, nimmt sie sich zusammen. Sunny weiß, was kommt. Die Anstaltspsychologin wird sie auf eine etwaige Suizidgefährdung untersuchen. Fällt deren Einschätzung so aus, dass Sunny gefährdet sein könnte, geht es in »den Bunker« im Keller. Eine Art Knast im Knast. Dort gibt es nur eine harte Pritsche mit einer dünnen Matratze und eine Bibel. Videokameras filmen das Geschehen. Das Absurde daran: Wenn es etwas gibt, was tatsächlich Depressionen auslösen könnte, dann sind es einige Wochen im Bunker.

Der Wagen kommt zum Stehen. Sunny macht sich Mut. »Du musst jetzt stark sein, nur ja keine Tränen, sonst landest du im Bunker!« Die Tür öffnet sich.

Vollzugsbeamte begrüßen die Gefangene herzlich. Die Glückwünsche zu dem schönen Kind klingen ehrlich. Sunny spielt ihre Rolle perfekt. Sie gibt sich fröhlich, geradezu aufgekratzt. »Wie schön sie ist, ihr müsstet sie sehen!« Die fröhliche Stimmung weicht jedoch bald in einer bohrenden Fragestunde. Argwöhnisch haken Psychologin und Wärterinnen nach: »Können wir Sie denn heute allein lassen?« Sunny lächelt kokett: »Nein, ich würde gerne zu meiner Freundin Lina in die Zelle.« Die Beamtinnen gewähren ihr nach kurzem Zögern diesen Wunsch. Als sich die Tür hinter Sunny schließt, sinkt sie entkräftet aufs Bett, nimmt sich ihr Kissen und schluchzt leise hinein.

Tags darauf setzt Sunny einen Plan in die Tat um. Während der neun Tage in Freiheit hat sich die 24-Jährige eingehend über die Rechte von Müttern hinter Gittern informiert. Demnach hat ihre Tochter ein Recht auf die Milch ihrer Mutter. Sunny beantragt bei der JVA-Leitung, dass sie ihr Kind stillen darf. Und zwar durch einen sogenannten »Milchtransport«. Das heißt, Sunny pumpt ihre Milch ab, füllt sie in ein steriles Glasgefäß und lässt es im Tausch gegen neue Behälter in einer versiegelten Kühlbox an den Vater ihrer Kinder übergeben. Ein Novum in der JVA Gelsenkirchen. Anfangs reagieren die zuständigen Anstaltsärzte skeptisch. Doch Sunny schafft es, die Mediziner eines Besseren zu belehren. Jeden Abend um sieben Uhr wechseln fortan die Kühlboxen mit den Muttermilchbehältnissen ihren Besitzer.

Die Beziehung mit Hassan, da ist sie sich sicher, steht unter einem guten Stern. Es passt alles. Er ist ein Traummann, ein Traumvater und ein Traumernährer. Dass er auch ein mieser Intrigant mit großem schauspielerischem Talent sein kann, wird Sunny im Jahr 2013 schmerzhaft zu spüren bekommen.

Sommerzeit. Sunny freut sich seit Tagen auf die Zusammenkunft mit Hassan im Liebesraum der Anstalt. Doch dieses Mal ist alles anders. Ihr Verlobter wirkt ernst. Ein kurzer Kuss, ein flackernder Blick, unruhig hastet Hassan durch das Zimmer. Fahrig streicht er sich übers Gesicht. Plötzlich beginnt der sonst so selbstsichere Geschäftsmann bitterlich zu weinen. Sunny weiß nicht, wie ihr geschieht.

Mit geröteten Augen schaut Hassan sie fragend an. »Bald bist du draußen. Aber du bist so jung, was ist, wenn du mich verlässt?« Seine Sätze rattern in einem herunter, so als hätte er das Szenario vorab geübt. Was denn sei, fragt er im Jammerton, wenn sie sich trennen sollten? Natürlich würde Sunny das Sorgerecht erhalten, schließlich sei sie ja die Mutter. Und er, Hassan, dürfe seine Liebsten, seine Kinder, dann nur alle zwei Wochen mal sehen. Bei dem Gedanken würde er sterben.

Sunny fasst seine Hand: »Aber Schatz, ich verlasse dich doch niemals!« Hassan schaut ihr zweifelnd in die Augen. Er will ihr nicht glauben, wer wisse denn, was sein werde, wenn sie in zwei Jahren aus der Haft freikomme? Es könne doch durchaus sein, dass sich Sunny in einen anderen vergucke, einen jüngeren Mann. Nicht in so einen alten Sack wie ihn.

Sunny schüttelt immer wieder den Kopf. Nein, nein, gewiss werde das nicht geschehen. »Da kannst du sicher sein, ich liebe nur dich!«

So geht es hin und her, bis Hassan die Katze aus dem Sack lässt. Wenn dem so sei, könne Sunny ihm doch das alleinige Sorgerecht für die beiden Kinder übertragen. Als letzten Beweis für ihre Treuebereitschaft. Sunny lenkt ein. Ahnungslos tappt sie in die Falle. Sie vertraut ihrem Partner so sehr, dass sie dieses Opfer bringt. Was soll's denn? Zwei Jahre muss sie ohnehin erst mal noch verbüßen. »Eine richtig gute Mutter kümmert sich um ihre Kinder und landet nicht im Kittchen«, redet sie sich ein.

Und so stimmt Sunny beim Termin im Familiengericht dem Sorgerechts-Antrag ihres Verlobten zu. Die Richterin will zunächst nicht einsehen, warum sie den Vater der Kinder zum alleinigen Erzieher von Attila und Fatima machen soll. An Sunny gewandt, äußert sie Bedenken: »Ich sehe keinen Grund, warum ich Ihrem Verlobten das alleinige Sorgerecht einräumen soll.« Die Worte lassen Sunny nachdenklich werden. Vielleicht hat die Richterin recht, vielleicht ist das Ganze doch keine so gute Idee. Zweifel keimen in ihr auf. »Warum soll ich das Sorgerecht nicht behalten? Eigentlich gibt es doch keinen Grund dafür, es abzugeben, oder? Hassan ist doch so oder so mein Mann, warum sollte sich durch die Sorgerechtsfrage etwas daran ändern?« Während Sunny jedoch noch darüber nachdenkt, erscheint ihre Mutter Emine als Zeugin, um die Familienverhältnisse und ihre Tochter zu charakterisieren.

»Meine Mutter hat mich buchstäblich in die Scheiße geritten«, erzählt Sunny heute. Emine, damals Ende 40, rückt ihre Tochter in ein denkbar schlechtes Licht. In der kurzen Zeit in Freiheit sei Sunny eine schreckliche Mutter gewesen. Sobald sie wieder freikommen werde, würde es ihren Kindern richtig schlecht ergehen. »Die geht garantiert wieder anschaffen, um den Lebensunterhalt zu finanzieren«, gibt Emine zu Protokoll. Keine Worte mehr des Lobes, kein Zuspruch mehr.

Sunny fällt aus allen Wolken. Es fühlt sich an, als würde ein großer Stein auf sie herabfallen und alle Hoffnungen und Träume zerschmettern. Die Mutter, die sich einst so verständnisvoll und hilfsbereit gab, die sie nach der ersten Geburt so gelobt hatte wegen ihrer Fürsorglichkeit ihrem kleinen Sohn gegenüber: Diese Mutter lässt im Gerichtssaal kein gutes Haar an Sunny. Da ist es wieder: das Stigma der Prostituierten, das sich nicht von ihr lösen will, weil selbst die engste Familie dies nicht zulässt.

Urplötzlich dämmert Sunny, was hier eigentlich gespielt wird. Wütend blickt sie von ihrer Mutter zu dem Vater ihrer Kinder hinüber. Die beiden haben ein Verhältnis! Der Altersunterschied zwischen ihnen ist marginal. Dann platzt es aus ihr heraus: »Ihr fickt miteinander, ich habt mich verarscht, total verarscht!« Gänzlich in Rage reißt sie sich den Verlobungsring vom Finger und schleudert ihn ihrem untreuen Partner entgegen. Sunny ist schockiert, die Entbindung ihrer Tochter liegt nur kurze Zeit zurück. Sie kann kaum noch einen klaren Gedanken fassen. »Verraten durch die eigene Mutter und meinen Mann.« Der Satz hämmert durch ihre Seele, ohne einen Amboss zu finden.

Da sitzt sie nun. Wehrlos, noch zwei Jahre Haft vor der Brust. Sie wollte doch ein neues Leben anfangen, weit weg von all dem Dreck in den Bordellen, den miesen Typen, die doch nur die Nutten ausnutzen, solange diese noch eine gute Figur machen und das Interesse der Kundschaft nicht altersbedingt nachlässt. Sunny wollte Mutter sein, ein Familienleben mit einem 20 Jahre älteren Mann haben, so wie Millionen anderer Menschen auch. Jetzt schaut die junge Türkin zu jenen zwei Menschen hinüber, denen sie am meisten vertraut hat, und schüttelt verächtlich den Kopf. In einer Kurzschlussreaktion ruft sie laut aus: »Frau Richterin, ich will die Kinder nicht, ich will auch meinen Mann nicht.« Mit diesen Worten spielt die Betrogene allerdings einzig und allein der Gegenseite in die Karten.

Sunny ist das in dem Augenblick egal. Es ist eine Überreaktion, sie steht schwer unter Schock. Als die für sie zuständige Anwältin für Familienrecht sie in der Verhandlungspause bittet, nicht in die Falle von Hassan hineinzutappen, verschließt sie sich. Nach der Pause zeigt sie im Gerichtssaal ihr aggressives Gesicht: »Ich werde für die Kinder nicht sorgen, und den Mann will ich auch nicht. Ja, es stimmt, ich bin eine Nutte, ich bin eine aggressive Frau, von mir aus mache ich noch zwei Kinder, meine Mutter ist für mich gestorben, ein Sorgerecht brauch ich auch nicht, wenn ich rauskomme, wird der Typ schon sehen, was er davon hat, dann nehme ich die Kinder und haue mit denen ab, und keiner kann etwas dagegen unternehmen.« Mit wutverzerrter Mimik setzt sie sich wieder und starrt ins Leere.

Die Richterin kann nicht anders und gibt dem Antrag von Hassan statt. Das alleinige Sorgerecht fällt an den Mann, der einmal versprochen hatte, seine Sunny nie mehr alleine zu lassen.

Desillusioniert fährt Sunny zurück nach Gelsenkirchen. Die Enttäuschung sitzt tief. Die Kinder weg, kein Mann, keine Mutter mehr. Doch es kommt noch schlimmer. Mit dem Bruch bleiben auch die Briefe von ihren Angehörigen aus sowie Besuch, Zuwendungen oder Hilfe von außen. Die Bilderbuchfamilie löst sich in nichts auf. Die heile Welt bricht zusammen, bevor sie überhaupt richtig begonnen hat.

Nach zwei Wochen bereut Sunny ihren Entschluss. Die Sehnsucht nach ihren Kindern übersteigt ihre Wut über das miese Spiel ihrer Mutter und des Ex-Freundes. Sunny schmiedet neue Pläne. Akribisch arbeitet sie weiterhin an ihrer erneuten Verlegung in den offenen Vollzug. Nur von dort aus kann sie reichlich Geld verdienen, wenn sie tagsüber in einem nahegelegenen Club heimlich anschaffen geht. Geschickt entwickelt Sunny ihre Überlebensstrategie, ohne unliebsam aufzufallen. Und so organisiert sich die junge Frau problemlos auf dem internen Schwarzmarkt ein eigenes Mobiltelefon.

Gelsenkirchen bietet 440 Plätze für männliche und 109 Plätze für weibliche Inhaftierte. In der Küche arbeiten Gefangene. Hausmädchen holen das Essen aus dem Männerbau ab. Der kurze Kontakt bietet genug Zeit, heiße Ware hin und her zu schmuggeln. Per Codezeichen versteckt in einem Fach unter dem Wärmekanister. Der übliche Tarif für ein Handy beträgt zehn Päckchen Tabak. Erst, wenn alles bezahlt ist, findet sich das Telefon im Essensbehälter. Sunny lernt schnell, wie man sich selbst einen Akku für das Gerät baut. Man erwirbt ein Rasiergerät beim monatlichen Einkauf und präpariert es so, dass es zur Ladestation für das Handy wird. Sunny hat ihr Mini-Phone entweder hinter einer Fliese in der Zelle versteckt oder, etwa wenn sie in der Bücherei arbeitet, steckt das Ding in ihrer Socke.

Krumme Touren gehören im Frauengefängnis zum Geschäft. Methadon-Patientinnen beispielsweise müssen sich ihre Dosis beim Gefängnisarzt abholen. Manche stecken sich einen Schwamm in den Mund. Sie geben vor, alles heruntergeschluckt zu haben. Kaum zurück in der Zelle, drücken die Drogensüchtigen den Schwamm aus und verticken das Methadon weiter.

In Gelsenkirchen trennt ein Hof den Frauen- vom Männertrakt. Oft winken die männlichen Gefangenen den Insassinnen zu, anzügliche Rufe ertönen durchs Gitterfenster. Wenn sich die Dunkelheit über die Gebäude herabsenkt, glimmen Lichter auf. Die Häftlinge geben sich über kleine Lampen Zeichen. Ein eigenes Gefängnisalphabet kursiert. Quasi im Morseverkehr tauschen Männer und Frauen Botschaften aus. »Die Lampe ist das Mailinstrument im Knast«, weiß Sunny, »damit fangen Beziehungen an, später werden Briefe hin- und hergeschickt.« Die junge Türkin kennt etliche Knackis, die sich am Schluss sogar in der Kirche das Ja-Wort gegeben haben.

Sunny lassen solche Tändeleien per Lampe allerdings kalt, in jener Zeit denkt sie nur an Rache. Mitleidig belächelt sie auch jene Frauen, die das männliche Aufsichtspersonal anmachen. Manche hätten sich regelrecht »notgeil« verhalten, erinnert sich Sunny. Im Gegenzug zu den JVA-Beamten hätten sich Zellengenossinnen nicht mit sexistischem Benehmen und Anmache zurückgehalten. Oft sei das beim Duschgang geschehen. Auf dem Weg zur Brause falle einer dann aus Versehen das Handtuch vom Leib, oder man ziehe sich aufreizend an und tänzele wie eine Ballerina vor dem Gefängnisbediensteten hin und her, um ihn scharf zu machen. »Die Frauen machen die Männer da an«, sagt Sunny. Beziehungen zwischen Vollzugsbeamten und weiblichen Gefangenen kommen zwar nur selten vor, wenn es dann aber doch geschieht, ist es ein Geben und Nehmen. Dann findet mal ein Handy oder ein toller Imbiss aus dem Fast-Food-Restaurant um die Ecke den Weg in den Knast.

Sunny hat nach der Geburt wieder angefangen, Sport zu treiben, ihre Figur wieder in Form zu bringen. Auf keinen Fall will sie sich so hängen lassen wie der Großteil der Knastfrauen. Gezeichnet durch ihre Drogensucht, verfettet vom Gefängnisfraß und zu wenig Bewegung. Stets hat Sunny ihr großes Ziel im Blick: Sie will nun vom offenen Vollzug aus wieder ins Rotlichtgeschäft einsteigen.

Sunny hat einen Lieblingswärter, einen älteren, sportlichen Typen namens Martin, der sie immer »Prinzessin« nennt. Irgendwie funkt es zwischen ihnen beiden. Sprüche, Andeutungen, ein anzügliches Grinsen. Nach anderthalb Jahren hat Sunny es geschafft, endlich darf sie wieder in den offenen Vollzug. Sie kann sich nun freier bewegen, und sie ist da draußen keinem Partner mehr verpflichtet, kann also mit jedem rummachen, der sie anspricht.

Kurz vor fünf Uhr in der Frühe, es schläft noch alles in der Abteilung. Sunny zieht sich Reizwäsche an. Nur bekleidet mit einem Mantel nähert sie sich der Küche. Dort steht Martin. Er kocht Kaffee. Überrascht wendet er sich zu ihr um: »Wer hat Sie denn so früh aus dem Bett rausgeworfen?« Sunny öffnet einfach ihren Mantel: »Du.« Völlig perplex verschüttet Martin den Kaffee. Sunny bugsiert ihn zum Besucherraum. Martin lässt es geschehen.

Es bleibt nicht bei dem einen Mal. Ohne danach zu fragen, genießt Sunny in der Folgezeit noch mehr Freiheiten. Ihr Handy darf sie auch in der Anstalt benutzen, es gibt Pizza oder einen Döner als Überraschung, und ungeachtet der offiziell angesetzten drei Stunden kümmert sich keiner darum, wenn sie ihren befristeten Ausgang auf fünf Stunden ausdehnt, um mehr Freier zu bedienen.

Inzwischen weiß Sunny, wie der Hase läuft. Sie weiß, wie die JVA-Beamten funktionieren, wie die Häftlinge denken, und sie weiß, welche Rechte ihr zustehen. Niemand kann ihr etwas anhaben.

Im offenen Vollzug hat ihre Mutter sie ein einziges Mal noch aufgesucht. Emine hat ihr kühl erklärt, dass es keine Unterstützung mehr von ihrer Familie geben werde.

»Mama, weißt du was? Du willst, dass ich eine Hure bin«, erwidert Sunny mit eisiger Stimme. »Und ich werde die allergrößte Hure sein, ihr werdet alles bereuen, was ihr mir angetan habt.«

Ihre Mutter lacht nur spöttisch auf, ehe sie geht. Kurz darauf erfährt Sunny, dass die Mutter ihren Vater verlassen hat. Emine ist mit Sunnys Ex-Verlobtem und den Kindern in den Urlaub abgerauscht. Noch heute steigt in Sunny die Wut auf, wenn sie an die schweren Zeiten vor sechs Jahren denkt. »Ich hätte sie damals umbringen können.«

Der Schriftsteller Alexandre Dumas hätte seine helle Freude an dieser Geschichte um verletzte Gefühle, Betrug und Verrat durch die Familie gehabt. Was Sunny erlebt hat, lässt aber auch ein wenig an den Grafen von Monte Christo denken, der nach der Flucht aus einer französischen Gefangenenfestung einen Schatz findet, um seine Widersacher zur Strecke zu bringen, die ihn mit Lügen ins düstere Verlies gebracht haben. Der Vergleich hinkt natürlich ein wenig, aber die Wut, der Hass, die Gier nach Vergeltung treiben Sunny in jener Zeit stetig an. Täglich sinnt sie nach Lösungen, sucht nach Ideen, es jenen heimzuzahlen, die sie hintergangenen haben.

Vor allem will Sunny ihre Kinder zurück. Die Betrüger sollen nicht davonkommen. Geld, sie braucht viel Geld, um den Krieg zu gewinnen, das ist ihr klar. »Weißte was, ficken kannste ja noch«, brummelt sie in sich hinein. »Dieses Mal machste die Kohle für deine Rache. Ich werd's dem Typen zeigen, was es heißt, eine Hure auszunutzen, um zwei Kinder zu zeugen wie mit einer Gebärmaschine.« Einmal in Fahrt, schwört sie sich: »Du holst dir die Kinder zurück!« Der anfänglichen Euphorie folgen freilich umgehend Zweifel: »Bin ich noch die alte Sunny? Schaffe ich das noch? Komme ich bei den Freiern noch an? Nimmt mich überhaupt noch ein Club?« Mit einer rabiaten Handbewegung wischt sie schließlich die Furcht weg. »Scheißegal, ich habe doch keine andere Wahl, als es auszuprobieren!«, macht sich Sunny Mut.

Da gibt es nur noch ein Problem: Wenn Häftlinge aus dem offenen Vollzug ausgehen wollen, müssen sie die Wohnadresse ihrer Familie oder von Bekannten angeben, die sie aufnehmen. Sunnys Knastfreundin Linda kennt einen Polizisten. Der Beamte lässt sich breitschlagen, den neuen Freund zu mimen. Offiziell übernachtet Sunny künftig also bei dem Ordnungshüter. Tatsächlich aber schafft sie heimlich in ihrem alten Puff in Marl an. Sunny kommt gut bei den Kunden an, sie hat nichts von ihrem Reiz verloren. Im Gegenteil – der Rubel rollt.

Dabei ist eines klar: Sollte die Gefängnisleitung von ihrem neuen Job erfahren, muss die Rotlichtdame sofort wieder zurück in die geschlossene Abteilung der JVA. Aber der Bordellbesitzer beruhigt das Mädchen: »Wir haben überall Kameras hängen, und wenn dann doch mal eine Polizeikontrolle stattfindet, schleusen wir dich unbemerkt raus, null Problemo.«

Die Knete fließt. Sunny kann sich vor Freiern nicht retten.

Und bald ist er da, der entscheidende Tag: Mitte 2015 ist die Haftstrafe verbüßt. Über die Freisprechanlage ertönt ein lauter Befehl: »Hey, Sunny, Sie haben fünf Minuten Zeit, packen Sie ihre Sachen, raus, raus, raus, Sie sind entlassen!« Der gesamte offene Vollzug jubelt. Viele der weiblichen Mitgefangenen kennen Sunnys Schicksal. »Sie haben mir das damals gegönnt«, erzählt die zweifache Mutter heute. »Viele von ihnen waren wie eine Art Ersatzfamilie für mich gewesen.« Sunny holt ihre Papiere ab. Das Überbrückungsgeld, angesammelt durch ihre Jobs hinter Gittern, beträgt etwa 2000 Euro. Sie lächelt verschmitzt, so viel macht sie im Marler Sex-Club an einem Tag.

»Ich komme gleich raus aus dem Knast, wer holt mich ab?«, hatte Sunny in einer Rund-SMS gefragt. Als sie mit ihrem Gepäck aus dem Tor tritt, scheint die Sonne. Das Auto ihres Onkels steht davor, er erwartet die Freigelassene. Tief atmet sie durch: »Nicht alle haben sie sich also von mir abgewandt.« Endlich ist sie raus, endlich kann sie alles tun und lassen, was sie will. Nichts wird Sunny jetzt mehr aufhalten. Ein Hochgefühl macht sich in ihr breit, durchflutet die Sinne, sie fühlt sich, als könnte sie jetzt alles erreichen. Dann aber versteinert sich ihr Gesicht. Erneut holen sie die finsteren Rachegelüste ein. »Du musst viel Kohle machen, aber dieses Mal darf dir keiner auf die Spur kommen«, sagt sie sich. Alles, nur nicht wieder zurück hinter Gefängnismauern, lautet die Devise.

Umgehend geht Sunny ans Werk. Sie lässt die illegalen Pokerabende wieder aufleben. Die Chips gehen über den Tisch, befreundete Escortdamen bedienen die überwiegend älteren Kunden mit Getränken und anderen Dingen. Abgesehen davon sorgt die attraktive Prostituierte dafür, dass der Rotlichtladen in Marl brummt.

Dort lernt sie Berti kennen. Einen Freier, der stets zwei Klammern mit Geldscheinen mit sich führt – eine silberne und eine goldene. Irgendwann klaut ihm Sunny die silberne Spange. Das Geld gibt sie einer Freundin. Auf der Bank aber entpuppen sich die Fünfhunderter als Falschgeld. Sunnys Freundin steckt nun tief drin in einem Falschgeld-Verfahren. Sunny ist entsetzt. Und dreist genug, ihren Kunden Berti zur Rede zu stellen.

»Wieso maggelst du mit Falschgeld?«

Berti schaut sie konsterniert an, dann entspannen sich seine Gesichtszüge. »Keine Sorge, Mädel, du bildest dir da was ein, ein kleines Geschäft mehr nicht, denk nicht mehr daran.«

Fortan taucht Berti nur noch mit der goldenen Geldklammer auf.

Die Wochen vergehen. Berti gibt sich äußerst spendabel, wirft im Club mit Geld nur so um sich. Etwas Geheimnisvolles umgibt den betuchten Freier. Niemand erfährt, warum er stets so flüssig ist. Sunny umgarnt ihn, sucht sein Vertrauen zu erlangen. Aber Berti weicht aus. Anfangs hält er die Prostituierte für eine unsichere Kantonistin, der man besser nichts erzählt. »Hase, du bist ein tolles Mädchen, aber besser ist es, wenn du nicht alles erfährst.« Doch Sunny lässt nicht locker. Sie will mehr wissen. Irgendwie riecht Berti nach großem Geld. Nach Mitteln, die ausreichen, um endlich ihren Ex und ihre Mutter zu Fall zu bringen. Und alles an ihm strahlt Klasse aus. Elegant gekleidet, teure Schuhe, nobler Anzug, stahlblaue Augen. Einzig sein Faible für Sunnys getragene Schlüpfer schmälert den positiven Eindruck. »Lass uns ein großes Ding drehen«, fleht sie Berti an. »Ich schwöre dir, dass du mir vertrauen kannst.« Misstrauisch schaut Berti sie durch seine Brille an und schüttelt den Kopf.

Irgendwann gegen Ende des Jahres 2016 kommt Berti schließlich doch gutgelaunt auf seine Lieblingsfrau zu.

»So, Hase, willst du mal richtig Geld verdienen?«, leitet er seinen Vorschlag ein.

Sunny schaut auf. »Was heißt ›richtig Geld‹?«

Berti grinst: »Willste mal ein paar Millionen verdienen, alles ganz legal, es wird dir nichts passieren. Wir brauchen nur dein Konto, über das alles laufen soll. Haste eine gute Bankfrau?«

Diese Offerte erfolgt mehr als überraschend. Sunny muss zunächst einmal nachdenken. »Millionen? Du willst mich wohl verarschen, oder?«

»Nein«, beteuert Berti.

Er meint es ernst. Berti gehört zu einer Betrügerbande um zwei Mitarbeiter einer Bremer Bank. Die haben einen reichen Kunden ausgemacht, der Milliarden auf seinem Konto hat. Da würde es dem alten Herrn wahrscheinlich gar nicht auffallen, wenn man ohne sein Wissen 20 Millionen Euro auf ein anderes Konto transferiere. »Hase« Sunny soll ihre Bankverbindung zur Verfügung stellen, dafür winkt ein siebenstelliges Erfolgshonorar.

Sunny weiß nicht so recht, sie traut dem Braten nicht. 20 Millionen – hat der sie nicht alle? Aber Berti fängt sie wieder ein, nimmt sie zu Treffen mit seinen Komplizen mit. »Das klappt, Hase, keine Sorge!«, versichert ihr der Schwindler.

Sunny geht mit einem von der Tätertruppe organisierten Schauspieler zu ihrer Bank, stellt ihn als Kunden ihres dem Geldinstitut bekannten Escort-Gewerbes vor, der sich in sie verliebt habe. Dieser sei in Vietnam reich geworden, strickt sie die Mär gegenüber den Bankberaterinnen. »Fischzucht«, man verstehe doch, ein äußerst lukratives Geschäft. »Und bald kommen etwa 20 Millionen«, erzählt Sunny den erstaunten Angestellten der Bank. Die wollen zunächst einen Businessplan sehen. Berti liefert ihn umgehend. Das Dokument ist nicht echt, aber was kümmert es Sunny.

Die Chose läuft nach Startschwierigkeiten anfangs perfekt: Als Erstes treffen nicht 20 Millionen Euro, sondern nur 20.000 Euro auf Sunnys Konto ein. Die mit der Betrügertruppe unter eine Decke steckenden Bremer Bankmitarbeiter hatten in der Eile einige Nullen bei der heimlichen Überweisung zu wenig eingegeben. Doch am Folgetag hat Sunny weitere 19 980 000 Euro auf ihrem Konto. Doch das Glück währt nicht lange: Sunny geht zu ihrer Bank und möchte 9 Millionen Euro auf ein vietnamesisches Konto weiterleiten und 10 Millionen direkt in Cash mitnehmen. Da wird die Bank hellhörig und informiert die Polizei. Eines Morgens treten die Strafverfolger ihre Tür ein. Die Waffe auf ihren Kopf gerichtet, brüllt ein Beamter: »Nicht bewegen, Polizei!«

Sunny reagiert ganz cool: »Was habe ich getan?«

Die Antwort erfolgt prompt: »Sagen Ihnen 20 Millionen Euro etwas?«

Sunny bittet darum, sich erheben zu dürfen. »Ich warte doch schon die ganze Zeit auf euch, wollt ihr einen Kaffee trinken?« Furcht kennt sie in diesem Augenblick nicht. Das Ritual ist ihr bekannt: hier die Tatverdächtige, da die Ordnungsmacht.

Sunny hat mit dem Erscheinen der Polizei gerechnet, da lief zu viel schief, als dass die Kripo nicht auf die Spur der Millionenbetrüger hat kommen können. Detailliert hat die inzwischen 27-Jährige Akten über jede Phase des Coups angelegt.

»Ich erzähle euch alles, ich muss aber erst mal zur Ruhe kommen«, versucht Sunny die Gemüter zu beruhigen. Nachdem sie kurz duschen durfte, führt die Delinquentin die Beamten zu ihrem Aktenzimmer. Das belastende Material ist feinsäuberlich beschriftet, so dass sich alles sehr schnell findet.

Was dann folgt, kennt Sunny zu Genüge: Hafttransporter nach Bremen. Der lange Weg zur Staatsanwaltschaft, die bangen Gefühle, als sie die Nacht im Polizeigewahrsam verbringen muss, bevor es anderntags zum Haftrichter geht. Die Gefangene breitet ihre Decke wie einen Gebetsteppich aus. »Bitte lieber Gott, ich habe einen Fehler gemacht, das war scheiße von mir, es tut mir leid«, hallen die Gebete über den Flur. Die ganze Nacht über ruft Sunny den Allmächtigen an, obwohl sie alles andere als religiös ist. Aber in der Verzweiflung wenden sich viele Gott zu, der ihnen normalerweise völlig fremd ist.

Am Morgen öffnet sich die Tür. Ich stehe vor Sunny und versuche sie durch einen blöden Spruch aufzumuntern: »Oh, Mandantin, du siehst aber toll aus.« Sunny fixiert mich mit verkniffener Miene: »Erzähl nicht so einen Mist, ich sehe total scheiße aus.« Nach kurzem Diskurs mit mir will Sunny komplett auspacken. Ich rate ihr davon ab. Nichts aber fürchtet sie mehr, als nochmals monatelang in einer Zelle zu sitzen, und sie entschließt sich zum Auspacken.

Geschlagene acht Stunden lang sitzen wir beim Haftrichter. Meist hat er bereits vor dem Termin entschieden, die Beschuldigten in die JVA einzuweisen. Aber dieses Mal ist es anders. Sunny hält ein glänzendes Plädoyer in eigener Sache, um dem Teufel nochmals von der Schippe zu springen. »Lieber Herr Richter, ich bin eine kleine Prostituierte, ich muss jeden Tag Schwänze blasen, und da bietet mir jemand einen Deal an, der mein Elend beendet. Warum hätte ich da nicht mitmachen sollen?« Die Frage steht kurz im Raum, bevor meine Mandantin erneut anhebt. Offen schildert sie ihr desaströses Leben, den Verrat durch ihre Mutter und ihren Ex-Partner, den Verlust ihrer Kinder, die Rachegedanken – einfach alles. »Ich wollte wieder etwas für meine Kinder erreichen, die mir mit Lügen entzogen wurden, und ich wollte nie mehr meine Beine breitmachen müssen. Ich wollte nur ein neues, perfektes Leben.« Sie macht eine Menge Gründe für ihr kriminelles Handeln geltend. Am Ende lautet ihr Fazit: »Ich wollte keine Hure mehr sein.«

Sunny verspricht, Ross und Reiter in dem Betrugsfall zu nennen. Jegliche Meldeauflagen will sie einhalten. »Aber lassen Sie mich bitte auf freiem Fuß.« Die Bitte hätte kein Anwalt eindringlicher vortragen können. Ehrlich gesagt, hatte ich meiner Klientin kaum Chancen eingeräumt, dass sie mit ihren Ausführungen durchdringen könnte. Aber sie hat es tatsächlich geschafft, den Staatsanwalt und den Richter zu überzeugen.

Es ist 18 Uhr am Abend, als Sunny und ich in bester Stimmung das Bremer Gerichtsgebäude verlassen. An der nächsten Imbissbude gönnen wir uns zur Feier des Tages einen Döner mit allem Zick und Zack.

Der Prozess ein Jahr später geht groß durch die Medien. Sunny, medial nun als »das 20-Millionen-Euro-Callgirl« bezeichnet, wiederholt ihr umfassendes Geständnis. In meinem Plädoyer vor dem Bremer Schöffengericht lese ich mehrere Passagen aus den Ausführungen vor, die Sunny vor dem Haftrichter gemacht hatte, und merke an: Man könnte meinen, hier hätte ein Hollywood-Regisseur aus einem Drehbuch vorgelesen. Tatsächlich ist dieser Fall und das Leben meiner Mandantin filmreif. Es fehlt nur noch das Happy End – eine milde Strafe, die sie nicht wieder hinter Gitter führt.

Sunny kommt tatsächlich mit einer Bewährungsstrafe davon. Entscheidend waren Sunnys ungeschönten Worte gegenüber dem Haftrichter und der Umstand, dass die 20 Millionen Euro durch das umsichtige Verhalten von Sunnys Bank an das Opfer zurückgelangt waren.

Heute weiß Sunny um ihr damaliges Glück. Die Richter haben bei ihr trotz der Vorstrafen Milde walten lassen. Erneut schaut sie während unseres Gesprächs über den Garten, fährt sich mit der Hand übers Gesicht, als wäre das alles ein unwirklicher Traum gewesen.

Kurz nach dem Richterspruch hat sich Sunny eines geschworen: »Du hörst mit jeglichem Scheiß auf. Das war ja mal wieder kurz vor Knast!

Was willst du deinen Kindern erzählen? Das ist nicht der richtige Weg. Du machst jetzt einfach mal das, was die meisten anderen, normalen Menschen auch machen: kein Puff mehr, keiner Pokerspiele.«

Gesagt, getan. Der Besuch beim Jobcenter ergibt, dass während vieler Phasen ihrer Rotlichtkarriere die Sozialabgaben ordnungsgemäß geflossen sind. Also darf Sunny Arbeitslosengeld I in Anspruch nehmen. Dank guter Kontakte ergattert sie einen Job bei einer Gerüstbaufirma. Seither akquiriert sie erfolgreiche neue Aufträge für das Unternehmen. Längst führt die Ex-Gefangene eine neue Beziehung. Mit ihrem Partner hat sie einen schönen Bungalow mit riesigem Garten bezogen. Bald will Sunny zum dritten Mal Mutter werden. Und ihre Rache ist ihr letztlich dann doch auch noch gelungen: Sieben Jahre lang hat sie gegen ihren Ex und ihre Mutter prozessiert. Inzwischen darf sie ihren Jungen und ihre Tochter alle zwei Wochen sehen. »Ich bin neu verlobt, habe ein Haus, bekomme ein Kind und mache keine Scheiße mehr«, lächelt sie mir geradezu altersmilde zu. Ja, wir sind einen guten Weg gegangen. Für ein neues Leben, eine neue Welt, eine neue Freiheit.

KAPITEL 4

DER JUGENDKNAST

Die Diaspora beginnt irgendwo bei Iserlohn. Stadtteil Drüpplingsen. Inmitten von Feldern, eingebettet in ländlicher sauerländischer Idylle liegt das Jugendgefängnis. Wohnhäuser umsäumen den nüchternen Betonklotz der JVA. Etliche von ihnen sollen einem Neubau weichen, um die Zahl der Haftplätze von 282 auf 340 zu erhöhen. »JVA wächst – Drüpplingsen schrumpft«, titelte ein Lokalblatt im Jahr 2018.

Alsbald baut sich vor dem Besucher eine Mauer mit einem großen Tor auf – die Einlasspforte für den Gefangenentransporter, der neue »Kundschaft« bringt. Junge Kundschaft, denn hier in der JVA Iserlohn sitzen Delinquenten zwischen 14 und 24 Jahren ein, männliche und weibliche. Das deutsche Strafrecht hat für Jugendliche (14–17-Jährige) und Heranwachsende (18–20-Jährige) ein eigenes Gesetz geschaffen, das Jugendgerichtsgesetz (JGG). Beschuldigte, die nach Jugendstrafrecht verurteilt werden, kommen in ein Jugendgefängnis. In diesen Anstalten wird insbesondere dem Erziehungsgedanken Rechnung getragen, so gibt es beispielsweise die Möglichkeit, einen Schulabschluss nachzuholen oder auch eine Berufsausbildung zu absolvieren. Ein weiterer Grund für die Schaffung von Jugendgefängnissen ist das Bemühen, dass junge Straftäter nicht von erheblich älteren Kriminellen hinter Gittern »versaut« werden sollen – denn gerade junge Menschen sind leicht beeinflussbar.

Links neben dem großen Einlasstor findet sich eine kleine Tür. Eine Klingel ist die einzige Möglichkeit, wie man hineingelangen kann. Natürlich nur, wenn die Beamten Einlass gewähren. Das geschieht, wenn sich die kleine Wartehalle an der »Rezeption« geleert hat. Wer zu früh bimmelt, wird kurz abgekanzelt, da ist man eigen. Schließlich geht die Tür auf. Mein Anwaltsausweis fällt in die Schublade unter der Glasscheibe. Rechts warten kleine Schränkchen, in denen man sein Handy einschließen kann.

In der JVA Iserlohn kennt man mich, seitdem ich 2007 einen jungen Mann verteidigt habe, der in die Villa von DSDS-Juror Dieter Bohlen eingedrungen war, um den Musiker um rund 30 000 Euro zu erleichtern. Mein Mandant zählte über Jahre zu den »Promis« unter den Insassen. Einen ähnlichen Status genießt nun auch mein aktueller Klient Yusuf. Längst ist er eine Berühmtheit hinter Gittern geworden. Unter dem Namen »Tempelbomber« ging er durch alle Medien.

Yusuf avancierte im Alter von 16 Jahren zum islamistischen Top-Terroristen, zu einem Staatsfeind, der in einem Essener Tempel der Sikh-Gemeinde zu Ostern 2016 mit zwei seiner Kumpels ein Blutbad anrichten wollte. Yusuf ist damals ein selbst ernannter »Gotteskrieger« Allahs, der die *Kuffār* (Ungläubigen) vernichten wollte. Einer jener Anhänger der Terrormiliz »Islamischer Staat« (IS), die durch Führer eines radikalislamischen Salafisten-Netzwerks hierzulande zu militanten Dschihadisten radikalisiert wurden.

Der Sprengstoffanschlag der drei Jugendlichen verlief weitgehend glimpflich, drei Menschen wurden verletzt. Yusuf stellte sich nach einigen Tagen der Polizei. Die Vorwürfe aber wogen schwer. Das Landgericht Essen verurteilte ihn im März 2017 zu sieben Jahren Jugendstrafe, unter anderem wegen versuchten Mordes und der Herbeiführung einer Sprengstoffexplosion. Knapp dreieinhalb Jahre danach, an einem Julitag 2020, hat Yusuf sich zu einem Interview für dieses Buch bereit erklärt. Zum ersten Mal offenbart sich der einstige jugendliche Bombenleger der Öffentlichkeit, er spricht über die Verhältnisse im Jugendknast, seine Vergangenheit, sein jetziges Dasein und über das Leben, das er sich in Zukunft vorstellt.

Ein JVA-Beamter öffnet eine Gittertür. Schon betritt der Besucher einen schmalen Flur, links führt eine offene Tür zum Kiosk der Anstalt. Hier gibt's

Süßes, aber auch andere Lebensmittel bis hin zu Rauchwaren. Geradeaus führt der Gang zu mehreren Besucherräumen. Das kleine Zimmer, das ich betrete, erinnert an einen Kindergarten: ein Mini-Tisch, zwei Holzstühle. An der Wand hängen uralte bunte Reisebilder: Los Angeles, Buenos Aires, Tokio – die große weite Welt, nach dem Motto »Freiheit macht schon Spaß.« Als könnte hier jemand einfach aufstehen, sich ein Ticket buchen und in den Fernen Osten düsen.

Yusuf kommt herein. Er freut sich sehr, mich zu sehen. Die U-Haft eingerechnet, hat der einstige Bombenleger bereits knapp viereinhalb Jahre abgesessen. »Mensch, gute Nummer, dass Sie da sind!«, leitet der Häftling das Gespräch ein. Obschon der Schuldspruch lange zurückliegt, halten wir weiterhin Kontakt. Neben Telefonaten mit seiner Mutter kümmert sich meine Kanzlei gemeinsam mit einem Spezialisten für Ausländerrecht um Yusufs drohende Ausweisung. Das Ausländeramt Gelsenkirchen würde den jungen Mann nach verbüßter Strafe gerne in seine türkische Heimat abschieben. Das Verwaltungsgericht in Gelsenkirchen hat einen ersten Antrag Yusufs auf Aussetzung der bereits angeordneten Ausweisung und Abschiebung abgelehnt. Normalerweise wäre Yusuf daher schon längst in seine türkische Heimat abgeschoben. Im Jugendgerichtsgesetz gibt es aber eine Vorschrift, wonach der für die Vollstreckung zuständige Jugendrichter zustimmen muss – was dieser bisher nicht getan hat. In einem weiteren Verfahren geht es um seine vorzeitige Entlassung.

Längst hat sich der einstige Dschihadist nämlich aus der Salafisten-Szene gelöst, hat das radikale Gedankengut über Bord geworfen, bereut seine Tat und hat sich zuletzt als Kronzeuge in einem Staatsschutzprozess gegen jene zur Verfügung gestellt, die ihn durch ihre Gehirnwäsche erst zum Terroristen geformt haben: Hassprediger wie der mutmaßliche deutsche IS-Statthalter mit dem Kampfnamen Abu Walaa, der ihm den Segen zu seinen Anschlagsplänen erteilt und ihn zum *Amīr* (Anführer der Truppe) ernannt haben soll.

Eigentlich will Yusuf, wenn er zwei Drittel seiner Strafe verbüßt hat, die vorzeitige Entlassung beantragen. Er gilt als verträglicher Häftling und hat sich in den letzten Jahren nichts mehr zuschulden kommen lassen. Da aber eine Gutachterin ihn noch immer für gefährlich hält, darf Yusuf noch nicht in den offenen Vollzug wechseln. Aus Sicht der Anstaltsleitung besteht unter anderem die Gefahr, dass er die Lockerungsmaßnahmen als Chance zur Flucht ergreifen könnte. Solange ein Ausweisungsverfahren noch nicht abgeschlossen ist, gibt es in der Regel keine Lockerungen für den jeweiligen ausländischen Gefangenen.

All diese Dinge spielen bei unserem Treffen zunächst keine Rolle. Yusuf hat sich unglaublich gemacht. Er ist jetzt 20 Jahre alt. Im Gefängnis hat der einstige Salafist deutlich abgenommen. Kein Vergleich mehr zu dem pummeligen Jugendlichen mit den langen schwarzen Haaren, den die Staatsschützer tagelang mit Fahndungsfotos aus Überwachungskameras nahe dem Sikh-Tempel gesucht hatten. Heute gibt er ein ganz anderes Bild ab: kurz geschnittene Haare, der Bart ist ab. Yusuf, der früher in weiten orientalischen Gewändern durch die Straßen spazierte, trägt ein weißes T-Shirt, blaue Jeans, hat zirka 30 Kilogramm abgenommen. Er wirkt sportlich, athletisch. Stolz erzählt der Ex-Dschihadist, dass er nun sehr auf seine Ernährung achte. So häufig es gehe, trainiere er in der anstaltseigenen Fitnessbude. Passé sei die üppige türkische Kost, die seine Mutter ihm stets zubereitet habe. »Und statt Süßigkeiten und Eistee gibt es Wasser und Obst«, schildert er stolz seinen Wandel hin zum Ernährungsguru. Trotz der langen Jahre hinter Gittern wirkt der junge Häftling gut gelaunt – geradezu euphorisch.

Yusuf hat mir einen umfangreichen Fragenkatalog beantwortet, hat mir über sein Befinden, seine Gefühle, seine Ängste und seine Vergangenheit Auskunft gegeben – und zu guter Letzt über die Realität im Jugendgefängnis, über jenen Alltag, der sich gar nicht so sehr von dem im Erwachsenenknast unterscheidet. Dabei sollen gerade im Jugendstrafrecht und -vollzug der Erziehungsgedanke im Vordergrund stehen. Ein Schulabschluss, eine Ausbildung, die Aufnahme in spezifische Wohngruppen, sozialpädagogische wie auch psychotherapeutische Maßnahmen sollen helfen, den Jugendlichen zu festigen. Die Maßnahmen soll ein straf- und drogenfreies Leben nach der Freilassung ermöglichen. Das reale Dasein in einem Jugendgefängnis gestaltet sich dann aber doch schwieriger.

»Es gibt viele Wege, hier zu überleben«, erzählt Yusuf. Mitunter hilft auch die Flucht unter den Schirm der JVA-Beamten, sollte man bei anderen Knackis auf der Abschussliste stehen. Yusuf zählt die Dinge auf, die in diesem Kontext eine Rolle spielen: »Schutzhaft, Einzelduschen, Einzelfrühstunden und so weiter.«

Einen großen Namen mache man sich hier vor allem durch Geschäfte oder Schlägereien. »Oder aber man bringt einen Namen von draußen mit.« Der Respekt der Mithäftlinge wächst, wenn man »krasse Straftaten begangen hat«. Einen Sonderstatus reklamieren Delinquenten auch für sich, wenn sie lange einsitzen müssen. »So wie ich als dienstältester Gefangener der JVA Iserlohn«, bemerkt Yusuf. »Dabei ist besonders wichtig, dass man trotzdem seinen Weg *straight* geht und stabil bleibt.« Ein Kopfnicken unterstreicht seine Worte, so als wollte er sagen: Klar ist das eine lange Zeit, und es ist an dir selbst, das Beste draus zu machen.

Laut statista.com befinden sich derzeit bundesweit exakt 3557 Gefangene in den Jugendstrafanstalten, davon allein in Nordrhein-Westfalen 938. Einer von ihnen ist Yusuf. Die ungeschriebenen Regeln in der JVA Iserlohn sind denkbar einfach: »Beklau keinen, rede nicht hinter seinem Rücken«, rattert der Promi-Knacki den Gefängnisknigge herunter, »fick nicht deinen Kopf, zinke nicht Mitgefangene bei den Beamten, halte dich aus Sachen raus, die dich nichts angehen, respektiere die Privatsphäre der anderen, sei nicht respektlos, lüge nicht, sei loyal zu deinen Brüdern und kassiere lieber Schläge ein wie ein Mann, als sich wie eine Pussy zu verstecken.« Das klingt nach einer einfachen Macho-Welt hinter Gittern. Wer sich bei Ärger »gerade macht«, der muss am Ende wohl weniger Repressalien fürchten.

»Am Anfang waren hier mehr Gangs unterwegs und auch politisch Fanatische«, berichtet der Häftling. »Die haben mich natürlich beleidigt.« Meist seien es Kurden gewesen, die mit dem IS in Syrien im Krieg liegen. Schlägereien und Übergriffe kommen nach Yusufs Angaben in der JVA Iserlohn häufiger vor. Mitunter hagelt es Prügel für Diebstahl oder missliebige Lästereien. Die Gefangenen sprechen von einer »Fotzenaktion«. Insbesondere beim Kartenspielen kochen mitunter die Emotionen schnell hoch. Oft eskaliert ein Streit aus nichtigem Anlass. Schlechte Verlierer suchen ihre Niederlage mit den Fäusten wettzumachen. Meist lösen solche Attacken eine Gegenreaktion aus, weiß Yusuf. »Dann mischen sich meistens andere Jungs ein. Die Beamten drücken dann auf den Alarmknopf und 'ne ganze Horde von denen bringt die Streithähne auseinander.« Danach geht es ab in den Bunker. »So läuft's in der Freistunde«, lautet sein Bericht. »Beim Duschen oder Umschluss droht allerdings noch weit mehr Gefahr.« 2012 stellte eine Studie des niedersächsischen Kriminologen Christian Pfeiffer fest, dass sich ein Viertel der Vergewaltigungen in den Jugendgefängnissen unter der Dusche oder in den Wohngruppen ereigneten.

Anfangs saß Yusuf in Einzelhaft. »Man vegetiert da regelrecht vor sich hin und versucht jeden Tag, im Kopf zu überleben«, lautet sein Fazit im Rückblick. Seither heißt es in der Woche morgens um sieben Uhr »Ausrücken zur Arbeit« bis 15.30 Uhr. Die JVA Iserlohn bietet 90 Ausbildungsplätze an. Das Spektrum reicht vom Elektroniker über den Industriemechaniker bis hin zu Maler und Lackierer. Neben den 130 Vollzugsbediensteten arbeiten Psychologen, Lehrer und Sozialarbeiter in der Anstalt. Dazu kommen 11 Ausbilder und 21 Berufsschullehrer.

Yusuf hat inzwischen eine Lehre als Zerspanungsmechaniker in der CNC-Dreh- und Frästechnik absolviert. Das Lernen hat ihm geholfen, sich zu besinnen, zurückzufinden in die Realität mit all ihren weltlichen Normen. Weg von all den Hasstiraden gegen die *Kuffār*, weg von der kruden Ideologie der angeblich unterdrückten Gemeinschaft aller Muslime *(Ummah)* durch die westlichen »Kreuzritterstaaten«. Seither hat er gebrochen mit dem Gefasel von der richtigen *'Aqīda* (religiösen Einstellung), mit dem Gehabe des strengreligiösen Salafisten, der sich mit einem sogenannten *Miswāk*, einem Zweig- oder Wurzelstück des Zahnbürsten-Baumes, die Zähne putzt und dessen Hosenbeine über dem Knöchel zu enden haben, um es dem Propheten Mohammed und seinen Gefährten im Frühmittelalter gleichzutun. Yusuf glaubt auch nicht mehr, dass die neuen Bräuche und Auslegungen des

Korans, die sich seit 1300 Jahren herausgebildet haben, ein großer Irrtum sind. Genau das hatten die salafistischen »Mentoren« ihm eingetrichtert. Mittlerweile folgt Yusuf dem Hier und Jetzt.

Wenn Yusuf heute an die Gehirnwäsche in den geheimen Koranschulen in Dortmund und Duisburg denkt, in der ihm selbst ernannte »Lehrer« die Dschihad-Ideologie einbläuten, wird er richtig sauer. »Die haben mir mein Leben versaut, die haben aus einem Jugendlichen einen Bombenleger gemacht.« Überhäuft haben sie ihn mit Propagandalinks des IS, mit Videos, in denen die Terrorbrigaden ihre Gewaltherrschaft in Syrien und im Irak verherrlichten. »Lehnt alle demokratischen Einrichtungen des Staates ab, vermeidet jeden Kontakt mit den Ungläubigen«, haben sie ihm damals gesagt. Selbst der Mord an nichtmuslimischen Eltern schien erlaubt zu sein. Dennoch sucht Yusuf heute nicht die Schuld bei anderen, sondern auch bei sich selbst: »Ich hätte es besser wissen müssen und hätte mich niemals zu dem ganzen Wahnsinn verleiten lassen dürfen. Ich wollte damals die normale Gesellschaft – die andere Seite – provozieren und habe die Aufmerksamkeit genossen, wenn ich mit einem *Kamis* (Gewand) und *Shemagh* (Turban) durch die Gelsenkirchener Innenstadt flaniert bin. Ich habe mich dann unantastbar gefühlt – aus heutiger Sicht absurd.«

Was hat er sich damals nicht als eifriger Streiter Allahs aufgeplustert! In der Phase seiner Radikalisierung in den Jahren 2013 und 2014 hat Yusuf demonstrativ den *Seccade* (Gebetsteppich) auf dem Schulhof ausgebreitet, um den anderen zu zeigen, dass er anders ist. Einer, dem das Paradies winkt. Ein rechtschaffener Gläubiger unter all den Ungläubigen. Es hat ihn danach gedrängt, herauszuragen aus dem Mittelmaß. Und wenn die schulischen Leistungen nicht ausreichten, dann kompensierte er das über besonderen religiösen Eifer.

Ein psychiatrischer Gutachter wird später im Prozess bei dem Islamisten einen Hang zum Narzissmus feststellen. Kein Wunder, dass Yusuf salafistischen Bauernfängern auf den Leim gegangen ist. In der Schule sympathisiert der Islamist seinerzeit offen mit den selbsternannten Kalifats-Milizen des IS. Bei politischen Debatten im Unterricht rezitiert er Suren, die den gewaltsamen Kampf gegen Christen und Andersgläubige theologisch rechtfertigen sollten. Schnell gerät Yusuf in Rage, wenn Widerspruch gegen seine abstrusen Thesen aufkeimt.

Eine jüdische Mitschülerin bedroht er mit dem Tode, sollte sie weiter über Anschläge der Palästinenser auf Israel berichten. »Schlampe, halt's Maul! Ich brech dir das Genick!« Das Mädchen beginnt vor lauter Angst zu zittern. Yusuf fliegt von der Schule. Fortan wandert er von Schule zu Schule. Nirgends schafft er seinen Abschluss.

In ihrer Hilflosigkeit wenden sich Mutter und Sozialbehörden an das salafistische Präventionsprogramm des Landes NRW. Yusufs Mutter Neriman kann sich noch gut an die Kontakte erinnern. Die Betreuer versuchen zwar, ihren Sohn über Jahre aus der radikalen Szene herauszulösen. Yusuf gelobt in den Gesprächen mit den Verantwortlichen auch stets Besserung. »Er machte aber genau das Gegenteil«, erzählt Neriman. Yusuf avanciert zu einem Hardcore-Muslim, der seiner Mutter verbietet, zu Hause Musik zu hören, weil es nicht gottgefällig sei. Seine Schwester ermahnt der Spross einer türkischen Familie plötzlich, sich züchtig zu kleiden und ein Kopftuch zu tragen. Er fliegt aus der Moschee, die seine Familie besucht, weil er dem Imam mit seinen radikalen Ansichten zusetzt.

Über die sozialen Netzwerke und Koran-Verschenkaktionen in der Gelsenkirchener City lernt Yusuf Gleichgesinnte kennen. Die Jugendlichen gründen Anfang 2016 eine Terrorzelle und wählen Yusuf zu ihrem *Amīr* (Anführer). Die Gruppe nennt sich *Ansar Al Khilafa Al Islamiya* (Unterstützer des islamischen Kalifats). Yusufs Denken fokussiert sich immer mehr auf das eine Ziel: die *Kuffār* dort zu treffen, wo es wehtut. Seine radikalen Lehrer, die zu einem geheimen IS-Rekrutierungsnetzwerk gehören, haben ihm erzählt, dass man sich mit den Deutschen im Krieg befinde. Schließlich gehört die Regierung Merkel zur internationalen Allianz gegen die Terrormiliz. Die Einpeitscher um den Hassprediger Abu Walaa sprechen von *Ghanima* (»Beute«). Das heißt, es ist erlaubt, die Christen oder auch weltoffenere Muslime auszurauben oder zu betrügen. Es gibt ein Weißbuch, mit dem die Hetzer Schüler wie Yusuf in die Kampf- und Denkweise des IS einführen.

Yusuf und seine Kumpels aus der Terrorzelle beginnen sich Anfang 2016 mit dem Bombenbau zu beschäftigen. Sie führen Probesprengungen durch. Vehement diskutiert der Zirkel das Ziel des ersten Anschlags. Erst soll es der Essener Hauptbahnhof sein, dann aber entdeckt einer der Extremisten den Sikh-Tempel. Aus seiner Sicht handelt es sich bei Buddhisten und Hindus um Götzendiener. Dass die Sikhs und ihre Lehren nicht mit den Buddhisten oder Hindus identisch sind, so weit reicht sein Wissen nicht – doch auf Feinheiten kommt es in seinem Denken ohnehin nicht an.

Es ist der 16. April 2016, als sich Yusuf mit einem Komplizen auf den Weg macht, der dritte Mittäter bleibt im Hintergrund per Handy erreichbar. In einem Rucksack führt Yusuf einen eigens präparierten Feuerlöscher als Sprengsatz mit. Per Fernzünder wollen die beiden die Bombe hochgehen lassen. Erneut bringt sein Kumpel den Hauptbahnhof als Zielort ins Gespräch. Aber Yusuf winkt ab.

In unserem Gespräch lässt er das Geschehen nochmals Revue passieren: »Ich habe gesagt, dass wir auf dem besten Weg sind, Mörder zu werden. Vielleicht sterben dort durch unsere Tat Muslime. Deshalb sind wir weitergelaufen. Dann wollte mein Freund das Ding am Limbecker Platz ablegen. Wir waren bereits im Einkaufszentrum mit der Bombe. All die kapitalistischen Läden und die Menschenmassen schienen uns zunächst als perfektes Ziel. Wir haben überlegt, die Bombe nahe einem Aufzug zu platzieren. Aber ich habe dann zu bedenken gegeben, dass auch Muslime Opfer unserer Bombe werden könnten. Der Anschlag sollte aber nur Ungläubige treffen, deshalb sind wir aus dem Einkaufszentrum wieder raus. Plötzlich sahen wir den Sikh-Tempel. Da habe ich gesagt: »Hier, das ist es.«

Yusuf betet zu Gott: »Führe mich auf den rechten Pfad«. Dann baut er den Fernzünder ein. »Ich war voller Adrenalin. Am Fenster des Tempels sah ich, dass Menschen drin waren, aber für meinen Kopf gab es kein Zurück mehr.«

Im Gebetshaus findet gerade eine Hochzeitsfeier statt, als Yusuf den Sprengkörper aus seinem Rucksack holt und ihn vor der Eingangstür deponiert. »Alles verlief wie in Zeitlupe. Ich bin nur zirka 20 Meter mit der Bombe auf dem Rücken gelaufen, doch es hat sich angefühlt wie ein 20-Kilometer-Lauf. Ich warf die Bombe vor die Tür und ging dann zur Seite, habe zitternd den Knopf gedrückt, habe ein »Piep« gehört, dann war alles weiß, der Boden bebte, ich habe noch nie vorher so was Lautes gehört. Und ich dachte, dass ich brennen würde.«

Durch die Druckwelle zerbirst die gläserne Eingangstür. Ein indischer Priester erleidet schwere Verletzungen durch die umherfliegenden Glassplitter, zwei Besucher des Tempels werden leicht verletzt.

Yusuf sagt heute: »Ich rief nicht mal *Allāhu akbar*, weil ich selber so erschrocken war. Ich stand vollkommen neben mir. Ich wusste, von jetzt an gibt's nur noch den Tod oder die Zelle. Aber so wie ich damals war, gingen wir danach zum Berliner Platz, um erst mal einen Kebab zu essen.«

Der Anschlag ruft in der Terrorgruppe gemischte Gefühle hervor. Während einer seiner Kombattanten neues Material für weitere Sprengsätze übers Internet ordert, gerät Yusuf ins Zweifeln. Die Polizei gibt tags darauf Fahndungsfotos heraus, auf denen er trefflich zu erkennen ist. »Bruder, lass uns stellen am besten. Abhauen können wir nicht lange!«, drängt Yusuf in einer geheimen Chatrunde. Sein Komplize will nicht: »Keine Lust auf Knast, das ist eine Bombe gewesen, Alter! Das ist versuchter Mord, laut den *Kuffār*.«

Wenige Tage nach dem Anschlag will Yusuf sich seiner Mutter offenbaren. Er wirkt nervös, geradezu verstört. Unruhig läuft er durchs Zimmer, ehe es aus ihm herausplatzt: »Mama, wir haben etwas Blödes gemacht.« Er holt sein Handy heraus und zeigt ihr das Fahndungsfoto mit seinem Rucksack. Seine Mutter Neriman versteht Yusufs vage Andeutungen zuerst nicht. Zwar spürt sie intuitiv, dass irgendetwas nicht stimmt, dann aber redet sie beruhigend auf ihn ein: »Yusuf, ist gut«. Sie muss gleich los. Es ist Zeit für ihren Kurs in Gelsenkirchen. Dort lässt sie sich zur Familienberaterin ausbilden.

Im Unterricht gehen ihr die seltsamen Andeutungen ihres Sohnes nicht aus dem Kopf. Da war der Rucksack, das ernste Gesicht des Jungen. Beunruhigt verlässt Neriman den Schulungsraum und ruft Yusuf an.

»War das was Ernstes eben?« Und was hatte er genau gemeint?

Yusuf antwortet: »Ja, das war ernst.«

Neriman bekommt es mit der Angst zu tun, es fällt ihr schwer, Ruhe zu bewahren. »Bleib zu Hause!«, ermahnt sie ihren Sohn. »Geh nirgendwo hin! Ich komme sofort zu dir und dann besprechen wir alles.«

Mit überhöhtem Tempo rast sie nach Hause. Hektisch stürmt Neriman in das Zimmer ihres Jungen.

»So, jetzt noch mal von vorne. Erzähl mir, was passiert ist.«

Und dann beginnt Yusuf zu erzählen. »Mama, wir haben etwas Blödes gemacht. Wir haben eine Bombe gezündet. Beim Sikh-Tempel in Essen.«

Bestürzt erkundigt sich Neriman, ob irgendeinem Menschen etwas passiert sei.

Yusuf beteuert: »Ich habe am Tempel nicht gesehen, dass jemand verletzt worden ist. Aber tatsächlich hat es drei Menschen erwischt, einen Priester der Sikh-Gemeinde schwer.«

Der Sohn zeigt ihr auf seinem Handy einen Presseartikel aus dem Internet, der über den Fall berichtet. Erneut sieht man den zerfetzten Rucksack. Jenen Rucksack, den Yusuf immer mit sich herumgetragen hat.

In Neriman steigt Furcht auf. Ein Gefühl der Beklommenheit presst ihren Magen zusammen. Der Schock sitzt tief. Das kann doch nicht sein. Ihr Sohn, der Bombenleger, der islamistische Terrorist? Er ist doch erst sechzehn, schießt es ihr durch den Kopf. Erst sechzehn.

Neriman schließt die Tür zum Kinderzimmer. Sie muss jetzt alleine sein, muss sich sammeln, muss nachdenken, was jetzt zu tun ist. In der Küche lässt sie die Schilderungen ihres Sohnes nochmals Revue passieren. Als liefe ein falscher Film vor ihrem inneren Auge ab, geht Neriman den Bericht ihres Sohnes in allen Einzelheiten durch, ohne das Ausmaß der Tat wirklich fassen zu können. Panisch sucht die Mutter Hilfe. Zunächst informiert sie ihren Mann über die Tragödie. Er betreibt einen türkischen Lebensmittelladen, spricht kaum Deutsch. Als er von der Tat seines Sohnes erfährt, fällt er aus allen Wolken. Nerimans Eltern, die im gleichen Haus leben, werden hochgerufen. Der Familienrat tagt. Vor dem familiären Tribunal muss Yusuf alles beichten.

Die Großeltern machen dem jungen Attentäter schwere Vorwürfe. Beinahe jede Minute laufen neue Nachrichten zum Anschlag über den Ticker. Während Opa und Oma weiterschimpfen und Yusuf via Handy die neuen Meldungen herumreicht, spielt seine Mutter Fluchtvarianten durch. Er ist doch ihr Sohn; sie muss ihn retten, koste es, was es wolle.

Tickets nach Istanbul würden 359,00 Euro kosten – nur für den Hinflug. Je länger Neriman aber über ihre Idee nachdenkt, umso mehr überkommt sie ein ungutes Gefühl. Was soll ihr Junge in der Türkei? Er hat nie etwas mit dem Land seiner Vorfahren am Hut gehabt. Obschon er einen türkischen Pass besitzt, ist er in Deutschland geboren. Hier ist seine Heimat. Zudem ist Weglaufen nicht Nerimans Sache. Vor Problemen flüchten, entspricht nicht ihrem Lebensprinzip. Bisher hat sich Neriman im Leben immer allen Schwierigkeiten gestellt. Und das soll nun auch für ihren Jungen gelten. Schweren Herzens geht Neriman auf ihren Sohn zu: »Wir werden gemeinsam zur Polizei gehen.«

Anderthalb Tage diskutiert sie mit ihrem Sohn, redet auf ihn ein, führt ihm seine ohnehin hoffnungslose Lage vor Augen. »Du hast Menschen verletzt, es ist eine schlimme Sache, und man muss sich seiner Verantwortung im Leben stellen. Über kurz oder lang werden sie auf dich und deine Freunde kommen, da ist es besser, sich freiwillig zu stellen«, lautet ihr Credo. Am Ende ist auch Yusuf überzeugt. Vier Tage nach dem Anschlag ist es soweit: Mutter und Sohn umarmen sich. Tränen fließen. Minutenlang halten sie sich fest. Denn beiden ist klar, dass es für lange Zeit das letzte Mal sein wird. Mit stockender Stimme beteuert Yusuf immer wieder, wie leid ihm das Ganze tut. »Ich möchte mich ändern.« Gemeinsam fahren sie zur Polizeiwache in Gelsenkirchen-Ückendorf.

Die Gelsenkirchener Polizeibeamten reagieren sofort. Die zuständigen Staatsschützer in Essen werden informiert. Yusuf und seine Eltern warten eine halbe Stunde, ehe die Ermittler aus der Nachbarmetropole den jungen Islamisten abholen. Bevor Yusuf in das Polizeiauto steigt, nimmt seine

Mutter ihn noch mal in den Arm: »Yusuf, pass auf dich auf! Wir werden die ganze Zeit für dich da sein. Egal, was passiert, wir kümmern uns.«

In den Medien überschlagen sich die Schlagzeilen: »Sikh-Tempel-Attentäter verhaftet.« Neriman aber bangt um ihren Jungen. Wie wird es ihm in Untersuchungshaft ergehen? Drei Wochen nach der Verhaftung erhält sie eine Besuchserlaubnis vom Richter. Gegen acht Uhr morgens steht sie an der Gefängnispforte in Iserlohn. »Ich möchte meinen Sohn Yusuf besuchen«, sagt sie im verschämten Ton. Es ist ihr sichtlich peinlich, hier stehen zu müssen. Andererseits freut sich die Mutter, endlich ihren Sohn wiedersehen zu dürfen.

Der karge Besucherraum wirkt ernüchternd. Neriman setzt sich; neben ihr nimmt ein Wachmann Platz. Die Minuten, bis Yusuf eintrifft, kommen der Mutter wie eine Ewigkeit vor. Als es soweit ist, trifft sie fast der Schlag: Das ist doch nicht ihr Sohn auf der anderen Seite des Tisches. Yusuf sieht irgendwie anders aus, als drei Wochen zuvor. Teilnahmslos schaut der Junge sich um, als blickte er ins Leere.

Starke Muttergefühle steigen in Neriman auf: »Mein Junge ist verzweifelt. Mein Junge ist durcheinander. Mein Junge weiß gar nicht richtig, was los ist.« Dann aber bricht das Eis. Umarmung, Tränen, liebe Worte, bis sich der Wärter einschaltet. In ruhigem Ton bittet der Beamte darum, aus dem Türkischen ins Deutsche zu wechseln, damit er alles verstehen kann.

Ganz Mutter, erkundigt sich Neriman besorgt nach dem Befinden ihres Sohnes: »Bekommst du genug zu essen und zu trinken?« Aus ihrer Sicht sieht er mitgenommen aus. Yusuf berichtet über den öden Alltag hinter Gittern. Derzeit sitze er allein auf der Zelle. »Ich habe keine Lust, irgendwas zu machen«, erzählt er frustriert. 45 Minuten darf Neriman bei Yusuf bleiben. Eine Umarmung zum Abschied – das war's. In der Folgezeit besucht Neriman dann alle 14 Tage ihren Sohn. Jedes Mal muss sie eine neue Besuchserlaubnis vom Richter einholen.

Nach und nach wandern alle Mitglieder der Terroreinheit in U-Haft. Die Strafverfolger hängen den Fall ganz hoch. Dazu kommt, dass Monate später der tunesische Terrorist Anis Amri im Dezember 2016 mit einem gekaperten Lkw einen Terroranschlag auf dem Weihnachtsmarkt auf dem Berliner Breitscheidplatz verübt, mit zwölf Toten und 55 Verletzten. Auch Amri gehörte zu dem deutschen IS-Netzwerk, das die Sikh-Tempelbomber um Yusuf aufgehetzt haben soll.

Hinter Gittern zeigt sich Yusuf anfangs wenig kooperativ. Er macht keinen Hehl aus seiner Verachtung der hiesigen Justiz. Kaum in Untersuchungshaft, fangen die Probleme an: Yusuf wird von Mithäftlingen verzinkt. Er soll auch in der JVA Iserlohn für den IS geworben haben. Alles Abstreiten hilft nichts, zumal ein heimlicher Briefverkehr mit einem anderen Mitglied seiner Terrortruppe ihn in die Bredouille bringt. Yusuf und sein Kumpan Ahmet benutzen Zellengenossen, um die Kassiber auszutauschen. Anfang August 2016 meldet sich einer der Kuriere bei der Anstaltsleitung und übergibt eines der Schreiben. Zellendurchsuchungen fördern weiteres kompromittierendes Material zutage. Auch in der U-Haft gibt Yusuf demnach zunächst den *Amīr*, den Anführer der Terrorzelle: »Bis wir die Gerichtsverhandlung gemeistert haben, habe ich das Steuer in der Hand, dann will ich dieses Projekt passieren. Überlass das Reden mir und falls du etwas Falsches gesagt hast, ziehe deine Aussage zurück. Ich will euch alle schnell draußen haben.« In einem weiteren Brief weist Yusuf seinen Mitstreiter an, mit niemandem zu sprechen und keinem zu vertrauen. Als Ahmet daraufhin mit der Frage antwortet, ob es laut der Scharia, also nach der islamischen Rechtsauffassung, erlaubt sei, sich etwa als Eisverkäufer zu tarnen, um Kinder mit Eis zu vergiften, das mit Strychnin oder Arsen versetzt sei, und anschließend einen Märtyreranschlag auf einen Kindergarten der Ungläubigen zu verüben, antwortet Yusuf nicht mehr.

Bis heute gärt es in ihm, wenn er an die damaligen Vorfälle denkt: »Der Brief wurde abgefangen, bevor ich ihn empfangen habe. Ich habe erst vor Gericht davon erfahren. Dort habe ich noch mal betont, dass Ahmet ein durch und durch gestörtes und komisches Kind ist. Er gehört weniger in den Knast als in eine psychiatrische Anstalt.« Um zu illustrieren, wie fanatisch Ahmet gewesen sei, erzählt Yusuf folgende Episode: Wochen bevor sich der Anschlag ereignete, habe sich Ahmet nachts gegen zwei Uhr bei ihm gemeldet. »Er bat er mich darum, ihm die Erlaubnis zu erteilen, sich in die Luft zu jagen.«

Der Vorfall mit den Kassibern verschlimmert Yusufs Lage auch im Prozess: Unter hohen Sicherheitsvorkehrungen erfolgt der Transport zur fünften Essener Jugendstrafkammer. Yusuf erinnert sich nur zu gut an das Prozedere: »Jeden Morgen wurde eine komplette Körperdurchsuchung gemacht, also nackt ausziehen, Arschbacken auseinander.« Mit Gürtelhandschellen und Fußfesseln ging es in einen gepanzerten Justiz-Bulli. Eine Stunde dauerte die Fahrt nach Essen. »Sogar als ich plötzlich Nasenbluten hatte, sind sie nicht stehen geblieben, um mir ein Taschentusch zu geben. Ich habe meinen weißen Pulli und die Sitze ruiniert«, beschreibt der Delinquent seine Erlebnisse. Daraufhin erfolgt eine Lockerungsmaßnahme. Fortan darf der angeklagte Terrorchef in normaler Sicherung – nur in Handschellen – transportiert werden.

Die Jugendkammer des Landgerichts Essen verhandelt unter Ausschluss der Öffentlichkeit, da alle drei Angeklagten minderjährig sind. Einzig enge Angehörige wie Yusufs Mutter Neriman dürfen das Terrorverfahren im Gerichtssaal verfolgen. Ihre Nerven flattern und der Adrenalinspiegel steigt, als sie ihren Sohn auf der Anklagebank sieht. Neriman fiebert den ganzen Prozess über mit ihrem Jungen mit.

Zu Hause macht sie sich Vorwürfe. »Was hast du falsch gemacht, dass dein Sohn zum Fanatiker wurde? Warst du so blind? Oder hast du einfach die Augen davor verschlossen, dass Yusuf sich immer mehr zum radikalen Dschihadisten entwickelt hat?« Es kommt der Punkt, da muss Neriman sich die Last von der Seele schreiben. In dem Buch *Mein Sohn, der Salafist* legt sie offen, wie schnell einem das geliebte Kind entgleiten kann. Verloren an islamistische Einflüsterer, zunehmend entfremdet von der Familie, von ihr, der Mutter, deren Einfluss zunehmend schwindet und deren Versuche, ihren Sohn wieder zurückzuholen, an den so oft zitierten Kampf gegen Windmühlen erinnern.

Auf der Anklagebank trifft Yusuf die beiden anderen führenden Köpfe der Gruppe wieder. Deren einst so inniges Verhältnis kühlt merklich ab, als er auf meinen Rat hin tagelang auspackt. Detailliert schildert mein Mandant die Planungen nebst Tat in vielen Einzelheiten. Einzig bei der Frage, wer ihn dazu animiert, wer ihn zu dem Anschlag aufgehetzt habe, mauert der Angeklagte. Hier ist spürbar, dass er sich noch nicht gänzlich von seinen Lehrern um den Hassprediger Abu Walaa mit ihrer Dschihad-Doktrin abgewandt hat.

Das Urteil im März 2017, das für Yusuf sieben Jahre Haft verhängt, klingt nur auf den ersten Blick hart, denn die drei Terroristen hätten beinahe durch ihre Bombe Menschenleben ausgelöscht. Neriman ist froh, dass die Zeit der quälenden Ungewissheit vorbei ist. Jetzt weiß jeder, woran er ist. Und man kann Zukunftspläne schmieden, auch wenn es erst mal dauern wird, ehe ihr Sohn freikommt.

Yusuf kehrt zurück in das Jugendgefängnis in Iserlohn. Neriman darf ihren Sohn dreimal pro Monat besuchen. Nachdem das Urteil rechtskräftig ist, können sich Mutter und Sohn sogar für 90 Minuten sehen, nunmehr auch ohne Überwachung. Endlich kann Neriman mit ihrem Sohn auch mal wieder in türkischer Sprache reden. Yusufs Vater, der kaum Deutsch beherrscht, ist sichtlich erleichtert, sich nun mit seinem Filius in seiner Muttersprache austauschen zu können.

Ganz die besorgte Mutter, will Neriman am Anfang jeder Begegnung vor allem eines wissen: »Wie geht es dir? Kommst du mit dem Essen zurecht? Geht es dir in der Zelle gut? Hast du Stress mit anderen Gefangenen? Machst du irgendetwas?« Ihr Sohn hingegen mimt anfangs noch den Hardcore-Islamisten. Unverblümt erkundigte er sich nach seinen ehemaligen Kumpels aus der Extremistenszene. Yusuf will wissen, ob sich jemand von ihnen bei seinen Eltern gemeldet hat. Vielleicht gebe es ja IS-Anhänger, die seiner Familie Hilfe anbieten wollten. Wochenlang hofft Yusuf offenbar, dass seine falschen Brüder ihn tatsächlich unterstützen werden. Welch ein Irrglaube! Neriman bleibt nach außen hin gelassen. Kühl antwortet sie stets: »Nein, bei uns hat sich keiner gemeldet.« Das entspricht auch der Wahrheit. Diejenigen, die ihren Jungen verführt haben, infizieren längst eine neue Generation sinnsuchender junger Muslime mit ihrer kruden Dschihad-Doktrin.

Es soll noch eine längere Zeit vergehen, ehe sich Yusuf freigemacht hat von den unseligen Einflüssen des IS-Netzwerks des Abu Walaa. Der inzwischen selbst inhaftierte Iraker muss sich seit dem Herbst 2017 mit vier Vertrauten ebenfalls in einem Aufsehen erregenden Terrorverfahren vor dem Staatsschutzsenat in Celle verantworten. Die Bundesanwaltschaft wirft ihm die Rekrutierung und Einschleusung dutzender junger Muslime für den IS vor. Zugleich soll er zum Mord an einem V-Mann aufgerufen haben, der auf die Gruppe des radikalen Geistlichen angesetzt war. Auch soll sich die IS-Connection über Anschlagspläne in Deutschland ausgetauscht haben.

Anfang 2018 denkt Yusuf schließlich darüber nach, sich den Staatsschutzbehörden anzuvertrauen. Er will nun umfassend aussagen, wer ihn zu dem Bombenanschlag verleitet hat. Detailliert schildert Yusuf, wie Fanatiker um den Hassprediger Abu Walaa ihn manipulierten. Wie sie ihn formten, bis er zwei Jahre zuvor soweit war, den Sprengsatz auf das Sikh-Gebetshaus zu werfen. Yusuf gibt zur Protokoll, dass er sich ausgenutzt fühlt, betrogen durch Abu Walaas Residenten im Ruhrpott. Nach seinen Aussagen konnten Schüler wie Yusuf wählen: Entweder sie schlossen sich den Kalifatsbrigaden in Syrien und im Irak an oder aber sie begingen in Deutschland Anschläge.

Von gleich zwei Führungspersonen des Abu-Walaa-Netzwerkes will Yusuf den Segen für das Bombenattentat in Essen bekommen haben: Zum einen bei einem Osterseminar 2016 durch Sheikh Abu Walaa persönlich. Bei dieser Gelegenheit soll dieser gemahnt haben, »dass ich aufpassen solle, mit wem ich das mache.« Gleichzeitig habe er sein Okay gegeben: »Verfolgt euer Ziel und fürchtet Gott. Bleibt standhaft.« Zum anderen durch einen engen Vertrauten Abu Walaas aus Duisburg. Diesem seien Freudentränen in die Augen geschossen, als er von den Anschlagsplänen gehört habe, berichtet Yusuf in den monatelangen Verhören weiter. Der Hoca (Lehrer) habe ihn als Ashbal, als jungen Löwen, bezeichnet. »Tausend Leute wie du«, habe er gesagt, »und ihr würdet islamische Flaggen tragen, Allahu akbar rufen und Duisburg in Stunden erobern. Ihr müsstet noch nicht einmal kämpfen, Staatsgewalten würden sich in die Hose machen vor Angst. Ganz Deutschland würde vor Angst erbeben.« Seine Mentoren hätten ihn regelrecht »geil gemacht, dass wir mit Knarren die Leute abknallen«. Es sei gesagt worden, »dass wir nichts wert sind, wenn wir nicht für Allah kämpfen«, gibt Yusuf seine Erfahrungen wieder.

Auf mehreren hundert Seiten schildert der einstige IS-Anhänger die Methoden der salafistischen Bauernfänger. Die Nummer eins der deutschen IS-Connection sei Sheikh Abu Walaa, berichtet der jugendliche Ex-Terrorist, gefolgt von dem ebenfalls angeklagten Koran-Lehrer Boban S. aus Dortmund. Als weiterer Hauptakteur firmierte ein Reisebürobetreiber aus Duisburg namens Hasan C.: Der mitangeklagte Prediger habe den jungen Männern im Hinterzimmer seines Reisebüros in Duisburg die arabische Sprache beigebracht, zugleich habe er sie mit der IS-Ideologie infiziert. »Du gehst in das Reisebüro rein und wenn du wieder rauskommst, dann willst du den Leuten den Kopf abschlagen«, erinnert sich Yusuf.

Vor allem jung müssten die Schüler der Gruppierung sein, »damit man sie besser formen kann«, hieß es. Oft stammten die Jugendlichen aus sozialen Brennpunkten im Ruhrgebiet, waren labil, suchten nach Orientierung und fielen auf die Gut-und-Böse-Ideologie der Angeklagten herein. So wie Yusuf, der sein schulisches Scheitern durch eine besondere religiöse Frömmigkeit wettmachen wollte: »Die haben uns in unserer Lebenskrise ausgenutzt«, beteuert der Attentäter in den Vernehmungen. Geradezu euphorisch hätten Yusufs Lehrer demnach von den Ausbildungscamps des IS in Syrien geschwärmt: Jeder könne sich entscheiden, entweder für den Kampf an der Front oder für den Tod als Märtyrer. Im letzteren Falle dürfe man die Tage vor dem Selbstmordanschlag in einer Villa verbringen – mit Sklavinnen, Kebab und jeder Menge Luxus.

Für die jungen Gläubigen wie Yusuf sei Abu Walaa, der Imam aus Hildesheim, ein Held gewesen, eine unumstößliche geistliche Instanz. Wenn Yusuf sich Videos des Hasspredigers anschaute, fühlte er sich nach eigenen Angaben »so gestärkt, dass man eine ganze Armee bekämpfen kann.« Abu Walaas Markenzeichen in den Videos: Die Kamera filmte ihn stets von hinten, sein Gesicht war nicht zu erkennen.

Yusuf sieht sich einerseits als Opfer, verführt durch die Abu-Walaa-Clique, andererseits bereut er, dass er sich überhaupt in die salafistische Szene begeben hat. Er sei damals ein Kind gewesen, gerade mal 14 Jahre alt. Und er wolle jetzt verhindern, dass noch andere Muslime auf die falschen Demagogen hereinfallen: »Die machen uns alle zu dummen Bombenlegern«, so sein Resümee beim LKA.

Höchst brisante Aussagen gegen die mutmaßliche Spitze des deutschen IS-Netzwerkes sind da zusammengekommen. Zum ersten Mal belastet ein Betroffener, einer der Sikh-Tempel-Attentäter, in dem langwierigen Staatsschutzprozess in Celle die Abu-Walaa-Clique schwer. An elf Hauptverhandlungstagen im Dezember 2018 und Januar 2019 sagt Yusuf vor dem Oberlandesgericht in Celle als Kronzeuge aus. Und Yusuf weiß, welches Gewicht seine Aussage hat. Ihm ist bewusst, dass er durch seine belastenden Angaben Sympathisanten des IS gegen sich aufbringen wird. Natürlich schwingt bei ihm ein Stück weit die Hoffnung mit, dass die Justiz ihn im Gegenzug für seine Enthüllungen früher aus dem Gefängnis entließe und die Stadt Gelsenkirchen seine Ausweisung in die Türkei unterlässt.

Doch weit gefehlt: Eine Woche nach dem Ende der Vernehmungen stellt sich heraus, dass die Bundesanwaltschaft ein zweites Verfahren gegen Yusuf führt, und zwar wegen eines Chatverkehrs mit seinen ehemaligen Brüdern in einer WhatsApp-Gruppe vor dem eigentlichen Anschlag. Zugleich erfährt der Häftling, dass die Stadt Gelsenkirchen ihn trotzdem in die Türkei abschieben will.

Im Nachhinein fühlt Yusuf sich durch die Sicherheitsbehörden des Landes Nordrhein-Westfalen »furchtbar verarscht«. Über ein halbes Jahr lang hat er 2018 beim LKA über die Abu-Walaa-Gruppe ausgesagt, was auf 360 Seiten dokumentiert ist. »Ich habe meine Ausbildung und meine Sicherheit aufs Spiel gesetzt. Als wir später die Beamten vom LKA aufsuchen wollten, damit sie ihr Versprechen einhalten und den versprochenen positiven Bericht über mich schreiben, waren sie nicht mehr auffindbar. Als hätte es diese Leute nie gegeben«, schimpft Yusuf.

Letztlich meldet sich ein Staatsschützer und erklärt, dass man ihm nicht helfen dürfe. Stattdessen taucht wenig später eine Abgesandte aus dem Ministerium für Kinder, Familie, Flüchtlinge und Integration bei ihm auf. Die Frau versucht ihn zu überreden, trotz der drohenden Ausweisung nicht auf stur zu stellen, sondern vor Gericht die belastenden Angaben zu wiederholen.

Yusuf tut wie ihm geheißen, allerdings mit einer gehörigen Wut im Bauch, weil die Behörden ihn derart im Stich gelassen haben.

Die Auftritte im Zeugenstand in Celle gleichen einem Kommandounternehmen. Der Schutz des Zeugen erhält höchste Priorität. »Für die Fahrt zum Gericht bekam ich eine Schutzweste«, erinnert sich Yusuf. »Drei Autos, getarnt und gepanzert, bewegten sich in einer Kolonne. Die Polizeibeamten hielten Maschinenpistolen bereit. Straßen wurden auf der Tour kurzzeitig gesperrt, sobald wir anrollten.«

Beamte des LKA NRW suchen im Vorfeld die Eltern des Kronzeugen zu beruhigen. Die machen sich Sorgen darum, dass ihr Sohn nun in der Haftanstalt womöglich von anderen muslimischen Gefangenen als »Nestbeschmutzer« angesehen und drangsaliert oder gar ermordet werden könnte. Das Gegenteil ist der Fall, erzählt Yusuf grinsend: »Ich wurde sehr dafür respektiert, dass ich die Eier dazu hatte, gegen den mutmaßlichen Anführer einer internationalen Terrororganisation auszupacken.«

Seine Mutter reist eigens nach Celle, um Yusuf bei der Aussage zur Seite zu stehen. Nur ihr hat er zuvor anvertraut, dass er gehörigen Bammel vor dem Auftritt im Zeugenstand hat. Aber die Verteidiger machen Rabatz. Neriman darf nach dem ersten Tag der Vernehmung den Gerichtssaal nicht mehr betreten, weil die Anwälte sie als mögliche weitere Zeugin einstufen. Verärgert reist Neriman ab, als Zeugin wird sie jedoch nie gehört werden. Fortan muss ihr Sohn da alleine durch. Yusuf sitzt an allen elf Hauptverhandlungstagen vor dem Oberlandesgericht an einem Tisch, der seitlich vor der Richterbank auf einem Podest aufgebaut wurde. Nur eine Glasscheibe und ich als sein Zeugenbeistand neben ihm trennen Yusuf räumlich von Abu Wala, der – wie auch andere Angeklagte – »Nettigkeiten« in arabischer Sprache zu Yusuf rüberruft. Offensichtlich möchte man den jungen Kronzeugen unter Druck setzen und ihn von einer Wiederholung seiner polizeilichen Aussage abhalten.

Yusuf hält durch. Auch wenn die Verteidiger ihm mächtig zusetzen, so bleibt er bei seinen belastenden Angaben. Innerlich aber kocht der junge Türke vor Wut. Denn seine Aussagebereitschaft bringt ihm weder bei der Justiz noch beim Ausländeramt in seiner Heimatstadt Pluspunkte. Obschon Yusuf umfassend kooperiert, soll er weiterhin abgeschoben werden.

Noch heute hadert der junge Mann mit seinem Schicksal: »Das kann ich nicht verstehen.« Leicht trübsinnig schaut er im Besucherraum der JVA auf die Wand gegenüber, ehe er sich wieder auf das Gespräch mit mir konzentriert. Als würde er die lästigen Gedanken wegwischen, hebt Yusuf seine Hände und beginnt leicht zu lächeln. Es sieht aus, als wollte er sagen: »Bange machen gilt nicht, und aufgeben erst recht nicht.« Die Hoffnung stirbt zuletzt. Trotz der Schwere seiner Taten glaubt der Ex-Islamist an eine glückliche Fügung, so dass er hierbleiben kann. Er empfinde »viel Reue darüber, was ich Unschuldigen angetan habe, und viel Wut über mich selbst. Aber auch Dankbarkeit, da ich hier drinnen wieder zu mir selbst gefunden habe. Meine Haftjahre habe ich genutzt, um mich selber wiederzufinden. Ich weiß wieder, was mich ausmacht, wo ich hinwill und wo ich herkomme."

Yusuf empfindet die meisten Programme im Gefängnis als »Schrott«, schreibt aber, er gehe seinen Weg: »Ich habe meine Werte und mein moralischer Kompass funktioniert wieder. Ich sehe ein, dass das *mein* Leben ist. Ich will es selber bestimmen und das nutzen, was Gott mir gegeben hat: Meinen Verstand.«

Inzwischen ist Yusuf in eine der Wohngruppen im geschlossenen Vollzug des Jugendgefängnisses gewechselt. Hier stehen die Türen von morgens bis abends offen. Die Insassen dürfen den Tagesablauf selbst gestalten. Sie entscheiden, wann es beispielsweise Zeit ist, unter die Dusche zu gehen. Es liegt in ihrer Hand, zu telefonieren und ihre Freizeit zu gestalten. Yusuf hat hier seinen Realschulabschluss mit einer Durchschnittsnote von 1,7 nachgeholt. Und nach dem Einschluss macht Yusuf häufig noch stundenlang Musik. Er durfte sich eine Art Mini-Studio in seiner Zelle einrichten. Im Erwachsenengefängnis wären solche Vergünstigungen unmöglich.

Yusuf rappt bis spät abends. Die Texte setzen sich nicht selten mit seiner Vergangenheit auseinander. Die Kompositionen sollen wachrütteln, vor allen Dingen »jene Idioten, die auf denselben Mist hereinfallen wie ich damals«, erklärt der Gefangene. Sein großes Ziel steht bereits fest: Yusuf will Musikproduzent oder Musikmanager werden. »Musik ist tief in unserer Kultur hier verankert und ich will junge Talente fördern. Edle Menschen mit Messages und Background. Die Musik soll sowohl im Ohr harmonieren als auch einen nachdenklich machen.« Der einstige Gotteskrieger, der früher jegliche Musik gemäß strenger salafistischer Sitte ablehnte, will nun »dieses Medium benutzen, um etwas zu bewegen«.

Seit längerer Zeit nimmt Yusuf am salafistischen Aussteigerprogramm (API – Aussteigerprogramm Islamismus) des Innenministeriums NRW teil. Dort arbeitet er seine traumatischen Erlebnisse auf. »Wir spiegeln meine Entwicklung wider«, erläutert der ehemalige Salafist. »Warum bin ich so geworden und wie schaffe ich es, draußen straffrei zu bleiben? Es ist so eine Art Therapie.« Die Betreuer sind auch seine Ansprechpartner, falls etwas passiert. Und: Sie sollen ihn später auch nach seiner Entlassung draußen begleiten. »Ich kann wirklich jedem dieses Programm empfehlen«, betont der frühere Extremist, »es hilft wirklich. Im Gegensatz zu vielen Präventionsprogrammen sind die Leute, die das hier betreiben, kompetent.«

Mit solchen Aussagen klingt Yusuf nach einem Musterhäftling. Allerdings kann man sich denken, dass er einen langen Weg hinter sich hat, der sicherlich auch durch viele Selbstzweifel geprägt ist. Nicht, dass er seinem Glauben abgeschworen hätte, aber heute sieht er sich als normal gläubigen Muslim. Bei Yusuf hat sich im Laufe der Zeit eine Art »Nachreifungsprozess« beobachten lassen. Eine Mischung aus unbändigem Optimismus, einer »Um-keinen-Preis-aufgeben«-Devise, gepaart mit viel Selbstschelte und dem quälenden Wissen, dass ihm Träume und Chancen entgangen sind, prägt den jungen Mann.

Gefängnis bleibt Gefängnis, auch wenn die Jugendhaftanstalten viel mehr Freiheiten und Hilfen anbieten als die Vollzugseinrichtungen für Erwachsene. Yusuf erkennt aber durchaus die Chance, die in seinem Haftaufenthalt auch liegt: »Einerseits ist das sehr bitter für mich, da das ja meine besten Jahre sind. Man will leben, frei sein und sein Leben in vollen Zügen genießen. Andererseits hat man die Chance, die eigenen Gedanken zu sortieren.« Im Knast sei man schließlich auf sich alleine gestellt. Stets habe er sich gefragt, wie es weitergehen soll. »Hier bin ich extrem nachgereift. Ich habe mich selbst wiedergefunden. Ich habe Ziele und will draußen meine zweite Chance nutzen. Ich fühle mich auch viel besser orientiert als andere Jungs in meinem Alter.«

Hätte Yusuf die Chance, sein Leben noch mal von vorne zu beginnen, »dann würde ich auf jeden Scheiß verzichten. Und mein Ding im Gymnasium durchziehen.« Die Familie geriete vollkommen in den Vordergrund, und er würde von Anfang an seine Liebe zur Musik pflegen. Vielleicht hätte er sich einen großen Wunsch erfüllt und Medizin studiert. »Hätte ich die Energie, die ich in den Dschihadismus gesteckt habe, in diese Dinge investiert, dann wäre ich jetzt ganz woanders.« Yusuf hat inzwischen begriffen, dass weitaus erstrebenswertere Ziele existieren, als unter den *Kuffār* ein Blutbad anzurichten.

Yusuf wäre aber nicht Yusuf, wenn er alles hinter den Gefängnismauern als glückliche Idylle empfände. An etlichen Punkten spart er nicht mit Kritik. So moniert er etwa die dürftige Einkaufsliste. »Es gibt nur das Nötigste und wir haben sehr wenig mitzureden.« Auch der Verdienst für seine drei Jobs (Sporthallenreiniger, Abteilungsreiniger und Essensträger) hält sich nach seinen Angaben in Grenzen: »Ich bekomme beispielsweise insgesamt nur 120 Euro im Monat. Einige Mitgefangene verdienen noch viel weniger und sehen sich daher gezwungen, Geschäfte hinter Gittern zu machen.«

Gut findet Yusuf, »dass man hier seinen Schulabschluss machen kann und auch Ausbildungen. Man geht hier nicht leer aus, so dass man sich anstrengt«. Sein Urteil über den Umgang mit den Häftlingen in der Jugendstrafanstalt fällt jedoch gemischt aus. Eher schlecht verhielten sich aus seiner Sicht JVA-Bedienstete im Umgang mit Problemfällen. Diese Gefangenen fallen nach Angaben des 20-jährigen Türken durchs Hilferaster. Bei ihnen heißt es meist: »Halt's Maul, sonst gibt's Bunker.« Yusuf fehlt eine ausgewiesene Strategie, die den Willen widerspiegelt, sich auch mit dieser schwierigen Klientel auseinanderzusetzen. »Hier sollte der Ansatz sein, den Jugendlichen eine Perspektive zu bieten und diese auch weiter auszubauen.«

Im Jugendknast in Iserlohn kommen regelmäßig Sammelgruppen mit 15 Häftlingen zusammen, um über ihre Straftaten zu sprechen. Auf der Agenda steht, sich mit den eigenen Fehltritten auseinanderzusetzen und daraus zu lernen. Tatsächlich aber geraten diese Runden aus seiner Sicht häufig zu Protz- und Prahlstunden einiger weniger Insassen, bemängelt Yusuf. Mehr als die Hälfte der Beteiligte suche sich einzig nur zu profilieren. Dabei gehe es doch eher darum, »die richtigen Werte und Sozialkompetenz zu vermitteln«.

Über die Zeit im Gefängnis hat Yusuf wieder den Weg zu seiner Familie gefunden. In der Hochphase seiner Salafisten-Ära hatte er seinen Vater und seine Mutter an der Nase herumgeführt, hatte sie herumkommandiert und ihnen einen unredlichen Lebenswandel vorgeworfen. Insgeheim hatte er in seinem Kinderzimmer mit seinen Kumpels den Sprengstoff angerührt und die Bomben gebaut. Für seine Eltern hegte er damals nur Verachtung, weil sie seine extremistischen Ansichten nicht teilten. Da war die nervige Mutter, die sich stets um ihn sorgte und ihm zugleich Vorwürfe machte. Und der schwierige Kontakt zum Vater, der kaum Deutsch sprach. Inzwischen aber sind sich beide Seiten wieder viel nähergekommen. »Wir reden öfters über unsere Fehler, Hoffnungen und Ängste«, schildert Yusuf die neue Entwicklung. »Wir verstecken nichts voreinander.«

Bei manchen Besuchstagen beginnt er zu weinen. Unter Tränen verspricht der einstige Staatsfeind der Republik seiner Mutter Neriman, sich zu ändern. Er werde etwas aus sich machen. Er weiß, dass er auch liefern muss. Zugleich aber gibt ihm die Familie um seine Mutter den nötigen Halt, um die Jahre im Knast durchzustehen. »Wir alle sind wacher geworden. Jeder hat sein Ding durchgezogen. Meine Mutter hat zwei Ausbildungen gemacht. Sie hat auch ein Buch über mich geschrieben. Meine Schwester arbeitet im

Krankenhaus. Mein Vater hat ein wenig Deutsch gelernt und hat jetzt einen Lebensmittelladen eröffnet, der sehr gut läuft.«

Als Neriman diese Worte vernimmt, breitet sich ein Grinsen über ihr Gesicht aus. Endlich hat ihr Sohn begriffen, was wichtig im Leben ist. Nicht irgendwelcher Dschihad-Hokuspokus, sondern mit beiden Beinen im Leben zu stehen, »und zwar auf dem Sockel, den die Familie bildet.«

Die Fahrten zur JVA Iserlohn sind für Neriman längst zur Routine geworden. Inzwischen hat sich die Mutter beinahe schon an diesen Zustand gewöhnt. Im April 2021 sitzt Yusuf bereits fünf Jahre in einer Zelle ein. Das Bett im Kinderzimmer steht leer, ihr Junge kommt nicht mehr jeden Tag nach Hause. Ein Verlust, der zuweilen sehr schmerzt, sehr verletzt und mitunter zu schweren Stimmungsschwankungen führt.

Bis heute kämpft Neriman wie eine Löwin um ihren Sohn. Aus ihrer Sicht hat Yusuf sich spürbar gebessert. Die Familie hat alles vorbereitet für seine Haftentlassung, auch wenn keiner weiß, wann genau das sein wird. In dem Lebensmittelladen, den sie als Eltern inzwischen noch aufgebaut haben, könnte Yusuf sofort anfangen.

Außerdem hat Neriman im Internet Führerscheinunterlagen bestellt. Die JVA hat erlaubt, dass sie ihrem Jungen die Prüfbögen für die Theorie übergeben durfte. Yusuf sitzt also mittlerweile in der Zelle und büffelt die Straßenverkehrsregeln. Rechts vor links, und wie ist es bei der Ausfahrt aus einer Sackgasse? Yusuf kennt die Antworten aus dem Effeff. Da wäre nur noch ein Haken: Der Fahranfänger ist zwar bestens vorbereitet auf die theoretische Prüfung. Der praktische Test allerdings wird noch auf sich warten lassen, denn Fahrstunden sind nur draußen möglich. Das aber dauert noch. Eine Fahrschule in Gelsenkirchen hat die Anmeldung mit dem Hinweis verweigert, dass Yusuf persönlich mit seinem Ausweis dort erscheinen müsse.

Bei allen Zukunftsplänen schaut seine Mutter doch auch immer wieder zurück. Aus Fehlern kann man lernen, und genau darum geht's. In solchen Momenten geht Neriman mit sich selbst hart ins Gericht: Zu lange hat sie die Dinge treiben lassen, hat einfach nur zugeguckt oder ein Auge zugedrückt. Mitunter gibt sich Neriman die Mitschuld für das Schicksal ihres Sohnes. Die Liebe zu ihm hat sie blind gemacht, blind vor der Gefahr, die sich im Laufe der Radikalisierungsphase deutlich abzeichnete. Schwach war sie gewesen, zu nett, zu fügsam. Neriman ließ ihrem Jungen viel zu viel durchgehen, hat ihn zu sehr verhätschelt.

Vor allem war da die Furcht, dass Yusuf abhauen könnte, wenn sie ihm zu starke Grenzen setzte. Als er immer mehr den besserwissenden, islamischen Fanatiker herauskehrte, trieb seine Mutter die Sorge um, dass ihr Sohn sich im Extremfall nach Syrien zum IS absetzen könnte. Immerhin hatte er häufiger von einer Ausreise gesprochen. Tatsächlich hatte Neriman die Zeitungsberichte über den von mir in England vertretenen Solinger Salafisten Robert B. gelesen: Der junge Mann war 2012 in England in Haft geraten, weil er Pläne zum Bau einer Bombe in der mütterlichen Küche im Gepäck hatte (»How to build a bomb in your mother's kitchen«). Nach seiner Haftverschonung in England reiste er über Solingen nach Syrien. Dort sprengte sich Robert 2015 laut Angaben des IS unter Mitnahme von »50 Milizionären der Ungläubigen« in die Luft. Die Mutter meines Mandanten Robert B., die jahrelang versucht hatte, ihren Sohn aus den salafistischen Fängen zu befreien, war fassungslos und erlitt einen Schlaganfall. Diese tragische Geschichte hatte Neriman tief beeindruckt.

Heute würde sie es als Mutter nicht mehr durchgehen lassen, sollte sich Yusuf in seinem arabischen Gewand im Kinderzimmer einschließen und ihr nicht mal erlauben anzuklopfen, wenn seine Mitstreiter sich bei ihm versammelten. Ihr gar befehlen, ihn auf dem Handy anrufen, um ihm etwas mitzuteilen, statt ins Zimmer zu kommen – ein Telefonat zwischen Küche und Kinderzimmer, wie absurd ihr das heute vorkommt! Wenn Neriman darüber nachdenkt, kann sie andere Mütter nur warnen: »Sobald man bei seinem Kind eine Veränderung feststellt, gilt es aufzupassen. Yusuf hat sich überwiegend über das Internet radikalisiert. Natürlich auch durch Hass-Prediger. Von daher sollte man als Mutter sehr genau hinschauen, wenn ein

Kind sich im Kinderzimmer einschließt, einem dem Zugang verbietet und stundenlang irgendwelche islamischen Predigten hört.«

Überall hat sie seinerzeit Rat gesucht. Bei städtischen Beratungsstellen, der Schule, beim salafistischen Aussteigerprogramm »Wegweiser«, in Moscheen bei den Vorbetern. »Aber nirgendwo habe ich richtige Hilfe gefunden. Da müsste von staatlicher Seite viel mehr geschehen«, erklärt Neriman im Rückblick.

Und nun sitzt ihr Junge im Knast. Wer weiß, wie lange noch. Neriman hofft, dass die Behörden in naher Zukunft ein Einsehen haben. Stolz zählt die Mutter die Leistungen des einstigen Schullabbrechers auf. »Er hat einen Realschulabschluss mit Qualifikation erlangt hinter Gittern. Er hat zudem seine Ausbildung als Zerspanungsmechaniker abgeschlossen. Und er hat im Basketballteam mitgespielt. Er war in der Musikgruppe mit drin.« Und im Gegensatz zu ihrem Sohn, der die Haftbedingungen kritischer sieht, schwärmt die Mutter vom Engagement der Gefängnismitarbeiter in Iserlohn. »Ohne die Mithilfe der vielen tollen Beamten in der JVA und dem Ausbildungsangebot wäre Yusuf von seinem falschen Weg nicht so schnell losgekommen.«

Yusufs Entlassung wäre ein Neuanfang für die ganze Familie. Neriman und ihr Mann wollen ein neues Haus in einem anderen Stadtteil in Gelsenkirchen beziehen. Das alte Domizil birgt zu viele negative Erinnerungen. Auf dem neuen Anwesen soll eine Garage mit einem Tonstudio entstehen, in der Yusuf seinem größten Hobby nachgehen könnte: Musik zu produzieren. Träume, Wünsche, Hoffnungen – bei aller Euphorie weiß die Familie aber auch, dass es ganz anders kommen kann. »Wenn Yusuf tatsächlich nach seiner Entlassung in die Türkei ausreisen muss, ist er verloren«, sagt Neriman. »Dort gibt es keine Perspektive für ihn. Hier ist alles vorbereitet. Es wäre viel sinnvoller, meinen Sohn einfach nach all den Jahren in Haft einen Neustart zu ermöglichen.«

Wenn aber alle Stricke reißen sollten, wird die ganze Familie Yusuf in die Türkei begleiten. Alles, was man sich hier aufgebaut hat, geht dann vor die

Hunde. Neriman spricht von einer Katastrophe. Zugleich aber steht für sie fest: »Wir lassen meinen Jungen nicht alleine.«

Erneut hängt alles von einem Gerichtsurteil ab. Das verwaltungsgerichtliche Verfahren um die Frage der Rechtmäßigkeit der Ausweisung und Abschiebung Yusufs geht noch weiter, solche Verfahren dauern in der Regel zwei bis drei Jahre bis zum rechtskräftigen Abschluss. Zudem steht eine weitere Gefährdungsprognose im Strafvollstreckungsverfahren vor dem Jugendrichter in Iserlohn aus. Das Gutachten entscheidet darüber, ob Yusuf vorzeitig freikommt.

Besucherraum JVA Iserlohn, im September 2020. Yusuf weiß, dass es noch ein weiter Weg ist. »Ganz gleich, wir ziehen das jetzt durch, ich gebe meine Hoffnung nicht auf, dass alles gut wird.« Er schaut wieder hinüber zur Wand mit den Bildern aus fernen Ländern. Verlegen wischt sich der junge Mann übers Gesicht, dann erhebt er sich gen Ausgang zum Wohngruppentrakt. Seine Augen leuchten vor Zuversicht, als er bekundet, dass sein Vater, seine Mutter und seine Schwester uneingeschränkt hinter ihm stehen. »Sie unterstützen meine Träume.« Mit nachdenklicher Miene fügt er hinzu: »Du kannst nicht die Welt ändern, aber viel dazu beitragen, die eigene Welt zu verbessern.«

Für manche klingt das sicher wie das »Wort zum Sonntag«. Aber mir geht dieser Satz nicht aus dem Kopf, als ich mich zum Ausgang aufmache. Raus aus dem Jugendknast geht es über einen anderen Gang, dieses Mal muss ich durch zwei Gittertüren hintereinander, ehe die Pforte mich erwartet. Der Wärter hat meinen Ausweis schon wortlos unten durch den Ausgabeschlitz geschoben. Ein kurzer Dank, dann bin ich draußen – wieder zurück in der Freiheit. Der beklemmende Knastgeruch löst sich in Wohlgefallen auf.

Aus dem Auto heraus wandert mein Blick kurz zu jener einsamen Bushaltestelle, die von der JVA in die Welt hinausführt. Zu gegebener Zeit wohl auch Yusuf. Nach dem neuerlichen Besuch weiß ich, dass ihm inzwischen klar geworden ist, was es bedeutet, frei zu sein.

KAPITEL 5

ARBEITEN IM KNAST

Jäh beendete der Anruf den geruhsamen Feierabend: Herr Weiß, der Leiter des Allgemeinen Vollzugsdienstes der JVA Gelsenkirchen, meldete sich. Mehmet reagierte völlig perplex, als der Vorgesetzte ihn umgehend ins Büro bat. Dem hohen Herrn war der Vollzugsbeamte mit türkischen Wurzeln noch nie begegnet. Warum jetzt? Was wollte der Mann von ihm?

Seine Gedanken kreisten wie wild umeinander, als Mehmet sich mit dem Auto seiner Arbeitsstätte näherte. Hier war er seit dreieinhalb Jahren tätig. Abteilung C. Das war sein Reich, sein Hafttrakt. Hier war er Herr über 50 Gefangene.

Nach dem Abitur hatte er den Drang verspürt, einen Beruf auszuwählen, in dem man Uniform tragen musste. Eine persönliche Berufung quasi für den Staatsdienst. Bei der Polizei hatten sie ihn wegen seiner Tattoos auf den Armen nicht genommen. Also hatte er sich beim Strafvollzug beworben und den Job bekommen.

Justizvollzugsbediensteter. Der Titel mutete imposanter an, als er war. Zwar fing Mehmet ganz unten auf der ohnehin überschaubaren Karriereskala hinter Gittern an, aber besser als gar nichts. Der JVA-Neuling musste die Uniform aus eigener Tasche bezahlen, aber die 800 Euro waren es ihm wert. Mit 23 schien er seinen Platz in der Welt gefunden zu haben. Erst war er lediglich Angestellter, dann irgendwann sollte die ersehnte Bestallung zum Beamten folgen. Mit 2000 Euro netto samt Schichtzulagen pro Monat würde er keine Reichtümer erzielen, aber es war sicheres Geld, ein sicherer Job. Denn auch in Krisenzeiten würde es immer Gefängniswärter brauchen. Kriminelle gab es zuhauf. Da war kein Mangel.

Drei Monate hatten sie ihn angelernt und dann ins kalte Wasser geworfen. Wenn wieder ein Platz an der Justizvollzugsschule frei werde, dann könne er seine Ausbildung ja nachholen, hieß es. Und so übernahm Mehmet eine ganze Abteilung in einer Strafhaftanstalt, die insgesamt zirka 700 Häftlinge beherbergte. In der JVA Gelsenkirchen verbüßten Frauen und Männer in getrennten Gebäuden ihre Strafe.

Mehmet hatte sich gut eingearbeitet, erlernte schnell die Routinen, fügte sich problemlos in das Anstaltsleben ein. Und nun, nach dreieinhalb Jahren im Dienst, kurz bevor er die Beamtenurkunde erhalten sollte, bestellte ihn der zweithöchste Gefängnischef ein. Das klang nach Ärger.

Mehmet eilte die Treppen zu seinem Vorgesetzten hinauf. In dessen Büro erwarteten ihn neben dem Vollzugsleiter zwei Kriminalbeamte. Die Ermittler kamen ohne Umschweife zur Sache. Es bestehe der Verdacht auf Bestechlichkeit, hieß es. Mehmet habe offenbar für einen Gefangenen verbotenerweise ein Smartphone eingeschleust. Auf dem Handy, das sich bei einer Zellenkontrolle angefunden hatte, hatten die Beamten auch Mehmets Telefonnummer entdeckt. Wieso das so war, das wusste sich der beschuldigte Wärter zunächst nicht zu erklären. Vehement beteuerte er seine Unschuld. »Ich habe keine Ahnung, wie meine Nummer in das Handy geraten ist, aber ich habe das Telefon nicht eingeschmuggelt.«

Die Kripo-Leute ließen sich von Mehmets Beteuerungen jedoch nicht beirren. Mit ausdrucksloser Miene übergaben sie ihm einen Durchsuchungsbeschluss und begannen ihn zu filzen. Tasche, Jacke, Hose. Anschließend fuhren sie mit dem JVA-Bediensteten zu ihm nach Hause. Akribisch durchstöberten die Strafverfolger seine Wohnung. Dann zogen sie von dannen. Und hinterließen einen verzweifelten jungen Mann, der aufgeregt wie ein Terrier durchs Wohnzimmer tigerte und immer wieder nur »Scheiße, Scheiße, Scheiße!« brüllte. Er schalt sich einen »Komplettidioten«, einen »Volltrottel«.

Mehmet wusste, dass die Vorwürfe zutrafen. Ja, er hatte sich vor wenigen Wochen breitschlagen lassen, es zu tun. Das Handy einzuschmuggeln. Und ja, er wusste, dass das illegal war, dass er seinen Job damit aufs Spiel setzte, wenn die Sache herauskäme. Aber Mehmet hatte es dann doch getan, hatte sich überreden, schlicht bequatschen lassen.

Martin, der seit Monaten wegen zahlreicher Brüche hinter Gittern saß, hatte ihm leidgetan. Von seiner Familie getrennt, vor allen Dingen von den Kindern, von denen er dauernd erzählte. All die Geschichten vom kleinen Mike und seiner Schwester Sabine, all die Tränen, wenn er an sie dachte und Mehmet anflehte, ihm sein Handy zu bringen, damit er seine Liebsten zu Hause häufiger anrufen konnte als die zweimal pro Monat über das Haustelefon der Anstalt. Irgendwie hatte Martin den empfindlichen Nerv des Wärters getroffen.

Denn Mehmet ging es ähnlich, auch wenn er auf der anderen Seite der Zellentür stand: Derzeit lebte er von seiner Frau getrennt, seinen kleinen Jungen konnte er nicht mehr jeden Tag sehen. Der JVA-Bedienstete durchlebte schwere Zeiten. Schließlich drohte gerade auch sein Lebensplan wie ein Schiff an einer Klippe zu zerschellen. Irgendwie fühlte sich der Justizangestellte als eine Art Seelenverwandter zu dem Serieneinbrecher hingezogen, obschon beide im Leben draußen, vor den Gefängnistoren, nicht mehr miteinander gemein hatten als den mangelnden Kontakt zu ihren Kindern.

Nach einigen Wochen guten Zuredens hatte Mehmet nachgegeben. 150 Euro wollte er für den Hilfsdienst haben. Für seinen Aufwand, denn eigentlich sehen die gefängnisüblichen Tarife für eingeschmuggelte Mobiltelefone das Doppelte oder Dreifache der Summe vor. Das Ganze sollte bloß eine Aufwandsentschädigung sein. Eigentlich, so beteuert er, ging es ihm nur darum, einem notleidenden Vater kleiner Kinder zu helfen.

Es war ganz einfach gewesen. Der junge Wärter holte das Smartphone bei Martins Frau ab, packte es in seinen Rucksack und ging zum Dienst. JVA-Leute wurden an der Pforte nicht kontrolliert. Eine sichere Sache – sollte man meinen. Bis zu jener fatalen Kontrolle, bei der man das eingeschleuste

Corpus Delicti entdeckte. Und zu allem Überfluss hatte wohl Martins Frau auch noch seine Handynummer eingespeichert.

»Scheiße!«, rief Mehmet erneut aus. »Warum muss diese Frau auch so blöd sein!« Angst beschlich den jungen Mann. Schon sah er sich vor Gericht, gefolgt vom Rausschmiss. Die Sorgen angesichts seines ungewissen Schicksals drückten ihn nieder. Er fühlte sich so klein. Und er ärgerte sich über sich selbst, weil er den Fehltritt zugelassen hatte, weil er von seiner korrekten Linie abgewichen war.

In all dem Gemütswirrwarr suchte Mehmet einen klaren Gedanken zu fassen. Sollte er reinen Tisch machen in der Hoffnung, mit einem blauen Auge davonzukommen? Oder sollte er weiterhin das Unschuldslamm mimen? Zunächst entschied er sich für Letzteres.

Zurück im Dienst ließ sich Mehmet nichts anmerken. Seine Kollegen hielten zu ihm, wenn er seine Geschichte erzählte. Die Anstaltsleitung rückte vorerst ebenso wenig von ihm ab. Im Gegenteil: Mehmet wurde einige Wochen nach Bekanntwerden der ersten Vorwürfe endlich in den Beamtenstatus befördert. Eigentlich ein Tag zum Feiern.

Doch es folgte eine weitere Hiobsbotschaft. Anstatt dass Normalität in das Leben des Wärters einkehrte, meldeten sich plötzlich Häftlinge aus seinem Trakt bei den Behörden und belasteten den Staatsbediensteten schwer. Demnach hatte er angeblich wöchentlich Marihuana aus den Niederlanden beschafft und im Knast vertickt. Besonders beliebt waren darüber hinaus Tabletten der Marke Subutex. Für die opioidhaltigen Schmerzhemmer zahlten Gefangene ein Vermögen. Auch dieses Mittel sollte Mehmet illegal in die JVA eingeschmuggelt und dort verkauft haben.

Die Vorwürfe gegen Mehmet häuften sich. Mehmet stritt alles ab. Mit Drogen habe er prinzipiell nichts am Hut, beteuerte der Vollzugsbedienstete immer wieder. Das Handy hatte er in die Anstalt eingeführt – aber den Stoff? Niemand aber schenkte ihm noch Glauben.

Drei Monate lang durfte der damalige Mittzwanziger als Beamter seinen Dienst noch verrichten, dann kam der Tag, vor dem er sich so gefürchtet hatte. Erneut musste er ins Büro zum Chef. »Sie sind bis auf Weiteres vom Dienst suspendiert«, erklärte der Leiter des Vollzugsdienstes. Herr Weiß machte nicht viele Worte, er bat um die Schlüssel, begleitete Mehmet bis zur Pforte. Dort sprach er dem jungen Beamten ein Hausverbot aus. Als der so Geschasste ins Freie trat, dachte er nur: »Scheiße, was machste jetzt?«

Zwei Jahre nach den Geschehnissen sitzt Mehmet im August 2020 draußen auf der Terrasse eines Cafés in Marl. Zum ersten Mal erzählt er offen seine wahre Geschichte, schildert als ehemaliger Staatsdiener gänzlich ungefärbt den Knastalltag aus Sicht eines Vollzugsbeamten. Seine einzige Bedingung: Der Name muss geändert werden.

Nur zu gut erinnert sich der einstige Wärter noch an die Anfänge seiner Dienstzeit. »Es war sehr anstrengend, du hast viel Verantwortung und musst deine Augen und Ohren überall haben.« Seine Abteilung C umfasste bis zu 50 Gefangene. In der JVA kam meist ein Wärter auf einen Haftflügel. Für ihn hieß das: Mehmet alleine gegen eine Horde Straftäter. So zumindest beschreibt der heute 27 Jahre alte Mann seine damaligen Erfahrungen. »Man konnte den Leuten schlecht den Rücken zudrehen, denn es hätte immer etwas passieren können.« Mitunter trat er mit gemischten Gefühlen den Dienst an. »Weil man meist alleine arbeitet.« Hieß: Vier Kollegen beaufsichtigten vier Etagen mit 100 Gefangenen.

Früh-, Spät- und Nachtschichten wechselten sich im jährlichen Arbeitsrhythmus ab. Besonders der morgendliche Aufschluss bedeutete dabei Stress: Um sechs Uhr in der Frühe weckte Mehmet die Gefangenen. Die sogenannte »Lebendkontrolle« nahm ihren Lauf. Die Zahl der Insassen wurden der Zentrale gemeldet, ehe die Vollzugsbediensteten begannen, die Arbeiter für die Werkstätten, die Küche oder das eigene Hafthaus vor der Wärterbox zu versammeln. Ein heikler Moment, wenn sich etwa 30 Knackis um Mehmets Glaskasten scharten. Nicht, dass es da jeden Tag Bambule gegeben hätte, doch brachte das eklatante Ungleichgewicht stets ein gewisses Risiko mit sich. Um halb sieben schoben die Arbeiter dann ab.

Auf Mehmet und seine Kollegen warteten jedoch neue Aufgaben: Immer lag etwas an, neben dem Papierkram musste man viel organisieren. Zu allem Überfluss kam eine ewige Lauferei zur »Kammer« hinzu, weil die Inhaftierten nach irgendwelchen Dingen aus ihrem Privatbesitz verlangten. Die »Kammer« beherbergt ein großes Lager. Dort stapeln sich Kartons mit den Privatsachen der Häftlinge in Regalen. Vorne steht kein Name drauf, sondern die achtziffrige Buchnummer, die jeder Insasse bei der Einlieferung erhält.

Von zehn bis elf Uhr schloss Mehmet die Zellen zur Freistunde auf. Die Gefangenen traten vor die Zellentür. Dutzende Häftlinge warteten nun darauf, dass der Wärter sie hinunter in den Hof führte. »Ist manchmal ein ganz blödes Gefühl, diese Gruppe im Rücken zu wissen, auch wenn jeder Wärter ein Notfallgerät mit Warnknopf bei sich trägt«, offenbart der Ex-JVA-Mann im Rückblick. Mitunter setzte es auch mal einen blöden Spruch. Da war dann resolutes Auftreten gefragt: »Noch mal so was und du gehst wieder rein«, blaffte Mehmet manchen Pöbler an. Meist trat dann Ruhe ein. Normalerweise verhielten sich die anderen Insassen bei solchen Aktionen zum Glück ruhig. Die meisten wollten raus, sich ein wenig bewegen, frische Luft schnappen.

Immer dienstags teilte Mehmet mit einem Hausarbeiter neue Wäsche in der Abteilung aus. Die beiden gingen von Haftraum zu Haftraum, nahmen die schmutzigen Klamotten entgegen und gaben frische Sachen aus.

Zweimal die Woche fanden Vollzugskonferenzen statt. Meist ging es um das Thema der vorzeitigen Entlassung von Häftlingen nach zwei Dritteln der verbüßten Strafe. Im Mittelpunkt stand dann die Frage, ob der Kandidat sich so folgsam hinter Gittern verhalten hatte, dass ihm diese Gunst gewährt werden konnte. Hierbei spielte die Einschätzung der Vollzugsbeamten insofern eine Rolle, als diese schließlich Tag für Tag am engsten mit den Insassen in Kontakt waren. Mehmet gab in diesen Konferenzen ebenso sein schriftliches Votum ab wie die Anstaltspsychologen, die Sozialarbeiter und die Vorgesetzten. Jeder Teilnehmer las seine Stellungnahme zu dem Fall vor, am Ende bereitete die Anstaltsleitung nach eigenem Gusto die Entscheidung über das Schicksal des Delinquenten für die Strafvollstreckungskammer vor.

»Ausschlaggebend war die Meinung der unteren Etage da natürlich nicht«, berichtet der ehemalige Wärter. »Als Vollzugsbeamter stehst du ganz unten in der Kette.«

Schlecht behandelt worden sei man aber nicht. Meist habe ein freundlicher, kollegialer Umgang unter dem Personal geherrscht. Die JVA-Belegschaft saß mehr oder minder in einem Boot. Aufgrund der dünnen Personaldecke befand man sich stets in der Minderzahl. Und dieses Gefühl schweißte zusammen. Vor allen Dingen, wenn das Alarmsignal ertönte: Jeder Wärter trug ein mobiles Gerät am Gürtel, das einem Handy glich. Wenn der Apparat in die Waagerechte geriet oder der Pin abgezogen wurde, wurde in der Anstaltszentrale Alarm ausgelöst. Drückte Mehmet den roten Knopf, ging das Warnsignal direkt in die Zentrale und löste einen Hausalarm aus, die sogenannte »große Glocke«. Umgehend blinkte der Ort auf, wo sich gerade Ärger zusammenbraute. »Da hastete dann jeder hin«, führt Mehmet aus.

Dass der Deutschtürke sich einen durchaus gefahrenreichen Beruf ausgesucht hatte, bewies ihm unter anderem ein Vorfall aus dem Frühjahr 2017, als er in einer anderen Abteilung aushelfen musste. In der Frühschicht wollte Mehmet die Post verteilen. In der einen Hand hielt er die Sendungen, mit der anderen schloss er jeweils die Zellen auf. Bei einer Zelle passierte es dann: Kaum öffnete sich die Tür, traf ihn eine Faust am Kopf. Mehmet ging zu Boden, der Schlag war ohne Vorankündigung erfolgt, ohne großes Gebrüll. Der bullige Angreifer stürzte heraus und begann, auf den hilflosen JVA-Bediensteten einzutreten. Der Gefangene, ein Pole, sprach kein Deutsch, verstand also auch nichts, als Mehmet ihn anschrie: »Hör auf mit dem Scheiß!« Der Angreifer, der wegen gefährlicher Körperverletzung einsaß, reagierte nicht. Zu allem Unglück wurde der Alarm nicht ausgelöst, das Warngerät war offenbar defekt.

Mehmet war dem Mann nie zuvor begegnet. Er geriet hier bei seinem Aushilfsdienst buchstäblich in die Scheiße. Immer wieder trat der Insasse nach seinem Gesicht. Verzweifelt versuchte Mehmet die Attacken mit den Armen abzuwehren. Letztlich half ihm nur Glück aus der brenzligen Lage.

Ein Hausarbeiter, also ein Insasse, der gerade Putzarbeiten auf dem Flur verrichtete, ging dazwischen. Sofort ließ der Angreifer von seinem Opfer ab, wich zurück und verschwand wieder in seiner Zelle. Mehmet rappelte sich hoch und verschloss den Haftraum.

Trotz einiger Blessuren hatte er sich keine schweren Verletzungen zugezogen. Der Schock allerdings saß tief. Das einschneidende Erlebnis lässt ihn bis heute nicht los. Nach diesem Überfall veränderte der junge Gefängnismitarbeiter seine Arbeitsroutine. Mehmet agierte weitaus vorsichtiger, ging kaum noch ein Risiko ein, prüfte bei Dienstbeginn, ob sein Alarmphone tatsächlich funktionierte. »Solche bedrohlichen Situationen entstanden sehr oft, das Risiko gehört zum Job eines Vollzugsbeamten«, schildert der ehemalige Wärter seine Erfahrungen.

Manche Häftlinge bauten sich breitbeinig vor ihm auf. »Ich mach dich fertig!«, hieß es dann oder »Dir hau ich auf die Fresse!« Meist blieb es bei den Drohgebärden, Auftritten, die letztlich testosterongesteuertem Imponiergehabe glichen. »Da war viel verbales Gebell dabei«, erklärt Mehmet. »Diese Leute plusterten sich dann auf, spuckten anfangs große Töne, merkten aber bald, dass ihre Auftritte vor allem für sie selbst negative Folgen nach sich zogen.« Denn für die Hitzköpfe ging es schnell runter in den Bunker, um sich einige Tage lang abzukühlen. Mehmet erinnert sich aber auch an eine hohe Zahl psychisch auffälliger oder kranker Menschen. »Bei manchen gehörte es zum Alltag, andere zu bedrohen«.

In seinem eigenen Trakt kannte der ehemalige Vollzugsbeamte immer seine Pappenheimer. Über ihre Straftaten war er bestens im Bilde. Die Akten der Häftlinge lagen im Büro. Auch wenn sie ihm im Strafvollzug selten aggressiv zusetzten, empfand Mehmet den Umgang mit Sexualstraftätern als besonders unangenehm. »Es war schwierig, neutral zu bleiben«, bekennt der mittelgroße Mann, während er sich durch die kurzen, dunklen Haare streicht. »Kinderschänder zum Beispiel erhielten bei uns keine Vergünstigungen.«

Bei einer Klientel mit Gewaltpotenzial enthielten die Akten Vermerke wie »Bandidos«, »Hells Angels« oder »Kampfsportler«. Denn auch im Knast beschützen Gangs ihre Mitglieder. Dafür muss man bezahlen, entweder in Naturalien wie Tabak oder in anderer Währung. »Die Bosse selbst hielten sich aus den illegalen Geschäften heraus«, berichtet Mehmet, »die krummen Sachen erledigten stets ihre Kapos. Die Chefs sind tiefenentspannt, dort fand sich nie was in der Zelle, die mittlere Ebene lenkte die Operationen«.

Eine stetige Gefahr drohte durch das Besteckset, das jedem Gefangenen in der JVA zustand. Einmal entdeckte Mehmet einen russischen Inhaftierten, der sich sein Messer in den Hals gestochen hatte. Offenbar hatte er sich das Leben nehmen wollen, weil er bei einem einflussreichen Mitgefangenen in der Schuld stand. Die genauen Hintergründe bekamen die Vollzugsbeamten nie heraus. Der Mann überlebte schwerverletzt den Selbsttötungsversuch.

Suizide waren ein großes Thema in der JVA. Eines Tages fand Mehmet einen Russen in einer riesigen Blutlache auf dem Zellenboden. Der Mann hatte einen Schrank vor den Spion in der Zellentür geschoben, so dass der Aufseher handeln und aufschließen musste. Da lag der Gefangene in seinem eigenen Blut. Er hatte sich die Bauchdecke aufgeschlitzt, die Gedärme hingen heraus.

Der JVA-Bedienstete alarmierte den medizinischen Notdienst und begann, die Innereien wieder in den Bauch zurückzuschieben. Bei jeder Berührung stöhnte der Schwerverletzte auf, doch er überlebte. Ein halbes Jahr verschwand der Patient, wie bei Suiziden üblich, in der Psychiatrie, ehe er schließlich wieder in die JVA zurückkehrte. Über die Hintergründe des Suizidversuchs wurde nie etwas bekannt. Genauso wenig wusste man Bescheid, wenn jemand mit einem blauen Auge beim morgendlichen Frühstücksempfang erschien. »Wenn man die dann fragte, dann hieß es, man sei hingefallen«, erzählt Mehmet.

Suizidgefährdete erhielten einen roten Punkt draußen an der Zellentür. Der Anstaltspsychologe entschied darüber, wer ständig überwacht werden musste. Bei jenen Gefangenen stand auf den Türschildern: »Sicherheitsmaßnahme beachten.« Die Vollzugsbeamten mussten dann etwa alle 15 Minuten durch die Gucklöcher schauen, ob alles in Ordnung war.

Manchmal nützen aber alle Vorsichtsmaßnahmen nichts, wenn es einer darauf abgesehen hat, sich das Leben zu nehmen. Eines Morgens entdeckte Mehmet einen Marokkaner, der sich mit den Streifen eines zerrissenen T-Shirts am Gitter des Zellenfensters aufgehängt hatte. »Unter Straftätern aus dem nordafrikanischen Maghreb sind solche Akte der Gewalt gegen die eigene Person verbreitet«, erklärt der Ex-Beamte. »Viele drohen regelrecht mit Selbstmord. Vor allem dann, wenn ihre Wünsche nicht erfüllt werden. Manche haben sich auch wegen Kleinigkeiten die Arme aufgeschlitzt.«

Mehmet nervte der Zoff mit den Knackis aus dem Maghreb. Bedingt durch die Flüchtlingskrise 2015 und 2016 hatten die Zugangszahlen von Insassen aus dem arabischen Raum stark zugenommen, was ihn und seine Kollegen hautnah betraf. Die Sprach- und Verständnisprobleme häuften sich. Viele syrische, irakische oder marokkanische Straftäter konnten kaum Deutsch. Mehmet fiel es schwer, ihnen die wichtigen Dinge im Gefängnisalltag zu vermitteln. Manche Kollegen versuchten es auf Englisch. Mehmet nicht. »Wenn er mich nicht versteht, dann ist es sein Problem, wenn er es nicht rafft, dann ist es so«, lautete seine Devise.

Laut den Zeitungen *Rheinische Post* und *Die Welt* (Online-Ausgabe vom 4.2.2019) stieg der Anteil von Ausländern und Staatenlosen in den 16 Bundesländern zuletzt auf einen neuen Rekordwert. In Berlin und Hamburg verfügte demnach jeder zweiter Gefangene über einen ausländischen Pass. In Nordrhein-Westfalen stieg der Anteil seit 2015 um drei Prozentpunkte auf 36 Prozent. Die stärksten Gruppen kamen aus Polen, Tunesien, Libyen, Tschechien und Georgien. Auch Algerier und Marokkaner lagen in der Skala weit vorne. Besonders bei den letztgenannten Nationalitäten musste Mehmet darauf achten, dass diese beiden Nationen nicht in dieselbe Zelle kamen. »Weil diese Leute sich überhaupt nicht verstanden haben.« Auch Ukrainer, Russen und Litauer wurden voneinander getrennt einquartiert.

Woran sich Mehmet noch erinnert, ist, dass häufig über die Qualität der Speisen gemeckert wurde – wobei muslimische Gefangene Kost erhielten, die *halal* war, jüdische Häftlinge konnten auch koscher gekochte Mahlzeiten ordern.

Nach der bei Mehmet weniger beliebten Frühschicht, die nach der Ausgabe des Mittagessens endete, übernahm am frühen Nachmittag die Spätschicht. Gegen 15 Uhr kehrten die Arbeiter zurück. Daraufhin erfolgte ein neuer Zählappell, ehe es in die Duschen ging. Um 16 Uhr begann der Umschluss. Zwei Stunden durften die Inhaftierten dann Knastkumpels besuchen, kickerten im Freizeitraum, spielten Dart oder schauten zusammen Fernsehen. Das Abendbrot teilten die Küchenarbeiter schließlich um 18 Uhr aus. Eine Stunde später erfolgte die Nachtruhe. Der verantwortliche Vollzugsbeamte kontrollierte nochmals jeden Haftraum, meldete der Zentrale den Bestand und schaltete den Riegel herunter – einen Extra-Verschluss für jede Zelle. Sobald der Riegel fiel, erhielt die JVA-Zentrale die Nachricht, dass alles gesichert war.

Um 22 Uhr begann die Nachtschicht. Mehmet verrichtete im Schnitt fünf- bis sechsmal im Jahr, jeweils eine Woche freitags bis freitags nonstop, bis zum frühen Morgen seinen Dienst. In dieser Zeit war er für das gesamte Hafthaus zuständig. Die Einsatzfrequenz richtete sich nach Personaldecke. Der Bereichsleiter machte Dienstpläne. »Wenn Not am Mann war, dann fragte er dich nicht lange, ob du Zeit hattest, da gab es keinen Widerspruch.« Ein sarkastisches Lächeln umspielt Mehmets Gesicht. Aus seiner Sicht stehen die Verdienstmöglichkeiten im Strafvollzug in keinem Verhältnis zu den Herausforderungen.

Ähnlich steht es mit den Aufstiegschancen. Wer über Glück, Ausdauer und gute Beziehungen nach oben verfügte, der konnte als Beamter in Nordrhein-Westfalen maximal in die Gehaltsklasse A9 (zirka 2400 Euro netto) aufsteigen. Obschon die Justiz keine Nachwuchsprobleme plagen, herrscht in den JVAs ein hoher personeller Verschleiß. Das ganze Konstrukt sei an allen Ecken und Enden auf Kante genäht, kritisiert Mehmet. »Die Überstunden türmen sich. Ich allein hatte bis zu meiner Suspendierung zweihundert davon angehäuft. Die meisten Kollegen fühlten sich regelrecht ausgenutzt.« Seine Miene verdüstert sich, als er weiterspricht: »Es ist auch ein No-Go, dass wir Wärter alleine in einer Abteilung gearbeitet haben. Wenn man die Tür aufmacht und angegriffen wird, muss es doch noch einen Kollegen geben, der einem zur Seite steht und dazwischengehen kann. Aber das kostet ja Geld«, bemerkt Mehmet leicht verbittert, »Geld, das der Staat nicht für seine Vollzugsbeamten ausgeben will.«

Die Nächte verliefen meist ereignislos. Mehmet musste jede Stunde seine Tour über die vier Etagen abgehen. Ein besonderes Augenmerk galt dabei den Suizidkandidaten. Schnittstellen zeichneten sein Bewegungsmuster auf, das die GPS-Signale vom Alarmgerät an seinem Uniformgürtel empfing und an die Haftzentrale weiterfunkte. Pro Haus beaufsichtigte einzig ein Kollege das gesamte Geschehen.

Bei nächtlichen Vorfällen durften die Wärter die Zellentür nur in Absprache mit der Zentrale öffnen. Und das auch nicht alleine, sondern mit drei Kollegen an ihrer Seite. Normalerweise dauerte es eine Minute, bis das Team am Ort des Geschehens zusammenkam. Drückten Gefangene aus mehreren Hafträumen den Notrufknopf, mussten Mehmet und die anderen JVA-Beamten entscheiden, wer zuerst drankam. Zum Glück ereignete sich dieser Ernstfall nur selten. Meist klingelten die Gefangenen nachts, um sich etwa Kopfschmerztabletten geben zu lassen. Solche Pillen gab es zuhauf im Wachbüro. Die Mittel konnte man denkbar einfach durch den Zellenspion durchreichen.

Dasselbe galt für Kondome. Safer Sex war auch hinter Gittern angesagt. Denn etliche drogensüchtige Insassen brachten ansteckende Krankheiten wie HIV oder Hepatitis C mit in die Anstalt. Und es war nicht ungewöhnlich, dass die Insassen in Ermangelung anderer Gelegenheiten miteinander vorliebnahmen.

Mitunter musste Mehmet auch im Frauentrakt aushelfen. Für ihn eine unangenehme Aufgabe. »Frauen diskutieren mit dir über jedes noch so kleine Problem«, erklärt der Ex-Wärter. »Bei den Männern reicht meist ein Nein, bei weiblichen Häftlingen ist es anders, da wird viel debattiert, lamentiert und diskutiert, das war oft sehr, sehr anstrengend.« Frauen brachten ständig neue Wünsche an: Eine wollte ihre Schminke aus der Kammer haben, die nächste wollte wieder mal telefonieren. Die Dritte grämte sich, weil sie keinen Besuch außerhalb der Reihe erhalten durfte.

In der gesamten Haftanstalt fanden täglich Zellenkontrollen statt. In einem Buch listete Mehmet die Durchsuchungen auf. Binnen einer Woche mussten die JVA-Bediensteten jeden Haftraum der Abteilung einmal gefilzt haben. Solche Aktionen schafften böses Blut unter den Häftlingen. Die Betroffenen mussten raustreten und wurden während der Kontrolle in einer »Nasszelle«, also einem kleinem Duschraum, eingeschlossen. Die Gefahr, dass Gefangene ausrasten, wenn illegale Gegenstände auf den Zellen gefunden werden, ist für die Wärter sonst einfach zu groß. »Man denke nur an die Reaktion des süchtigen Heroin-Junkies, wenn ich das aufwendig eingeschmuggelte letzte Gram Shore in seiner auf- und wieder zugenähten Matratze entdecke«, erklärt Mehmet.

Die Durchsuchungen verliefen allerdings nur stichpunktartig. Mal war das Bad dran, dann wiederum der Kleiderschrank oder das Bett. Wollte man den gesamten Haftraum durchstöbern, brauchte man vier Stunden. »Das hätte den gesamten Betrieb lahmgelegt«, so Mehmet. Natürlich gab es typische, aber auch besondere Verstecke: Beispielsweise einen Deoroller, der Marihuana verbarg. Entfernte man die Rollvorrichtung, lugte das Gras heraus. Manche Gefangene hatten hinter der Silikonleiste der Zellenwand ein Loch gegraben, in dem sich illegalerweise ein Handy befand. Holztische wurden ausgehöhlt, um verbotene Utensilien zu bunkern. Zur Tarnung hatten findige Köpfe Zahnpasta nebst Farbe über das Loch gepinselt. »Wir fanden nicht viel«, sagt Mehmet im Rückblick. »Viele Knackis sind sehr kreativ, wenn es darum geht, ein neues Versteck zu erstellen.«

Zumal von draußen unablässig Nachschub an Drogen und anderen verbotenen Dingen durch Angehörige und Bekannte hineinströmte. Die Besuchsüberwachung bezeichnet Mehmet als »Farce«: Ein Bediensteter saß auf einem Pult und sollte zwölf Besuchertische im Auge behalten. »Das ist absurd«, empört sich der junge Mann noch heute, »denn wie soll ein einzelner Wärter ein Dutzend Tische im Blick behalten?« Mehmet winkt verächtlich ab. »Das System krankt am Personalmangel.«

Am System ist der junge Vater eines Sohnes allerdings nicht gescheitert, sondern eher an sich selbst. August 2020. Mehmet steht sein persönlicher Gang nach Canossa bevor. Er muss sich vor dem Schöffengericht in Gelsenkirchen verantworten. Es ist heiß draußen, das Thermometer zeigt 33 Grad an. Mehmet schwitzt – allerdings eher vor Nervosität.

Der 27-Jährige sieht blass aus. Er weiß, dass dieser Tag über seine Zukunft entscheidet. Sollte das Gericht den Drogenvorwürfen folgen, steht sogar eine Haftstrafe im Raum. »Das wäre es noch, ein ehemaliger Wärter kommt als Gefangener in den Knast«, fährt es ihm durch den Kopf. Seit seiner Suspendierung hat er immer wieder das größte Horrorszenario durchgespielt. »Was wäre, wenn …?« Die Frage martert ihn stets aufs Neue. Er schläft schlecht, muss sich dazu zwingen, sein Leben wieder in den Griff zu bekommen. Zukunftsängste drücken ihm aufs Gemüt. Die Furcht wechselt mit Phasen der Hoffnung ab. Vor allen Dingen nachdem ich als sein Anwalt ihm erklärt habe, dass alles vermutlich auf eine kleinere Bewährungsstrafe hinauslaufen könnte.

Elf Uhr vormittags. Mehmet und ich steigen langsam die Treppen zu dem Sitzungssaal im zweiten Stock hoch. Später wird mein Mandant erzählen, wie ihm der Puls bis zum Hals geschlagen habe. Oben, vor dem Eingang zum Gerichtssaal, stehen einige seiner Ex-Kollegen und Vorgesetzten, die als Zeugen geladen sind. Mehmet geht schweigend an ihnen vorbei, betritt den Saal, schwenkt rechts hin zur Anklagebank und setzt sich.

Seine Augen schweifen hinüber zu dem kleinen Zuschauerraum. Dort sitzt ein Emissär der Vollzugsbehörde, der das Geschehen protokollieren soll. Mehmet erkennt den Protokollanten sofort wieder. Gar nicht so lange her, dass er mit Thomas im selben Hafthaus gearbeitet hat. Die Scham überkommt den Angeklagten. Mehmet schaut weg. Er kann seinem ehemaligen Kumpel nicht in die Augen schauen.

Die Verhandlung nimmt ihren Lauf. Der Richter, ein erfahrener älterer Jurist, verhandelt sachlich, nüchtern, in einem ruhigen Duktus. Mehmet schildert seine Beweggründe bei seinem Fehltritt mit dem Handy. Die Drogengeschichten weist er hingegen vehement zurück. Die Angaben der Belastungszeugen aus der JVA überzeugen den Vorsitzenden nicht. Mehmet wittert ein wenig Morgenluft.

Dann aber hebt die Anklägerin zu ihrem Plädoyer an. Es sei das Allerletzte, dass ein Wärter, ausgerechnet eine Person, die für die Herstellung von Sicherheit hinter Gittern zuständig sei, diese gefährde. An sich, so die Staatsanwältin, sei eine Haftstrafe dafür die richtige Sanktion. Mehmet fängt wieder an zu zweifeln. »Wollen die mich hier hängen?«, fährt es ihm durch den Kopf. Seine Beine zittern merklich, als er schließlich mit mir zusammen draußen vor dem Gerichtssaal das Urteil abwartet.

Am Ende kann der Ex-JVA-Beamte aufatmen. Das Gericht verhängt elf Monate auf Bewährung. Das Gericht sieht nur den Vorwurf des Einschmuggelns eines Handys als gegeben an. In seiner Urteilsbegründung hält der Richter dem Angeklagten zugute, dass er ein Geständnis abgelegt und er primär aus Mitgefühl für den Gefangenen gehandelt habe. Der Jobverlust und die Entlassung aus dem Beamtenverhältnis seien eine zusätzliche Strafe, so das Resümee. Positiv sei zudem der Umstand zu bewerten, dass der Delinquent nach seinem Rauswurf aus dem Staatsdienst nicht den Kopf in den Sand gesteckt habe, sondern eine berufliche Neuorientierung anstrebe.

Mehmet rückt seinen Stuhl zurecht, als wir eine Woche nach dem glimpflichen Schuldspruch zusammensitzen, weil er mir für dieses Buch Auskunft über seine frühere Arbeit geben möchte. »Die letzten zwei Jahre waren echt eine schwere Zeit.« Mehr will er dann doch nicht aus seiner Gefühlswelt preisgeben. Sein Gesicht aber spricht Bände. Die sonst eher fröhliche, relaxte Mimik verdüstert sich für einen kurzen Moment. »Vorbei, noch mal Glück gehabt«, gesteht er leise.

Im vergangenen September hat Mehmet eine Ausbildung als Chemikant begonnen. Er überwacht heiße Kessel, füllt in die Tanks Chemikalien ein. Mitunter lenkt er im Lager einen Gabelstapler. Nebenbei betätigt sich der einstige Herr über 50 Gefangene als Behindertenassistent. Bald will er umziehen, in die Nähe seines Sohnes. Dieses Mal soll alles richtig werden: Job, Geld, und irgendwann kommt dann ein kleines Haus für eine Familie dazu. Mehmet steht auf und verabschiedet sich. Seine Augen versprühen Zuversicht: »Alles andere ergibt sich von selbst.«

KAPITEL 6

AUSBRECHEN

Mensch, was für eine geile Zeit! Anfang der 90er fuhr Blacky auf der Überholspur, immer volle Pulle, stets auf der Jagd nach neuer Knete. Mit der Waffe rein in die Bank und dann absahnen. »Ein Leben ohne Geld ist schlicht scheiße«, hat er einmal gesagt. Und an dieses Motto hielt sich der Gangster auch. Mit der Beute finanzierte er sich ein luxuriöses Leben: dicke Autos, heiße Feten, schicke Klamotten, eine tolle Frau, die schönen Dinge des Lebens halt – und das im Übermaß.

Überfälle auf Sparkassen machten den Schwerkriminellen aus Mülheim an der Ruhr besonders an. Das Abenteuer, der Kick, das Risiko, die Gefahr – all das Adrenalin! Da war jener Raubzug in Duisburg auf eine Sparkasse zur Weiberfastnacht. Die Angestellten hatten sich alle verkleidet, und als Blacky mit Sturmmaske über dem Gesicht auftauchte, dachte die Kassiererin zunächst an einen schlechten Scherz des Kollegen. »Heinz, hör auf damit! Du hast mich erschreckt«, lachte sie nervös auf. Aber es war nicht Heinz, der Mann mit der Uzi-Maschinenpistole meinte es ernst. »Das ist kein Spaß, das ist ein Überfall!«, knurrte Blacky durch die Maske, während er um sich schaute und die Lage checkte. Er wusste, dass sich der Coup mitten im Karnevalstrubel lohnen würde. Mit der Prognose lag der Bankräuber richtig: Knapp 600 000 D-Mark erbeutete er aus dem Tresor des Geldinstituts. Oder da war der Scoop bei einer weiteren Sparkasse, zusammen mit einem Komplizen, nach dem das Duo mit über 900 000 Mark in der Tasche von einem Trip nach Brasilien träumte. Weit weg vom tristen Ruhrpott, ab an die

Copacabana. Mit Drinks, heißen Girls und einem unbeschwerten Leben – und zwar ohne die Polizei im Nacken zu wissen.

Doch wie so manche Episode im Leben des Michael Heckhoff, genannt Blacky, endete auch diese im Gefängnis. Heute sitzt er in der JVA Bochum. 44 seiner 60 Lebensjahre hat mein Mandant hinter Gittern verbracht. Und es bleibt fraglich, ob der Schwerkriminelle je wieder rauskommt.

Heckhoff zählt zu den 550 Gefangenen, die in deutschen Knästen laut dem Statistischen Bundesamt in Sicherungsverwahrung sitzen. Häftlinge von seinem Kaliber stuft die Justiz als besondere Bedrohung für die Allgemeinheit ein. »Die Sicherungsverwahrung ist grundsätzlich zeitlich nicht begrenzt«, erklärt das Justizministerium in Nordrhein-Westfalen auf seiner Homepage. Die Fortdauer der Sicherungshaft werde regelmäßig von der zuständigen Strafvollstreckungskammer beim Landgericht geprüft.

Bei Blacky ist es im Jahr 2024 wieder soweit, dass sich ein Richter mit seinem weiteren Schicksal befassen wird. Damit er auf Bewährung entlassen werden könnte, bräuchte es eine positive Prognose der Anstaltsleitung und eines Psychotherapeuten. Vorausgesetzt, Heckhoff setzt sich in den Gesprächen mit den Anstaltsforensikern mit seinen Taten auseinander, zudem müsste er erfolgreich den Katalog an verschiedenen Vollzugserleichterungen durchlaufen: begleitete Ausgänge bis hin zum Hafturlaub.

Jeder Wärter in Nordrhein-Westfalen kennt Blackys richtigen Namen. Der Boulevard hat ihn zum Ausbrecherkönig hochgejazzt, weil Heckhoff gleich viermal türmte. Zuletzt 2009 mit einem Kompagnon aus der JVA Aachen, während der spektakulären Flucht nahmen die Verbrecher mehrere Geiseln, ehe sie nach tagelanger Fahndung festgenommen wurden. Das Gericht verhängte zehn Jahre nebst erneuter Sicherungsverwahrung.

Michael Heckhoff schaut mich ernst an bei meinem Besuch im September 2020 in der JVA Bochum. Seine ehemals üppigen schwarzen Haare und sein markanter Schnäuzer, dem er seinen Spitznamen verdankt, sind grau geworden. »Auf meinem Vollstreckungsblatt steht als voraussichtliches Entlassungsdatum nur ein Totenkopf«, bemerkt die ehemalige Milieugröße sarkastisch. Der Gedanke, dass er womöglich in Haft sterben muss, treibt ihn stetig um. Ein Albtraum, der ihn nicht loslässt. »Je älter man wird, desto mehr bewegt einen der Gedanke, allein im Knast zu sterben. Da macht sich viel Angst und Verzweiflung breit«, bekennt der einstige Sunnyboy der Unterwelt im Revier. »Kein normaler Gefangener möchte in einem Käfig sterben«, fügt Heckhoff hinzu. »Natürlich hat man gerade nachts viel Zeit, über solche Dinge nachzudenken, man ist dann mit sich allein.«

Nach meinem Besuch setzt er sich hin und tippt seitenweise auf einer alten Schreibmaschine seine Gefühlswelt herunter. Er legt nach unserem Gespräch noch mal nach, will viel Ungesagtes oder nur Angedachtes präzisieren. »Natürlich ist es einem sehr oft bewusst, was man gemacht hat, und ich bereue auch sehr, was ich gemacht habe. Täglich kommen Tatort, Thriller und Krimis im TV und ich werde oftmals daran erinnert. Es gibt Tage, an denen ich mit diesen Gedanken ins Bett gehe, und Tage, an denen ich mit diesen morgens aufwache. Nach langer Zeit habe ich gelernt, damit umzugehen.« Das klingt nach Reue, nach Schuldgefühl, nach einem Sinneswandel. Und das bei einem, der sich in einem Prozess schon mal stolz als »Berufsverbrecher« vorstellte – und den die Justiz längst als verloren glaubte. Einem hoffnungslosen Fall eben.

Aber ist er das wirklich? Gutachter haben ihm besondere manipulative Fähigkeiten bescheinigt. Heckhoff hat da seine eigene Meinung. Gleich zu Beginn kommt der Langzeitgefangene auf das Dilemma psychiatrischer Expertisen zu sprechen. »Die Gutachterproblematik ist bekannt. Es ist ein Glücksspiel, ob man einen authentischen und kompetenten Gutachter bekommt, der sich ernsthaft mit der Tat und dir auseinandersetzen möchte, jemanden, der nicht finanziell auf die Beauftragung angewiesen ist oder vorher in einem Abhängigkeitsverhältnis stand.« Neutralität finde man nur selten. Auch verstehe nicht jeder Sachverständige sein Metier. Gerade bei Gefangenen seien Prognosen schwierig, weiß Heckhoff, »weil man eben niemandem in den Kopf gucken kann. Dann kommt es auch noch darauf an, ob die JVA Einfluss auf den Gutachter ausübt und ob nachher das Gericht seiner Aussage folgt. Das sind sehr viele Faktoren, die für unsereins eine enorme Ungewissheit mit sich bringen«.

Im Gespräch wechselt Heckhoff zwischen den Tonlagen: mal ernst bis zum depressiven Bass, mal witzig, humorvoll und mit einer Spur Zynismus bis zum spritzigen Tenor. Seine Analysen und die Kritik an den Zuständen im deutschen Strafvollzug, den er besser kennt als kaum ein anderer, weisen nicht darauf hin, dass dieser Mann nie eine Schul- oder Berufsausbildung hinter sich gebracht hat.

Reden kann er, ohne Unterlass. Da ist Heckhoff in seinem Element. Er parliert über Therapien und ein notwendiges »Einzelsetting« mit notorischen Verbrechern wie ihm, als käme er gerade von der Uni. Zugleich legt er beredt den Finger in die Wunde. »Da geschieht nichts. Tatsächlich leben wir in einem reinen Verwahrvollzug. Die Psychologen sind überlastet, das JVA-Personal ist überlastet. Im Prinzip wird nur auf Sicherheit geachtet«, moniert Heckhoff. Eine sinnvolle Beschäftigung mit den Gefangenen im Hinblick auf ihre Resozialisierung fehle komplett.

Seine Kritik zielt vor allem auf die therapeutischen Gruppenmaßnahmen ab, mit denen auf eine Resozialisierung hingewirkt werden soll. Knackis mit ganz unterschiedlichen Störungen wie Depressionen, dem Borderline-Syndrom oder abartigen sexuellen Neigungen sitzen dabei mit Gewaltverbrechern wie Heckhoff zusammen. Obschon die Täter ganz unterschiedlich ticken, werden sie in einen psychiatrischen Topf geworfen.

Dabei spielt das sogenannte »Risk-Need-Responsivity Modell« (RNR) eine große Rolle. Das RNR ist ein defizitorientiertes Modell für die Beurteilung von Straffälligen, das die Risikofaktoren eines Täters in den Vordergrund stellt. Die Einschätzung dieser Faktoren und die gezielte therapeutische Arbeit daran soll das Rückfallrisiko reduzieren. Dabei werden insbesondere sogenannte »kriminogene« – also die Neigung zu Verbrechen fördernde – Risikofaktoren ins Auge gefasst. Die *Big Four* spielen die entscheidende Rolle: die kriminelle Vita des Gefangenen, seine risikofördernden Persönlichkeitsmerkmale, zudem antisoziale, prokriminelle Kontakte oder

Beziehungen sowie entsprechendes Denken. Dazu kommen außerdem noch etwaige Drogensucht, gescheiterte Partnerschaften et cetera.

»Nach den sogenannten RNR-Prinzipien wurde eine Zusammenfassung der angeblich wirksamsten Inhalte erstellt, und nun wenden Psychologen und Sozialarbeiter diese nach kurzen Schulungen leider oft willkürlich bei allen Gefangenen an«, bemängelt Heckhoff die übliche Methode zur Resozialisierung von Schwerkriminellen. Aus seiner Sicht hat ein notorischer Vergewaltiger aber ganz andere Probleme als ein Gewaltstraftäter von seiner Sorte. »Die Gruppentherapien sind also nicht individuell zusammengesetzt«, so seine Kritik, »sondern es wird eine Gruppe angeboten, und es nehmen alle, egal ob sie ein Gewalt- oder Sexualdelikt verübt haben, daran teil, weil die Gruppen voll sein müssen.«

So muss Heckhoff beispielsweise Achtsamkeitsübungen ausführen: Als 60-jähriger Berufsganove, der draußen alle gesellschaftlichen Grenzen missachtet hat, soll er in der Therapierunde einen Besen mit zwei Fingern an einen Mithäftling weitergeben. Mitunter soll er einen Baum umarmen, in den Spiegel schauen, sich mit seinem Körper an einer Mauer reiben oder ein rohes Ei aufstellen. Ginge es nach Heckhoff, müssten die Anstaltspsychologen viel mehr in die Tiefe gehen: »Leider können die Fachdienste daraus nicht mehr machen. Eigentlich sollten die in der Gruppe aufgetretenen Probleme jedes Gefangenen im Einzelsetting besprochen und bearbeitet werden, was aber nicht mehr geschieht, denn der Personalschlüssel lässt diesen Ansatz schon seit Langem nicht mehr zu. Dabei wäre eine tiefenpsychologische Aufarbeitung der Ursache für die Begehung der Straftaten gerade für die Schwerverbrecher das probate Mittel Nummer eins zur Resozialisierung. Ich habe so viele von ihnen in den 44 Jahren hinter Gittern kennengelernt, dabei hatten alle eins gemein: Es gab immer eine gravierende Ursache in Kindheit oder Jugend, die sie ursprünglich zu Opfern werden ließ. Weil dieser Punkt aber nie aufgearbeitet, sondern von allen verdrängt wurde, sind diese ursprünglichen Opfer irgendwann im Laufe ihres Lebens zu Tätern geworden. Im Vollzug wird dieser alles entscheidende Faktor heutzutage schlichtweg ignoriert.« Die Justiz habe immer nur gespart. Und somit werde einzig noch der Anschein des Behandlungsvollzugs gewahrt. In der Not gebe man den Gefangenen die Schuld für eine nicht erfolgte Therapie. »Offensichtlich ist im sogenannten ›Behandlungsvollzug‹ in erster Linie die Sicherheit und Ordnung oberstes Gebot. Da das System seine Beamten und das Fachpersonal bis zum Anschlag überfordert, macht sich da auch großer Frust und Unmut breit«, doziert Heckhoff. »Aus meiner Sicht liegt der Behandlungsvollzug im Koma.«

Heckhoff strafft sich leicht und schaut auf die Wand neben mir, um sich zu sammeln. »War viel hochtrabendes Gequassel woll?«, verfällt er unwillkürlich in seinen Ruhrpott-Slang. Dann muss er leicht grinsen. »Ach watt«, winkt der prominente Gefangene ab, »wat willste noch wissen?«

Heckhoff beginnt über seine Vergangenheit zu reden. Im besten Dialekt schildert er seine Verbrecherkarriere wie einen Abenteuerroman mit tragischem Ausgang. »Die ersten Straftaten waren Bagatelle, ich war 'ne richtije Eierdieb!« Es folgen Schlägereien, Verfahren wegen Körperverletzung, Fahren ohne Führerscheins oder Diebesserien. Als Kind muss er mit zehn Jahren für ein Jahr ins Heim, weil seine Mutter in einer Augenklinik liegt. Gewalt unter den Kindern und Prügel durch die Betreuer waren hier an der Tagesordnung. »Da habe ich gelernt, dat schlagen besser iss als geschlagen zu werden«, erinnert sich Heckhoff. »Dat Jahr in dem Heim legte den Grundstein für meine Karriere als Gewaltverbrecher.« Mit 14 fliegt Michael von der Schule, die Lehre zum Autoschlosser wirft er hin. Fortan klaut er Autos, gerät immer wieder mit der Justiz ins Gehege. Als 17-Jährigen schickt ihn der Richter schließlich ins Jugendgefängnis Siegburg. Im Interview mit der Zeitung *Die Welt* spricht er später von seinen drei »Lehrjahren«: Ältere Knackis bringen ihm demnach alles bei, was man wissen muss, wenn man Banken ausraubt und Geiseln in seine Gewalt bringen will.

Das erste Geldinstitut überfällt Heckhoff mit 21. Fünf Jahre muss er dafür in Haft. Ein Mithäftling rät ihm, sich die Arme aufzuschlitzen. Wegen vermeintlicher Suizidgefahr kommt der Delinquent in die Psychiatrie. Dort klaut er schlafenden Pflegern nachts die Schlüssel und büxt aus. Die Freiheit währt nur einen Tag. Beim zweiten Mal erzwingt er mit einem Messer seine Flucht. Nach wenigen Stunden kassiert ihn die Polizei wieder ein.

Die Vorfälle summieren sich und münden in einem Urteil auf zwölf Jahre Haft, gut zehn Jahre davon reißt Heckhoff ab. Kaum draußen, kann er jedoch mit der wiedererlangten Freiheit nichts anfangen. Ein kurzer Versuch, im rechtschaffenen Berufsleben Fuß zu fassen, scheitert. Heckhoff wechselt wieder in sein altes Metier: »Nich 'n Konto anlegen, sondern dat Konto auflösen«, kalauert er im Gespräch mit der Welt-Redakteurin Christine Kensche. Die Sparkassenüberfälle folgen. Einem Freund gesteht er einmal: »Draußen bin ich eine Null. Das kann ich meiner Mutter nicht erzählen. Deshalb überfalle ich Banken und erzähle ihr, dass ich das Geld verdient habe.«

Heckhoff wird gejagt, das Brasilien-Projekt legt er schnell ad acta. Im Februar 1991 lässt der Bankräuber sich vorläufig widerstandslos in einem CVJM-Heim in Mülheim an der Ruhr festnehmen. Auf dem Präsidium werden ihm die Fesseln abgenommen, damit er seine Taschen leeren kann. Heckhoff zieht daraufhin eine Pistole, fesselt den zuständigen Beamten an die Heizung und zwingt eine Kollegin und einen Kollegen des Beamten, ihn zum Streifenwagen zu begleiten. Einen von ihnen lässt Heckhoff in einer Tiefgarage zurück. Dann kapert er ein Taxi, sperrt den Fahrer und eine Polizistin in den Kofferraum. Mit den Tageseinnahmen des Taxifahrers flüchtet der Kidnapper zu Fuß weiter. Kurz darauf informiert er die Leitstelle über den Aufenthaltsort seiner Geiseln. Erst eine Woche später stellt sich der Flüchtige den Strafverfolgern. Seine damalige »Perle« und große Liebe Claudia hat ihn zur Aufgabe überredet.

Das Urteil lautet 15 Jahre Haft nebst Sicherungsverwahrung. Heckhoff ist mit 32 zum Dauerkunden der Strafanstalten avanciert.

Es ist die Zeit, als Bundeskanzler Helmut Kohl den Ostdeutschen nach dem Mauerfall blühende Landschaften verspricht und die dritte Generation der Roten Armee Fraktion den Chef der Treuhandanstalt, Detlev Carsten Rohwedder, ermordet. Drei Jahre zuvor haben die beiden Gangster Hans-Jürgen Rösner und Dieter Degowski im Gladbecker Geiseldrama tagelang die Republik in Atem gehalten. Zwei Menschen sterben, ehe die Tour der zigmal vorbestraften Bankräuber vom Ruhrpott über Bremen, die Niederlande und Köln endlich nahe Siegburg auf einer Autobahn durch Spezialeinheiten (SEK) der Polizei beendet wird. Der Einsatz verläuft desaströs, zwar werden beide Schwerverbrecher gestoppt, doch die Geisel Silke Bischoff stirbt bei dem Schusswechsel.

Aus den Fehlern beim Gladbecker Geiseldrama haben die Polizeitaktiker nebst dem damaligen Innenminister in NRW, Herbert Schnoor, vor allen Dingen eine Lehre gezogen: Lass Geiselnehmer nie davonfahren, der Überfall muss unter allen Umständen vor Ort beendet werden! Michael Heckhoff kennt diese neue Strategie nicht, als er 1991 in die JVA Werl eingeliefert wird. Der Bankräuber fährt in den Hochsicherheitstrakt der härtesten Strafvollzugsanstalt in NRW ein. In Werl sitzen nur Schwerverbrecher. Auch Degowski wird in die Anstalt verlegt. »Gewalt war dort an der Tagesordnung«, erzählt Heckhoff im Rückblick.

Er lernt Kurt K. kennen. Schon bald werden die beiden Freunde. Hier der Bankräuber, dort der dreifache Mörder. Bereits damals gilt K. als völlig unberechenbar. Sechs Jahre zuvor hat er in Herford einen Reiterhofbesitzer und Diskothekenmillionär sowie dessen Gutsverwalter nebst Geliebter per Kopfschuss liquidiert. Ein hochgefährlicher Mann.

Heckhoff aber kommt gut mit dem Killer aus. Beide haben nichts mehr zu verlieren. Also entwickeln sie einen Fluchtplan. Mittels Geiseln wollen sich die Inhaftierten den Weg nach draußen freipressen. Heute bekennt Blacky Heckhoff, dass der Gedanke der Flucht von ihm stammte, auch habe er eine Pistolenattrappe von einem Knastkumpel bauen lassen: »Die Idee zu der Geiselnahme in Werl wurde in erster Linie aus Frust, Perspektivlosigkeit und Hoffnungslosigkeit heraus geboren – und aus fehlender Einsicht in die Tatsache, dass man gerade zu Recht und aus gutem Grund im Gefängnis sitzt.«

Es ist der 30. Juni 1992, als die beiden Gangster loslegen. Seit Tagen klagen sie zum Schein über Zahnschmerzen. Schließlich geleiten Vollzugsbeamte die Gefangenen aus dem Hochsicherheitstrakt zur Krankenstation. Dort verflüchtigen sich die Schmerzen alsbald. Vielmehr zieht Heckhoff seine echt wirkende Pistole und brüllt: »Keiner rührt sich. Sonst knallt's.« Die Wärter lassen sich ohne Gegenwehr entwaffnen. Die Häftlinge bringen anschließend drei Arzthelferinnen in ihre Gewalt, einer von ihnen legen sie eine Todesschlinge aus Draht um den Hals. Dann stellen sie ihre Forderungen: eine Million Mark Lösegeld, freies Geleit und ein schnelles Fluchtauto. Über das Radio verbreitet sich die Nachricht vom Geiseldrama in Werl wie ein Lauffeuer. Viele der 30 000 Einwohner strömen zum Gefängnis. Die Polizei sperrt das Gebiet weiträumig ab. Einsatzbusse fahren vor. Panzerwagen stehen bereit.

Derweil beginnt die Polizei, mit den Kidnappern zu verhandeln. Stunde um Stunde vergeht. Heckhoff erinnert sich nur zu gut an die Situation: »Wir hatten nicht auf dem Schirm, dass nach dem Gladbecker Fall von Rösner und Degowski die klare Ansage des Ministeriums bestand, die Geiselnahmen direkt vor Ort zu beenden, koste es was es wolle! Die Forderung nach Lösegeld und einem Fluchtwagen wurde durch die Polizei immer wieder verzögert.« Trotz der Drohungen, dass sie den Geiseln etwas antun würden, hielt die Polizeiführung an ihrer Strategie fest. »Im Laufe des Tages wurde uns klar, dass wir keine Chance mehr haben, in die Freiheit zu gelangen«, erzählt der Geiselnehmer. »Aufgeben war für uns keine Option, es hieß Freiheit oder Tod.«

Die Täter agieren zunehmend nervös. Inzwischen hat die Polizei einen Fluchtwagen vorgefahren. Angespannt zerrt Heckhoff eine Geisel nach draußen, um das Fahrzeug in Augenschein zu nehmen. Ein SEK-Scharfschütze streckt ihn mit einem Schuss in die Schulter nieder. Sein Komplize K. übergießt daraufhin zwei der Geiseln mit Waschbenzin und zündet sie an. Beide überleben mit schweren Brandverletzungen. Das SEK beendet letztlich den Spuk.

Heckhoff kommt nach Dortmund in eine Klinik. Dreieinhalb Monate liegt der Geiselgangster im künstlichen Koma. Ein weiteres Jahr verbringt er wegen der Folgen der Schussverletzung im Justizvollzugskrankenhaus

Fröndenberg. Vom Sauerland aus geht es in die JVA Bochum. Die Mitgefangenen empfangen den berühmt-berüchtigten Ausbrecher mit gemischten Gefühlen. Manche lassen ihn ihre Ablehnung deutlich spüren. Andere bewundern ihn. Die Vollzugsbeamten begegnen ihm mit sichtlicher Abneigung, nur wenige verhalten sich neutral.

Lebenslang plus Sicherungsverwahrung. Bei dem Schuldspruch im Jahre 1993 wird Heckhoff klar, dass er mit seinem Fluchtversuch und der brutalen Geiselnahme gewissermaßen für den ersten Nagel auf seinem Sarg gesorgt hat. Im Nachhinein bereut Heckhoff vor allem, »dass einige Geiseln durch uns schwerstverletzt wurden. Das ist aus heutiger Sicht bedauerlich und falsch gewesen. Dafür schäme ich mich auch.« Worte, mehr nicht, das weiß auch der Langzeitgefangene Heckhoff, was aber bleibt ihm übrig? Er hat nur noch diese eine Chance, diese eine Möglichkeit, Reue zu zeigen, um noch mal rauszukommen.

Was haben sie nicht schon alles geschrieben über ihn, den Superverbrecher? Natürlich hatten sie oft recht mit ihren negativen Prognosen, immer wieder hat er versucht, mit brutalen Mitteln seine Freiheit wiederzuerlangen. Ein hochgradiges Aggressionspotenzial hat ihm mal ein psychiatrischer Gutachter bescheinigt. Heckhoff sei feindselig, antisozial, gefühlskalt, gereizt und impulsiv.

Wer aber seine weitere Biografie verfolgt, erkennt auch, dass die Justiz ihn spätestens seit seiner Verurteilung im Jahr 1993 abgeschrieben hat. Für ihn gilt die höchste Sicherheitsstufe. Fast zehn Jahre verbringt Heckhoff in mehreren Sicherheitstrakten in strenger Einzelhaft. »Zehn Jahre Isolation, das geht an keinem Menschen spurlos vorbei«, bemängelt der Inhaftierte im Nachgang.

Insgesamt sitzt er 16 Jahre ohne weitere Zwischenfälle ab. Dann gestattet die Anstaltsleitung in Köln ihm drei überwachte Ausgänge pro Jahr. Er besucht seine Mutter im Altersheim und seine krebskranke Schwester, die im Sterben liegt. 2008 stellt man ihm in Aussicht, dass er in sechs Jahren weitere Freiheiten bekommen könne. Die Strafvollstreckungskammer macht ihm

Hoffnung. Von 2014 an könne er die Aussetzung seiner Reststrafe auf Bewährung beantragen, heißt es.

Dann aber muss Heckhoff erneut die JVA wechseln. Er kommt nach Aachen. Dort richtet ihm die Gefängnisleitung aus, dass er sich in den kommenden 15 Jahren keine Hoffnung auf eine Haftentlassung machen solle. Auch seine Ausgänge werden gestrichen. Die Aussage lässt ihn fassungslos zurück. Verzweifelt brütet der prominente Knacki einen neuen Coup aus. »Mein Leben soll nicht in Aachen enden«, ein Schwur, dem er Taten folgen lässt.

Heckhoff zieht einen Wärter ins Vertrauen. Der Beamte betreibt illegale Geschäfte mit Inhaftierten: Drogen, Pornos, Handys, Schnaps oder auch mal eine Playstation. Peter Müller, dessen Name hier geändert ist, hat für jeden etwas in petto. Vorausgesetzt, der Kunde kann zahlen.

Heckhoff lernt ihn eines Nachts kennen. Der Beamte betritt seine Zelle und bekennt freimütig, dass er mit einem Mithäftling krumme Dinger drehen würde. »Ich war zunächst überrascht und dachte, er wollte mir eine Falle stellen«, lässt der Ganove die Geschehnisse Revue passieren. Doch Peter Müller sucht den misstrauischen Heckhoff zu beruhigen. »Schau auf den Flur, ich bin alleine hier.« Der Wärter geht sogar noch einen Schritt weiter und reicht dem verdutzten Inhaftierten seine Dienstwaffe. Heckhoff prüft die Pistole, entsichert und lädt durch. Überrascht stellt er fest, dass das Magazin voll ist. »Das war das Zeichen – und der Beginn einer wunderbaren Freundschaft und Zusammenarbeit«, beschreibt er das Erlebnis.

Heckhoff spielt fortan Mädchen für alles. Versorgt durch den Wärter, vertreibt er Mobiltelefone, Playstations, Pornos und Schnaps an die anderen Knackis. Irgendwann beginnen die beiden Geschäftspartner über die Flucht Blackys zu reden. Heckhoff hat es satt, er will raus. Die Aachener JVA-Leitung hat ihm jegliche Perspektive genommen. Sie reden und reden, spielen verschiedene Fluchtszenarien durch. Nichts aber scheint sich zu konkretisieren.

Unterdessen animiert Heckhoff einen anderen Gefangenen zum Mitmachen. Peter Paul Michalski weist zig Vorstrafen auf. 1993 hat er im Hafturlaub einen Mithäftling erschossen. Seitdem sitzt er ein. In der JVA

Bochum musste er laut Spiegel.de (»Lebenslang, Ausbruch, lebenslang«, 19.05.2010) beispielsweise seine Strafe im sogenannten »Kühlschrank« absitzen. Michalski durfte keine persönlichen Gegenstände mit in die Zelle nehmen. Am Abend musste er sich komplett ausziehen, seine Kleidung in einen Karton stecken und aus der Zelle reichen. Im Gegenzug nahm der Killer einen Schlafanzug und Pantoffeln entgegen.

Michalski macht in Gesprächen keinen Hehl daraus, dass er am liebsten gleich ausbrechen würde. Heckhoff hält den Mörder für den Richtigen, um das riskante Ding durchzuziehen. Zu ihrem Glück klagt Wärter Peter Müller über hohe Schulden. Der Vollzugsbeamte steht finanziell schwer unter Druck. Und so heckt das Trio einen eher simplen Plan aus: Dabei gilt *quid pro quo*: Sollte Wärter Müller den Gangstern die Flucht ermöglichen, würden sie ihm 200 000 Euro zukommen lassen. Das Geld wollten Heckhoff und Michalski durch Sparkassenüberfälle hereinholen.

»Letztlich ist dann der Wärter auf die Idee gekommen, uns rauszulassen, wenn er an der Pforte Dienst hat«, erinnert sich Heckhoff. »Vorher hat er mich und Michalski mit Waffen aus der JVA versorgt.«

Am 26. November 2009 steigt das Unternehmen. Die Aktion gleicht einem Kinderspiel. Ausgestattet mit zwei Dienstpistolen der Marke Heckler & Koch spazieren die beiden Schwerkriminellen, fröhlich in die Überwachungskameras winkend, aus der JVA. »Als wir durch die Pforte gegangen sind, überkam mich ein unheimliches Glücks- und Freiheitsgefühl«, schildert Heckhoff diesen Moment. »Wir waren froh, dass der Plan geklappt hatte.«

Mit einem Taxi verschwinden die Ausbrecher von der Bildfläche. Am Kölner Hauptbahnhof verliert sich zunächst ihre Spur. Die Verbrecher verstecken sich die Nacht über unter der Severinsbrücke in der Rheinmetropole. Sie kapern ein Auto und zwingen die 19-jährige Besitzerin, nach Essen zu fahren. Als ihnen der Sprit ausgeht, setzen sich die Gesuchten ab. Allerdings nicht, ohne der verstörten jungen Frau Benzingeld in die Hand zu drücken.

Im Stadtteil Essen-Werden dringen die Gangster in das Haus eines älteren Ehepaars ein. Mit den Pistolen verschaffen sie sich Ruhe. Michalski und Heckhoff halten die Rentner stundenlang in Schach, essen, trinken, sehen fern, duschen. Am frühen Abend lassen sich die Ganoven von ihnen nach Mülheim an der Ruhr kutschieren. Hier kommen die Eheleute frei. Die Kidnapper fahren weiter.

Unterdessen haben die Polizeifahnder ihren Komplizen festgenommen. Peter Müller, der Wärter, offenbart ihnen die Nummer von Heckhoffs Handy, das dieser von ihm erhalten hat. Auf diese Weise kann die Kripo den Ausbrecher orten und verhaften. Michalski setzen die Beamten auf dem Weg nach Holland fest.

Im anschließenden Prozess kommt Heckhoff zugute, dass er die Geiseln allesamt ohne Blessuren freigelassen hat. Von dem Rentnerpaar hat sich der Angeklagte sogar per Handschlag verabschiedet. Dennoch bleiben zehn Jahre plus Sicherungsverwahrung.

Heckhoff schaut aus seiner Erzählung auf. An dieser Stelle wäre es Zeit für eine seiner typischen Pointen. Einfach mal so was rausgehauen. Aber es will ihm partout nichts einfallen. Damals, als der Gutachter nach dem gescheiterten Ausbruch in Aachen eine hohe Wiederholungsgefahr bei ihm prognostiziert hatte, hat er sich noch vor Gericht darüber lustig gemacht: Die Fragen zur Expertise wollte er nicht ernsthaft beantwortet haben. Aus seiner Sicht habe er das Ganze als »einen Joke« aufgefasst. Und so sei er in eine Rolle geschlüpft, die man von ihm erwarte: »Sei doch mal so ein Monster, für das dich alle halten!« Zehn Jahre danach ist bei Heckhoff offenbar »Schluss mit Spasseken«. Natürlich hegt er immer noch die Hoffnung, in Freiheit zu gelangen. Aber es sei schwer, den Freiheitswillen aufrechtzuerhalten, bekennt er freimütig: »Da steckst du mitten in einem Zwiespalt zwischen Sichaufgeben oder auch doch noch etwas anzunehmen, um sowohl körperlich als auch geistig nicht zu verkommen.« In dem Kontext erwähnt er etwas, das er einmal gelesen hat: »Die Richter des Bundesverfassungsgerichtes haben einmal von einem Horizont geschrieben, den jeder Gefangene haben sollte und der es einem möglich machen sollte, noch mal in Freiheit zu gelangen. Altgediente Knackis wissen, dass es leider nur eine Floskel ist und die Realität anders aussieht.«

So ganz trifft diese düstere Prognose nicht zu. Inzwischen darf Heckhoff wieder begleitet viermal im Jahr die JVA verlassen. Seine erste Ausführung führt ihn 2014 zu dem Friedhof, auf dem Teile seiner Familie begraben liegen. Zwei Beamte bringen ihn in einem Zivilwagen dorthin. Danach darf sich der Ausbrecherkönig an einer Pommesbude eine Currywurst zu Gemüte führen.

Die Eindrücke während des Ausflugs überwältigen ihn. Seit Anfang der 90er Jahre ist er bis auf einige wenige Tage nicht mehr draußen gewesen. »Du versuchst in Gedanken tausend Dinge gleichzeitig zu sehen und zu erfassen. Wahrnehmen kannst du es aber in Wirklichkeit nicht. Es ist eine Flut von Eindrücken – Augen, Ohren –, eine ganz andere Welt als im Knast.«

Heckhoff fühlt sich während der Ausführung oft überfordert. Erst abends auf der Zelle wird ihm bewusst, dass er sich außerhalb der Gefängnismauern aufgehalten hat. Erst dann kann er seine Erlebnisse verarbeiten. Die Anstaltsleitung spricht im Zusammenhang mit den Ausführungen von »Lebensertüchtigung«. Doch die Welt da draußen ist dem Gefangenen völlig fremd geworden: »Ich habe nur kurz an der Freiheit schnuppern dürfen. Wenn man dann durch die JVA-Pforte zurückrollt, ist es leider nur niederschmetternd. Vier Ausführungen im Jahr bringen einem nicht im Ansatz eine sogenannte Lebensertüchtigung zurück.« An irgendeinem Punkt seiner Knastkarriere hat Michael Heckhoff seine Form zur »Lebensertüchtigung« verloren. »44 Jahre Haft haben mich zu einem weltfremden Zombie gemacht.«

Geholfen wird seiner Meinung nach nur den Wenigsten, »die meisten werden ohne Entlassungsvorbereitungen auf die Straße gesetzt. Die Gesellschaft macht es sich lieber sonntags um 20:15 Uhr auf dem Sofa für den »Tatort« gemütlich. Was aber wirklich hinter Gittern abgeht, interessiert keine Sau. Die Mehrheit der Bevölkerung glaubt doch, dass wir Knackis ein Luxusleben in einer Art Wohlfühl-Hotel führen.« Gut in Fahrt, legt Heckhoff gleich noch nach: »Wer sich einmal für mindestens einen Tag in eine Zelle hat sperren lassen, kann wirklich nachvollziehen, wie es ist, wenn hinter einem die Tür ohne Knauf zugeht und man für alles auf jemanden angewiesen ist und viele Stunden mit sich allein ist.«

Und noch mal ausbrechen? Heckhoff schüttelt seinen Kopf. »Kein Gedanke.« Mit dem Alter habe er gelernt, »dass viel Geld und schöne Frauen irgendwann nicht mehr das Maß der Dinge sind.« Sollte er morgen rauskommen, würde Blacky Heckhoff seine Liebsten in den Arm nehmen, »und das erste Mal seit Langem wieder bedingungslose Zuneigung, Nähe und Vertrauen sowie Geborgenheit spüren. Und ich würde gerade jetzt auf diese Menschen hören und ihnen vertrauen, weil sie mir bewiesen haben, dass sie für mich da sind.« Das klingt nach einem Musterhäftling, der in seinem letzten Lebensabschnitt weise geworden ist. Die Behörden hegen allerdings immer noch Zweifel.

Heckhoffs Schicksal ist einmal mehr ein Beleg für die Malaise unserer Gesellschaft im Umgang mit Schwerkriminellen. An welcher Stelle stößt der Resozialisierungsgedanke an seine Grenzen? Und wie genau kann man ihnen in den Kopf schauen? Ganz zu schweigen von der Malaise des Gutachterwesens. Mitunter reichen psychiatrischen Forensikern an zwei Tagen Sitzungen von jeweils zwei Stunden, um ihr Urteil über den Delinquenten zu fällen. Vier Stunden reichen ihnen, um den Daumen zu heben, und du kommst frei. Oder aber der Daumen geht runter und du bleibst drin – womöglich bis zum Tode.

Das soll Michael Heckhoff wahrlich nicht von seiner Schuld freisprechen. Aber sein letzter Satz während unseres Gespräches offenbart das Problem des derzeitigen Strafvollzugs der Republik bei Langzeitgefangenen. »In mir brennt eine riesige Freiheitsflamme, aber die Freiheit ist mir fremd geworden.«

KAPITEL 7

PARTNERSCHAFT HINTER GITTERN

Mandy schreckt hoch, ein lauter Knall dringt an jenem Märztag 2019 um fünf Uhr morgens bis ins Schlafzimmer. Zuerst denkt die junge Frau an eine Steckdose, die womöglich explodiert sein könnte. Dann aber vernebelt Rauch das Blickfeld. Eine Blendgranate rollt durch den Flur der Essener Wohnung. Männer in Schusswesten, die Pistolen im Anschlag, stürmen ans Bett. Blitzschnell werfen sie Mandys Verlobten zu Boden. Hektisch brüllen die Mitglieder des Spezialeinsatzkommandos (SEK) kurze Befehle: »Bleib auf dem Boden, bleib da!«

Geschockt schaut Mandy hinunter auf ihren Lebensgefährten. Mit Plastikbändern fixiert liegt Cem da. Die Männer heben ihn hoch und führen ihn ab. »Wo bringt ihr ihn hin?«, schreit Mandy ihnen hinterher, ohne eine Antwort zu erhalten.

»Stehen Sie auf«, sagt einer der Elite-Polizisten, »und stellen Sie sich dort in die Ecke!« Mandy fasst es nicht. Dutzende Gedanken gleichzeitig wirbeln durch ihren Kopf. Was wollen diese Typen? Wieso dringen die hier am frühen Morgen gewaltsam ein? Warum behandeln die Cem wie einen Schwerverbrecher? Wieso untersuchen sie seine Jacke? Bloß weil die Kutte ihn als hochrangiges Mitglied der Rockergang Bandidos ausweist?

Laut blafft Mandy den SEK-Mann an: »Was soll das? Warum verwüsten Sie meine Wohnung?« Schließlich wird sie ruhiger: »Kann ich mir wenigstens eine Jacke überziehen?« Der Angesprochene nickt kurz, um dann mit den Kollegen die Wohnung auf den Kopf zu stellen.

Unterdessen erscheint eine Frau, die sich als Kriminalkommissarin vorstellt. Die Ermittlerin überreicht Mandy ein rotes Papier. »Haftbefehl« steht auf dem Briefkopf. Dann folgt Cems Name nebst dem Tatvorwurf: Mandys Mann soll mit drei weiteren Bandidos ein halbes Jahr zuvor einen Rivalen aus der Rockerszene erstochen haben. Das Opfer mit dem Spitznamen »Reiki«, 63, gehörte zu den Freeway Riders – einer Gruppierung, die vor allem im südwestfälischen Raum mit den Bandidos Revierkämpfe ausficht.

Cem ist *Sergeant at arms* der Kölner Bandidos, also der Mann für die Sicherheit. Auf seinem Hals prangt ein Tattoo: »1 %« – für *Onepercenter.* Damit schmücken sich »die Härtesten der Harten«. Die Ermittlungen legen nahe, dass Reiki aus Rache sterben musste. In Hagen hatte ein Rider zuvor auf einen Anwärter der mächtigsten Rockertruppe Nordrhein-Westfalens geschossen und ihn schwer verletzt. »Wir suchen nach der Kutte und der Wollmütze des Opfers«, erläutert die Kommissarin. In der Rockerszene gilt es als höchste Demütigung, seine Kutte zu verlieren. Zwei Stunden lang durchstöbert die Polizei vergeblich die Wohnung nach den gestohlenen Utensilien. Danach gehen die Beamten wieder und hinterlassen ein Chaos.

Vor allem gefühlsmäßig: Mandy ringt um ihr Gleichgewicht. Eine Welt bricht für sie zusammen. Ihr Cem – ein Mörder? Das kann nicht sein, das glaubt sie nicht, das ist doch jetzt nicht deren Ernst? Unablässig martert sie ihr Hirn: Wieso steht er unter Tatverdacht? Wie kommt es, dass er da mit drinsteckt?

Immer wieder liest die junge Frau den Haftbefehl durch. Die Tat soll in der Nacht zum 13. Oktober 2018 nahe dem Freeway-Rider-Clubhaus »Badland« in Gelsenkirchen geschehen sein. Verzweifelt versucht sich Mandy zu erinnern, wo sie an jenem Tag gewesen ist. Und wo hat sich Cem aufgehalten? Hatten sie den Abend gemeinsam verbracht oder nicht? Kann es wirklich sein, dass er das war? Nein, das glaubt sie nicht. »Das kann nicht sein!«, ruft Mandy verzweifelt aus. Nie hätte sie es für möglich gehalten, dass ihr Liebster so eine Scheiße bauen könnte.

Ein Montag im Oktober 2020. Mandy bestellt sich einen Tee mit echter Minze in einem Café in Essen. Mit ernster Miene schildert die 26-jährige

Kellnerin die damaligen Erlebnisse. All den Frust, die Wut, das Hadern mit der Situation, all die Angst, die ewig wiederkehrenden Fragen nach Schuld oder Unschuld. Nie zuvor hatte sie etwas mit Strafverfolgern zu tun gehabt, nie hatte sie gegen Gesetze verstoßen. Mit ihrem Cem zusammen hatte sie Großes vor: heiraten, Kinder bekommen, ein Leben auf der Sonnenseite, Familie, etwas aufbauen. Dann aber musste sie hilflos zusehen, wie alle ihre Träume zerstoben. Derjenige, den sie so sehr liebte, steckte mitten drin im kriminellen Sumpf und Mandy musste sich entscheiden, wie es weitergehen sollte.

Immerhin betrafen die Vorwürfe gegen ihren Verlobten kein Kavaliersdelikt: Einen Menschen zu töten, wiegt weitaus schwerer als Steuern zu hinterziehen. Für Mandy aber kam es nicht in Frage, ihren Verlobten nun in seiner schwierigen Lage alleine zu lassen. »Für mich war klar, dass ich zu ihm stehen werde.« Ein fester Blick unterstreicht diese Aussage. Dann hebt sie ihr Glas und schlürft ein wenig Tee.

Gewiss waren mitunter auch Zweifel oder der Ärger darüber, dass Cem alles kaputt gemacht hatte, aufgekeimt. Aber Mandy wollte nicht so früh aufgeben. »Es gibt ja solche Frauen, die dann schnell das Handtuch werfen, wenn ihr Partner in den Knast kommt.« Für die junge Polin kam dies nicht in Frage. Aufgewachsen in einem gutbürgerlichen Elternhaus mit zwei Geschwistern, hat sie gelernt, was Treue, Liebe und Vertrauen bedeuten.

In der Tat hatte Cem viel Zeit mit seinen »Brüdern« aus dem Bandido-Chapter verbracht. Häufig wusste sie nicht, was er dort machte oder wo er gewesen war. Es hatte sie auch nicht wirklich interessiert. Wenn Mandy wirklich einmal nachhakte, wich Cem aus oder schwieg einfach. Für ihn waren die Jungs im Klub seine Brüder, seine Familie, die er so als Kind nie gehabt hatte. Cem war bei seinen Großeltern aufgewachsen, die dann irgendwann zurück in die türkische Heimat übersiedelten. Einmal hatte er ihr am Telefon erzählt, dass einer seiner *best buddys* angeschossen worden sei. Weitere Erklärungen gab er nicht ab.

Seine Freundin akzeptierte seine Eigenart, über manches kaum zu reden. Solange er nicht mit einer anderen Frau rummachte, war das in Ordnung.

Anstoß nahm sie allerdings an seinem Drogenkonsum und der Sauferei. Wie oft hatte sie ihren Freund gebeten, das Koksen zu lassen! Wenn er wieder mal am Telefon völlig high albern herumgekichert oder mit schwerer Zunge schwer herumgelallt hatte. Cem konsumierte täglich bis zu drei Gramm Kokain rein, dazu ein paar Joints. Mit Wodka, Whisky, Jägermeister oder Bier bildete das einen gefährlichen Mix.

Das Schwurgericht wird später feststellen, dass Cem sich zusätzlich noch Speed, Ecstasy und das opioidhaltige Schmerzmittel Tilidin reingezogen hatte. Jeden vierten Tag spritzte sich der ehemalige Kickboxer zudem zwei Ampullen Testosteron zum Muskelaufbau. Der Drogencocktail ließ ihn nach Ansicht der Richter mitunter äußerst aggressiv werden. Er prügelte sich häufiger. Auch begann er zu zittern, wenn kein neuer Stoff zur Hand war. Alpträume, Angstzustände und Herzrasen machten ihm dann zu schaffen – Entzugserscheinungen, die er offenbar vor seiner Freundin verborgen hielt.

Mandy hatte mit Rauschgift nichts am Hut. Sie wunderte sich zunächst über das Drogenverhalten ihres Verlobten, drohte ihm mitunter, ihn in eine Therapie einweisen zu lassen. Letztlich aber ließ sie ihren Freund gewähren. Denn zu ihr war er immer nett und abseits der Drogenprobleme führte das Paar eine normale Beziehung. Mandy ging fünf Tage in der Woche servieren und Cem arbeitete im Hoch- und Tiefbau eines großen Konzerns. Kein Tag, an dem man sich nicht sah, nicht füreinander da war. Bis zu jenem Tag im März 2019, an dem sich alles änderte. Aus der trauten Zweierbeziehung im eigenen Heim wurde ein Verhältnis, das getrennt war durch Mauern.

Von heute auf morgen musste Mandy völlig umdenken. Nun war es an ihr, alles allein zu managen: Zunächst galt es, einen erfahrenen Strafverteidiger zu besorgen. Sie heuerte mich an. Dann musste die junge Frau dem Arbeitgeber ihres Mannes beibringen, dass Cem in nächster Zeit erst mal nicht abkömmlich war, weil er in Untersuchungshaft saß. »Die waren allerdings sehr nett zu mir«, erinnert sich Mandy. »Der Chef sagte mir, er glaube an die Unschuld von Cem.« Solche Worte wirkten wie Balsam auf ihre Seele.

Außerdem musste sie zusehen, dass ihr Verlobter in der U-Haft mit allen nötigen Utensilien versorgt war. Vor allen Dingen mit frischen Klamotten. Im Gegensatz zur Strafhaft darf der Untersuchungsgefangene seine eigene Kleidung tragen. Und so machte sich Mandy alle zwei Wochen auf den Weg zur Gefängnispforte, um Cem neues Zeug zum Wechseln aushändigen zu lassen und die getragenen Sachen wieder mitzunehmen. Die JVA gestattete an Klamotten alles, was Mandy mitbrachte, außer Cems Lieblingsteile in Camouflage-Optik. Die gewaschenen Hosen, T-Shirts, Strümpfe und Slips steckte sie wohlweislich in einen blauen Plastiksack. Sie hatte von Angehörigen gehört, die etwa Taschen oder Koffer benutzt und das Gepäck dann nie wiedergesehen hatten. Die Wärter warfen es einfach weg.

Mandy musste einen Monat warten, bis sie Cem wiedersehen durfte. In der Zwischenzeit quälte sie stetig die Ungewissheit. Wie geht es ihm? Was macht er gerade? Und dann war da natürlich die Frage aller Fragen: Wieso hatte ihr Liebster etwas mit Mord oder Totschlag zu tun? »Es ist schwierig, geduldig und ruhig zu bleiben, wenn du nicht weißt, wie es deinem Liebsten geht.«

Mandy weiß noch zu gut, welcher Sturm damals auf sie einwirbelte. Jeder aus ihrem Bekannten- oder Kollegenkreis wollte etwas sagen, wollte ihr Mut zusprechen – oder sie neugierig aushorchen. Natürlich hatten viele die Schlagzeilen von der Festnahmeaktion registriert. Cems Foto mit seinen unverkennbaren langen Haaren machte die Runde. Wegen seiner Mähne hatte er schon immer bei seinen Kumpels den Spitznamen »Indianer« weggehabt.

Die Kolleginnen und Kollegen, die Freunde, die beiden Geschwister und ihre Mutter hielten unisono zu Mandy: »Nee, der Cem war das nicht, das glaube ich nicht«, hieß es allenthalben. Das half ihr ein wenig, die Zweifel wegzuschieben, um wieder Vertrauen zu schöpfen.

Vor dem ersten Besuchstermin wartete zunächst ein umfangreicher bürokratischer Aufwand auf Mandy: Über mich beantragte sie beim Amtsgericht eine Erlaubnis, Cem in der Untersuchungshaft aufsuchen zu dürfen. Auf einem Formular muss der Antragsteller Name, Verwandtschafts- oder Beziehungsgrad notieren. Bald darauf erhält man einen Zettel mit entsprechenden Hinweisen zum Besuchsverhalten. Unter anderem weist die Justiz darauf hin, dass es eine akustische und optische Überwachung geben wird. Danach gilt es einzig noch mit der Justizvollzugsanstalt freie Besucherzeiten auszuloten. »Früher durfte man zu dritt in den Besuchsraum hinein«, berichtet Mandy, »aber wegen Corona sind derzeit nur zwei Besucher zugelassen.«

JVA Bochum an einem Apriltag im Jahr 2019. Der erste Besuch. Mandy klingelte an der Pforte. Ausweis und Besuchserlaubnis legte sie in die Schublade am Eingang. Das Handy musste sie einschließen. Danach folgten die üblichen Kontrollen. Automaten reihten sich vor dem Besucherraum auf. Dort konnte man für maximal 20 Euro in Münzen Tabak, Zigaretten, Kaffee, Tee oder Süßigkeiten ziehen.

Mandy freute sich ungemein auf das Wiedersehen. Als Cem von der gegenüberliegenden Seite in den Besucherraum eintrat, gab es kein Halten mehr. Tränen liefen Mandy über das Gesicht, als sie ihn endlich in die Arme schließen durfte. Früher waren sie jeden Tag zusammen gewesen, und nun so lange getrennt. Cem lächelte glückselig. Er hatte schon befürchtet, dass Mandy ihn fallen lassen würde. Die aber schüttelte bestimmt den Kopf: »Ich werde hinter dir stehen, egal, was da geschehen sein sollte.« Cem grinste zufrieden und flüsterte: »Schön, dass du da bist, ich will dich auf keinen Fall verlieren.« In diesen kurzen Momenten vergaßen beide, dass ein Vollzugsbeamter draußen vor der offenen Tür des Besucherraums saß und das Geschehen beobachtete.

Bald aber setzte sich das Paar. Viel galt es zu besprechen, vieles zu erklären, insbesondere brannte Mandy darauf, alles um diese Geschichte mit dem gegnerischen Rocker, der erstochen worden war, zu erfahren. Genau diesen Themenbereich aber hatte die JVA Mandy verboten anzusprechen. In der Untersuchungshaft darf der Delinquent mit seinen Angehörigen oder Besuchern nicht über den Fall reden. Dabei liegt Mandy mehr denn je die Frage aller Fragen auf der Seele: »Warst du es oder warst du es nicht?« Genau diese Frage darf sie aber nicht stellen. »Du schaust ihn an und weißt, dass dein Partner dir etwas sagen will«, schildert Mandy die bizarre Situation,

»aber du darfst nicht darüber sprechen, das ist der reinste Horror.« Auch Cem weiß, dass er diesen heiklen Punkt nicht ansprechen soll. Der Grund für dieses Verbot besteht darin, dass die Ermittlungen der Strafverfolger während der U-Haft nicht beeinträchtigt werden sollen. Würde der Insasse seiner Partnerin alles erzählen, könnte diese beispielsweise dazu animiert werden, auf Zeugen Einfluss zu nehmen oder die bislang nicht aufgefundene Tatwaffe verschwinden zu lassen.

Und so blieb es bei Liebesbotschaften und privatem Smalltalk. Mandy bestellte ihrem Verlobten Grüße von der Familie. Nach einer Stunde mussten beide voneinander scheiden. »Der Abschied fällt jedes Mal schwer«, erzählt die junge Frau, während sie kurz in ihr Teeglas schaut. »Schließlich sieht man sich erst in einem Monat wieder.«

Ein Monat war eine lange Zeit, die sie mitunter endlos grübeln ließ. Zumal die Medien intensiv über den Fall berichteten. »Ein Toter im Rockerkrieg«, war da zu lesen. Mandy reagierte höchst gereizt auf die Berichte. Normalerweise war es ihr egal, was die anderen über sie und ihren Verlobten dachten, »aber das hier ging zu weit, wieso musste das in so krasser Art und Weise ausgeschlachtet werden? So was bleibt doch an ihm hängen. Wenn er mal rauskommt, ist er für alle als Mörder abgestempelt. Dabei ist er ein ganz anderer Mensch, die Leute kennen ihn ja gar nicht, wie er privat ist.« Mandy glaubt fest an das, was sie sagt. Kein Zweifel. Der Minztee dampft nicht mehr.

Mitunter trieb Mandy das Warten auf Antworten mehr um als das Warten auf den nächsten Besuchstermin. Nach einigen Wochen erhielt ich als Cems Strafverteidiger Akteneinsicht. Auf 1000 Seiten hatten die Strafverfolger Vorwürfe, Ermittlungsschritte und Beweise aufgelistet, wenig später folgte die Anklage gegen Cem und seine drei mutmaßlichen Komplizen wegen Totschlags. Immer wieder rief Mandy in dieser Zeit bei mir an. Aufgeregt wollte sie alles genau wissen: Was heißt dies, was heißt jenes? Was meint die Staatsanwaltschaft denn damit? Welches Strafmaß droht im schlimmsten Fall? Mandy versuchte sich ihr eigenes Bild zu machen. Immerhin ging es um den einen, entscheidenden Punkt: schuldig oder unschuldig. »Ich konnte mir das Ganze ja gar nicht vorstellen«, erinnert sie sich im Rückblick. Anfangs habe sie sich selbst etwas vorgemacht. Cem schien in ihren Augen unschuldig, ganz klar.

Zunächst sah alles auch erst mal gut aus. Die Beweislage schien dünn zu sein. Die Ankläger stützten sich auf die Handydaten der vier tatverdächtigen Rocker, die nahe dem Tatort eingeloggt waren. Zwei Zeugen wollten Teile des tödlichen Geschehens in jener Tatnacht beobachtet haben. Allerdings hatte die Dunkelheit verhindert, dass viel zu sehen war. Einzig drei Männer, die mit dem späteren Opfer Streit bekamen, hatten die Zeugen schemenhaft gesehen. Ferner hatte sich eine DNA-Spur vom getöteten Alt-Rocker Reiki im Audi der Bandido-Gang gefunden.

Ich machte Mandy und Cem Mut. Nach meiner Einschätzung war da viel Raum, die angeblich so belastenden Beweise auseinanderzunehmen, zumal von vorneherein kein Zweifel bestand, dass alle Angeklagten schweigen würden. Ein ungeschriebenes Gesetz in der Welt der Kuttenträger besagt, dass man nie seinen Bruder verpfeift. Und so war es auch hier.

Der Prozess nahte. Mandy konnte kaum noch schlafen. Aufgeregt betrat die Restaurantfachfrau schließlich Mitte Oktober 2019 zum Auftakt der Verhandlung den Gerichtssaal. Der Saal füllte sich schnell. Kameras liefen, Blitzlicht beleuchtete die Szene. Dann kam Cem rein. Der »Indianer« wirkte cool und abgeklärt. Fröhlich winkte er aus 30 Metern Entfernung seiner Verlobten zu. Kusshändchen folgten, so als handelte die Sitzung eher von einem Hühnerdiebstahl als einem Streit mit Todesfolge.

Mandy war froh, dass es nun losging. Endlich sollte alles auf den Tisch kommen. Endlich würde sich erweisen, was an den Vorwürfen gegen ihren Partner wirklich dran war. Zumindest hoffte sie dies. Beinahe an jedem Prozesstag saß die junge Frau im Besucherbereich.

Zeugen sagten aus, Polizei, Rettungskräfte, Spurensicherer, Kriminaltechniker. Alles schien gut zu laufen. Die Indizienlage wirkte dünn. Als Beweis führte die Staatsanwaltschaft unter anderem an, dass die angeklagten Rocker Aufnäher mit dem Motto »*Expect No Mercy*« getragen hatten. Dieses

Abzeichen, so erklärte ein Polizeibeamter im Zeugenstand, werde nur an Gangmitglieder vergeben, die schon mal einen Gegner getötet hätten. Dann stellte sich aber heraus, dass die Angeklagten diese sogenannten »Patches« bereits vor dem Tod des Freeway-Riders getragen hatten. Eins zu null für die Verteidigung.

Dann aber wendete sich das Blatt. Im Februar 2020 zauberte die Staatsanwaltschaft plötzlich einen neuen Belastungszeugen aus dem Hut. Ein Mitgefangener behauptete, dass Cem ihm die Tat beim Hofgang in der JVA Bochum offenbart hätte. Nun sind solche Zeugen immer mit Vorsicht zu genießen, denn Zinker sind ein weitverbreitetes Übel im Knast. Manche würden für Hafterleichterungen oder einen Strafrabatt ihre eigene Mutter verkaufen. Und genauso war es auch hier: Der Informant, der als Wiederholungstäter wegen Einbruchs einsaß, hatte der Polizei erzählt, er habe sich entsprechende Notizen über Cems angebliche Beichte gemacht. Zwar hatte der Zinker sich die angeblichen Gespräche mit Cem minutiös auf Zetteln notiert, es fanden sich aber keine sonstigen Beweise für seine Behauptungen. Vielmehr stellte sich heraus, dass der Mann bereits etwa ein Dutzend Mitgefangene bei der Justiz angeschwärzt hatte.

Als der Zinker damals jedoch in den Zeugenstand trat, sprang Cem auf und beschimpfte ihn wild als Hurensohn. Cem war kaum zu bremsen. Hilflos schaute Mandy daraufhin im Zuschauerraum zu, wie der Zeuge ihren Mann an die Wand nagelte. Mandy konnte es nicht fassen. Für sie stand fest: »Niemals hat Cem so einen Scheiß erzählt!« Die junge Frau wollte es nicht glauben. Wütend, richtig stinkig verließ sie den Gerichtssaal. Am liebsten hätte sie diesem Typen eine reingehauen. Der machte gerade all ihre Hoffnungen zunichte!

Die unliebsame Prozesswende zog jedoch ganz andere Folgen nach sich: Plötzlich wollte Cem die Tat auf sich nehmen. Er legte schließlich über mich ein schriftliches Geständnis ab. Damit wären seine drei Mitangeklagten fein raus gewesen. Mandy glaubte von Anfang an nicht an Cems vor Gericht abgegebene Version der Tatschilderung. Während des Prozesses offenbarte sie mir: »Cem ist die Freiheit seiner Bandido Brüder wichtiger als seine eigene.

Ich finde seine Loyalität einerseits super, andererseits hoffe ich, dass ich als Partnerin nicht darunter leiden muss, weil er jetzt vom Gericht richtig eins übergebraten bekommt.«

Cem zog sein Ding durch. Seiner Aussage zufolge hatte er sich am Tatabend zugedröhnt und wollte dem »Alt-Rocker Reiki« eine Lektion erteilen. Dabei sei es zu einer Auseinandersetzung gekommen. Cem habe zum Messer gegriffen und zugestochen. Dabei habe er die Lunge des Opfers getroffen.

Die Version verfing nicht vor Gericht. Die Strafkammer ging anhand der Beweislage davon aus, dass seinerzeit vier Bandidos an der Tat beteiligt waren. Wer letztlich dem Rivalen der Freeway Riders die elf Stiche zugefügt hatte, ließen die Richter offen. Cem hielten sie jedoch sein Geständnis zugute, auch wenn es in wesentlichen Punkten nicht den wahren Sachverhalt widerspiegelte.

Der Schuldspruch fiel äußerst milde aus, da die Schwurgerichtskammer von einer Körperverletzung mit Todesfolge ausging und nicht von Totschlag oder gar Mord. Er wurde lediglich zu neun Jahren Haft verurteilt, zwei seiner Mitangeklagten kassierten ein Jahr mehr, der dritte bekam sechseinhalb Jahre. Ein Punkt bei der Urteilsverkündung veranlasste Mandy beinahe zu einem Jubelschrei: Cem, so befand das Gericht, könne nach drei Jahren im Gefängnis eine Drogentherapie beginnen. Sollte dabei alles gut verlaufen, käme er schon nach viereinhalb Jahren wieder raus. Denn räumt ein Urteil einem Angeklagten eine Therapiemöglichkeit im Maßregelvollzug ein, so kann die Hälfte der Strafe erlassen werden, wenn der Verurteilte die Therapie durchzieht. Mandy nahm befriedigt den Richterspruch zur Kenntnis: »Weil Cem auch die Möglichkeit einer Therapie bekommen hat. Ich hoffe, dass er von dem Teufelszeug Kokain dadurch endgültig wegkommt.«

Kurz nach der Urteilsverkündung suchte Mandy ihren Verlobten in der JVA auf und war erstaunt, weil Cem sich gar nicht so sehr über seine eigene milde Strafe freute, sondern vielmehr damit haderte, dass seine Bandidos-Brüder nicht mit einem Freispruch rausgekommen waren. »Ihm war es wichtiger, was mit den anderen passiert, als mit ihm selbst. Er sagte: Du weißt doch, mein wahrer

Nachname ist Bandidos. Nur durch Respekt vor den anderen und Einsatz für die anderen schafft man Liebe. Loyalität für die Familie geht über alles!«

Bei jedem neuen Besuch schwor sie ihn dagegen auf das eine Ziel ein: »Zieh bitte das mit der Therapie durch!« Cem versprach, dass er die Chance auf jeden Fall ergreifen werde. Die Bandido-Kutte wollte er allerdings niemals ablegen. Einzig ruhiger sollte es fortan zugehen. Und: »Kein Scheiß mehr.«

Mandy glaubte ihm. »Es stimmt, er hat zwar großen Mist gebaut, aber die psychiatrischen Prognosen sind positiv, zirka drei Jahre inklusive Therapie muss er noch durchhalten. Sollte alles klappen, fangen wir ein neues Leben an.« Sollte Cem aber die Therapie schmeißen und müsste die kompletten neun Jahre absitzen, weiß Mandy nicht, was sie dann tun würde. Die Lebensuhr tickt. Mandy weiß genau, was sie will. Wenn ihr Verlobter nach verbüßter Halbstrafe rauskommt, ist sie 29. »Dann wollen wir heiraten, eine Familie gründen und Kinder bekommen. Und ich bin mir sicher, dass er das schafft.«

Bis dahin üben sich beide vor allem im Briefeschreiben, um den Schmerz über die Trennung ein wenig abzumildern. Seit der Verurteilung darf Cem einmal in der Woche aus dem Knast anrufen. Zehn Minuten lang, mehr ist nicht erlaubt. Jetzt dürfen die beiden auch offen über die Tat sprechen, weil die Ermittlungen nicht mehr beeinträchtigt werden können. Meist klingelt er abends durch. Deshalb stellt Mandy den Klingelton des Handys immer auf volle Lautstärke. »Cem schreibt mir auch seitenlang, richtige Romane«, erzählt die Kellnerin.

Da wir aus formalrechtlichen Gründen Revision gegen das Urteil eingelegt haben, sitzt Cem immer noch in der U-Haft. Folglich wird der gesamte Schriftverkehr des Paares auch vom zuständigen Richter gelesen. Das heißt, dass es bis zu zwei Wochen dauern kann, bis die Post ankommt. »Man muss sich beim Schreiben auch immer wieder klarmachen, dass da andere Leute alles mitlesen«, sagt Mandy – eine Vorstellung, die für die junge Frau schwer zu ertragen ist. Allzu intime Einblicke bleiben deshalb in ihrem Herzen und stehen nicht auf dem Papier. Obschon sie ihm doch noch so viel zu sagen hätte. »Aber das ist nur für ihn bestimmt und nicht für andere.«

Durch die Corona-Krise darf Mandy ihren Liebsten nur einmal pro Monat besuchen. Eine schwierige Zeit, gewiss. Mit einer wegwerfenden Handbewegung schränkt aber sie breit grinsend ein: »Solange er mich jede Woche anruft und ich weiß, es geht ihm gut, dann stärkt mich das auch.«

Vieles ist mittlerweile Routine geworden. Bei jedem Besuch nimmt Mandy die getragene Kleidung ihres Verlobten mit, steckt sie in einen blauen Plastiksack und überreicht den Vollzugsbeamten dafür seine gewaschenen Klamotten. Nach eingehender Kontrolle erhält Cem die Sachen dann einige Tage später. Ansonsten sind seine Bedürfnisse überschaubar. Mitunter muss sein Konto in der Anstalt aufgefüllt werden. Die Automaten vorne vor dem Besucherraum in der JVA Bochum sind wegen der Virus-Pandemie leer. Mandy kann als Angehörige nur wenig tun, um ihrem zukünftigen Ehemann das Leben im Knast zu erleichtern.

Der Minztee geht zur Neige. Mandy nippt nochmals am Glas.

»Jemals daran gedacht, alles hinzuwerfen?«, will ich wissen.

Die langen Haare wirbeln herum. Der bestimmte Blick sagt mehr aus als ihre Worte: »Nein, wenn er es durchzieht, sein Leben zu ändern, dann bin ich bei ihm.«

Und wie sie es aufgenommen habe, dass gegen Cem kurz nach dem Essener Urteil ein neues Strafverfahren wegen versuchten Mordes bekannt geworden ist? Tatsächlich ist zwischenzeitlich eine weitere Anklage gegen Cem in Hagen erhoben worden: Gemeinsam mit anderen Bandidos soll er 13 Mal mit einem Maschinengewehr auf ein Café der Hells Angels in Köln gefeuert haben. Mehrere anwesende Rocker der anderen Seite sollen sich in letzter Sekunde auf den Boden geschmissen haben, als die Kugeln durch die Tür einschlugen.

Mandy denkt kurz nach und hebt dann entschlossen den Kopf: »Wir haben das erste Verfahren hinter uns gebracht. Auch diese Hürde werden wir gemeinsam meistern. Der Indianer und ich gehen durch dick und dünn!«

Die Tasse Tee ist leer. Mandy steht auf und geht – in eine ungewisse Zukunft.

KAPITEL 8

UNTER DRUCK

Zelle 323, JVA Essen. Am frühen Morgen, kurz vor fünf Uhr, öffnete ein Vollzugsbeamter die Tür. Walter Semper, 40, sollte sich zum Küchendienst melden. Ein grauenvoller Anblick bot sich dem Wärter. Der inhaftierte Werkstättenleiter und Schweinebauer aus Kirchhellen bei Bottrop hatte sich am Gitterfenster erhängt. Zwischen 21 und 22 Uhr am Abend zuvor musste er sich ein Stromkabel von der Schreibtischlampe abgeschraubt und mit dem Gürtel eine Schlinge gebastelt haben, um sich zu strangulieren. Das Ende eines völlig verzweifelten Häftlings, der gerade erst wegen Mordes an seiner Ehefrau verurteilt worden war.

Heimtückisch soll er Magda Semper im Schlaf in den Kopf geschossen haben. Das Motiv: eine andere Frau. Ein reiner Indizienprozess, in dem der Angeklagte stets aufs Neue die Unschuld beteuerte. Sein Anwalt Hans Reinhardt, mein Kanzleipartner, zerpflückte etliche belastende Indizien, etwa die These, dass die an Daumen und Hose des Angeklagten gefundenen Schmauchspuren ihn als Täter identifizierten.

Semper hatte berichtet, dass er sich mit seiner Frau Magda am Abend zuvor wegen seiner Affäre gestritten hatte. Am Morgen danach sei er zur Arbeit gefahren, in einer Pause am Vormittag will er zurückgekehrt sein, um sich auszusprechen. Dort habe er seine Frau erschossen vorgefunden, dabei habe er ihren Puls am Hals gefühlt. Sein Verteidiger argumentierte, auf diese Weise hätten sich die Schmauchüberreste übertragen können. Ein Gutachter des Landeskriminalamtes NRW hielt diese These der Sekundärübertragung für möglich.

Und so ging es in einem fort: Das Gericht beleuchtete Indiz um Indiz. Die Ermittler hatten Glasspuren an der Kleidung des Tatverdächtigen festgestellt, die aus dem völlig verwüsteten Wohnzimmer stammten. Sempers Anwalt hielt dagegen: Die Splitter habe sich sein Mandant zugezogen, als er sich zu seiner toten Frau hinkniete, so seine Gegenvorstellung. Das klang überzeugend.

Fragen nach einem möglichen anderen Täter tauchten auf. Semper hatte stets von einem Räuber gesprochen, der seine Frau überfallen und in der Wohnung ein Chaos hinterlassen haben musste. Zudem wurde die Tatwaffe nie gefunden, obschon die Mordkommission selbst die Güllefässer auf dem Hof untersucht hatte.

Die Ermittler hatten so genannte »Mantrailer-Hunde« in die Nachforschungen eingeschaltet. Einer der vierbeinigen Spurensucher hieß Quincy, wie jener Rechtsmediziner aus der US-Krimiserie der 70er und 80er Jahre. Die Kripo ließ die Hunde an dem tödlichen Projektil schnuppern. Umgehend liefen die Tiere vom Tatort zur Polizeiwache in Bottrop und später dann zum Amtsgericht. Den gleichen Weg hatte Semper nach seiner Verhaftung genommen. Bei weiteren Versuchen wurden den tierischen Polizeischnüfflern Geruchsspuren aus dem Schusskanal der Leiche vorgehalten. Daraufhin rannten sie vom Polizeirevier in Bottrop zur JVA Essen, in der Semper einsaß. Das waren Indizien, die auf seine Schuld hinwiesen, gewiss, »mehr aber auch nicht«, führt sein Verteidiger heute aus, »denn diese Mantrailer-Suche stellt keine vor Gericht anerkannte Methode zur Beweisführung dar.«

Dann aber sagte Sempers ehemalige Geliebte aus. Die Arbeitskollegin bekundete, dass Semper irgendwann geschimpft habe: Am liebsten würde er seine Frau »töten«. Da war es wieder: das Tatmotiv.

Zeitweilig hatte Magda Semper die Scheidung betrieben. Der Unterhalt für sie und die drei Kinder sollte gut 2800 Euro betragen. Aber war das tatsächlich der Grund für den Mord? Selbst das Gericht verwarf diese Hypothese der Ankläger. Letzten Endes war Walter Semper wieder mit seiner Frau zusammengekommen, auch wenn er die Beziehung zu seiner Freundin nicht ganz abgebrochen hatte.

Der Prozess zog sich. Auf Gutachten folgten Gegengutachten. Aussage stand gegen Aussage. Anfang Oktober 2015 fällte die Schwurgerichtskammer dann ihr Urteil. Der Vorsitzende Richter folgte in seinem Spruch der Tatversion der Staatsanwaltschaft: »In der Gesamtheit sprechen die Indizien eindeutig für die Schuld des Angeklagten.« Genauso gut hätte er auch umgekehrt im Zweifel für den Angeklagten entscheiden können, ist sich mein Kanzlei-Partner Hans Reinhardt auch dieser Tage noch sicher. »Das war eine 50 : 50-Entscheidung«.

Walter Semper zumindest hat den Schuldspruch nicht verkraftet. Auf dem Tisch in der Todeszelle 323 fanden die Ermittler Abschiedsbriefe des Verurteilten an die Polizei, die Staatsanwaltschaft als Anklagebehörde und den Vorsitzenden des Schwurgerichts. »Ich möchte Sie darauf hinweisen, dass Sie einen Unschuldigen verurteilt haben«, heißt es in den Schreiben. »Ich kann mit dieser Schande nicht leben, der Name meiner Familie muss reingewaschen werden.«

Sein Anwalt Reinhardt, der stets an die Unschuld seines Klienten glaubte, warf der Anstaltsleitung schwere Fehler vor. Offenbar hatte man in Essen die Suizidgefahr des frisch verurteilten Mandanten unterschätzt. »Normalerweise lässt man diese Menschen so kurz nach dem Schuldspruch nicht alleine in der Zelle sitzen.«

Der Fall sorgte für großes Aufsehen. Der damalige Justizminister und heutige SPD-Fraktionschef Thomas Kutschaty musste sich rechtfertigen. Das Protokoll der letzten 30 Stunden im Leben des Walter Semper wies laut dem Justizministerium keine Hinweise auf Suizidabsichten auf. Im Umschluss hatte sich Semper demnach stundenlang mit einem befreundeten Mithäftling unterhalten, ohne erkennbar depressive Reaktionen zu zeigen. Er sei stabil und lebensbejahend gewesen. Ähnliches berichteten zwei Anstaltspsychologen, die mit ihm über seine Gemütsverfassung nach dem Urteil gesprochen hatten.

Niemand wusste offenbar, dass Walter Semper nach dem Richterspruch mit Tränen in den Augen den Gerichtssaal verlassen hatte. Gefängnispsychologen sprechen in dem Kontext von einem »Erstschock«. Nach Prozessende stürmt auf den Verurteilten vieles ein, was er vorher verdrängt hat. Insbesondere der Glaube an ein Happy End erlischt so wie der letzte Funke Hoffnung.

Bei Semper verfestigte sich nun die Gewissheit, dass er jetzt wohl mindestens die nächsten 15 Jahre hinter Gitter verbringen sollte. Lebenslang wegen heimtückischen Mordes. Eine schwere Bürde, die auf ihm lastete, die ihn offenbar schlichtweg erdrückte. Zumal den Schweinezüchter die Furcht beschlich, was seine sieben, neun und elf Jahre alten Kinder über ihn denken mochten. In dem Flecken Feldhausen nahe Kirchhellen kannte jeder jeden. Was, wenn sein Sohn und seine beiden Töchter ihn tatsächlich für einen Mörder hielten? Den Mörder ihrer Mutter.

»Den Gedanken konnte er vermutlich nicht ertragen«, konstatiert sein Anwalt Reinhardt heute fünf Jahre danach im Rückblick. Der Verteidiger wollte seinerzeit gerade die Revision gegen den Schuldspruch einlegen, als die JVA ihm die Todesnachricht übermittelte. »Da waren viele Punkte, die wir angreifen konnten, die Chancen standen nicht schlecht für meinen Mandanten.« Doch Walter Semper wollte offenbar nicht mehr, er glaubte nicht mehr an einen Freispruch.

Nach dem Freitod reagierte die Presse schockiert – nun sei den Kindern auch noch der Vater genommen worden. Und da mit dem Tod des Angeklagten auch das Strafverfahren endet, würden diese nun nie erfahren, wer ihre Mutter umgebracht habe – und ob es wirklich ihr eigener Vater war. Nicht einmal eine schriftliche Urteilsbegründung des bisher nur mündlich vorgetragenen Schuldspruchs werde für diese später vorliegen, da das Verfahren nun automatisch eingestellt werde.

Mein Soziuspartner Reinhardt erzählte mir dann, wie es wirklich um die Nachkommen von Walter Semper bestellt ist: »Tatsächlich verhält es sich anders, die Angehörigen haben ihnen vermittelt, dass ihr Vater unschuldig ist. Aus meiner Sicht handelt es sich um einen großen Justizirrtum. Allerdings wird sich mit dem Tod meines Mandanten nie der wahre Sachverhalt klären lassen.«

In Deutschland nehmen sich überdurchschnittlich viele Menschen in der Haft das Leben. Dies geht aus einer Erhebung des Europarates aus dem April 2019 hervor. Den Angaben zufolge töteten sich in hiesigen Gefängnissen gemessen an 10 000 Insassen durchschnittlich 11,8 Menschen. Im Vergleich mit den 46 Mitgliedstaaten des Europarats liegt die Rate nur in Frankreich (12,6) und Österreich (12,3) höher. Der Durchschnitt aller Mitgliedsländer lag bei 5,5. Die Zahlen für Deutschland beziehen sich auf das Jahr 2016.

Laut einer Statistik des Bundesamtes für Justiz haben sich binnen 20 Jahren fast 1400 Gefangene in deutschen Haftanstalten umgebracht. In den Jahren 1998 bis 2017 nahmen sich überwiegend Männer das Leben, nur in 40 Fällen waren es Frauen. Damit liegt die Rate hinter Gittern mit rund acht Suiziden pro 10 000 Inhaftierten gut siebenmal höher als außerhalb des Strafvollzugs. Häufigste Todesart ist das Erhängen, gefolgt von selbst gelegten Zellenbränden.

Am 17. September 2018 starb der syrische Inhaftierte Amed A., nachdem er mutmaßlich mit einem Feuerzeug in seinem Haftraum ein flammendes Inferno entfacht hatte. Der 26-jährige Flüchtling saß unschuldig ein. Tatsächlich hatte ein gesuchter Migrant aus Mali die Diebstähle, die ihm vorgeworfen wurden, begangen. Aufgrund einer Polizeipanne in den Fahndungssystemen musste Amed A. in der JVA Kleve zwei kurze Haftstrafen absitzen, obwohl er unschuldig war. Wenige Wochen vor seiner Entlassung schnorrte er sich bei einem Vollzugsbeamten eine Zigarette. Wie in jedem Gefängnis üblich, verfügte er über ein eigenes Feuerzeug. Gegen 19 Uhr soll er die Matratze seines Bettes angezündet haben. Amed A. starb an den Folgen schwerer Verbrennungen und einer Rauchvergiftung.

Der Fall avancierte zum Politikum, ein parlamentarischer Untersuchungsausschuss im Landtag von Nordrhein-Westfalen beleuchtet seither den Fall. Etliche Medien witterten gar, dass hinter dem ganzen Vorfall noch mehr gesteckt habe. So wurde der Polizei vorgeworfen, man habe den syrischen Zuwanderer aus fremdenfeindlichen Motiven in der Haft gelassen, obwohl die Kripo längst wusste, dass der falsche Delinquent einsaß. Die TV-Reporter warteten mit Gutachtern auf. Die Expertisen sollten dokumentieren, dass NRWs Justizminister Peter Biesenbach das Brandgeschehen in der JVA Kleve falsch geschildert hatte. Dabei nährten die Medienberichte den Verdacht, dass die Vollzugsbeamten die Alarmrufe des Brandstifters viel zu spät wahrgenommen hätten. Womöglich stecke auch hier Absicht dahinter.

Ein fast 300-seitiger Untersuchungsbericht der Staatsanwaltschaft Kleve nebst weiteren Gutachten kam allerdings zum gegenteiligen Schluss. Auch stellte sich heraus, dass man einem angeblichen Belastungszeugen aus dem Gefängnis 300 Euro als Aufwandsentschädigung bezahlt hatte. Die Sender hielten jedoch weiterhin an ihren Theorien fest.

Dabei legte der Report der Justiz Nordrhein-Westfalens den Schluss nahe, dass Amed A. Angst vor einer Abschiebung nach seiner Entlassung hegte. Einem Knastkumpel hatte er vor seinem Tod berichtet, dass ihm jemand aus dem dritten Stock des Hafttrakts gesteckt habe, dass die deutschen Behörden ihn in seine Heimat transferieren würden, sollte er freikommen. Amed A., der mehrfach wegen anderer Delikte in Ermittlungsakten auftauchte, hatte gegenüber Freunden stets bekundet, dass er unbedingt in Deutschland bleiben wollte. Vielleicht nahm er die Warnungen des Mithäftlings fälschlich für bare Münze. Denn tatsächlich unterliegen syrische Flüchtlinge einem Abschiebestopp. Das gilt auch für Leute wie Amed A., deren Asylantrag abgelehnt wurde.

Allein im bevölkerungsreichsten Bundesland zwischen Rhein und Weser registriert die Landesjustizvollzugsdirektion jährlich im Schnitt elf Selbsttötungen hinter den Gefängnismauern. Zum Jahresbeginn 2020 verdoppelte die Behörde nach eigenen Angaben die Zahl der Psychologinnen und Psychologen zur Suizidprävention im Knast. Laut dem Westdeutschen Rundfunk sollen zur Unterstützung dieser 24 Suizidbeauftragten nach Informationen eines Behördensprechers 42 weitere Stellen für Bedienstete des allgemeinen Vollzugsdienstes geschaffen werden. Dadurch würden zusätzliche Gefährdungstests sowie eine intensivere Betreuung und Kameraüberwachung in den Hafträumen ermöglicht.

Damit reagierte Justizminister Biesenbach (CDU) auf den Tod des Syrers Amed A. Nach einem verpflichtenden Gefährdungstest bei der Aufnahme eines Gefangenen sind seitdem im ersten Haftjahr weitere Überprüfungen im Abstand von drei Monaten oder anlassbezogen auch weitere »Screenings« vorgesehen.

Dazu muss man wissen, dass nach der Aufnahme im Gefängnis in der Regel ein Suizid-Screening durchgeführt wird. Dabei suchen Mitarbeiter vom psychologischen Dienst vor allen Dingen den »Haftschock« des Neuankömmlings auszuloten. Experten registrieren nämlich eine hohe Freitodrate bei Gefangenen, die zum ersten Mal inhaftiert sind. Von einem Tag auf den anderen befinden sie sich in einer völlig fremden Welt: keine Telefonate, keine Bewegungsfreiheit, kaum Rechte, der Kontakt zur Familie abgeschnitten, totale Einsamkeit – eine triste Lage. Die überwiegende Anzahl der Selbsttötungen ereignet sich im ersten Haftjahr.

Beim Screening als weniger akut befundene Fälle werden von den Vollzugsbeamten in Intervallen von maximal 15 Minuten kontrolliert oder in Gemeinschaftszellen untergebracht. Besondere Risikokandidaten dagegen werden in einem besonders gesicherten Haftraum durchgängig überwacht. Das Kürzel »BgH« steht für diesen »besonders gesicherten Haftraum«. Die Maßnahme wird allerdings auch bei renitenten Häftlingen angewandt, denn der BgH ist das härteste Mittel, das eingesetzt werden kann, um Gefangene unter umfassende Kontrolle zu stellen. Die JVA-Insassen sprechen vom »Bunker«. Eine Video-Kamera verfolgt dort das Geschehen im Raum, lediglich eine dünne Matratze nebst Toilette komplettieren die Ausstattung.

Die Justiz unternimmt viele Versuche, das Suizid-Problem in den Griff zu bekommen. Mancherorts, wie etwa im Untersuchungsgefängnis Frankfurt am Main, tragen die suizidgefährdeten Gefangenen beispielsweise Papierkleidung. Die Klamotten reißen, sollte der Träger versuchen, sich damit zu strangulieren. Allerdings hapert es vor allen Dingen an Personal. Bei der derzeitigen schwachen personellen Ausstattung der Gefängnisse schieben die in der Justiz Beschäftigten hierzulande einen hohen Überstundenberg vor sich her. Laut der Gewerkschaft der Strafvollzugsbediensteten im Deutschen Beamtenbund fehlen rund 2000 Mitarbeiter. Vor diesem Hintergrund hat

René Müller, Vorsitzender der Arbeitnehmervertretung, im Gespräch mit dem Deutschlandfunk einmal bemängelt, »dass nicht nur die Suizidprävention, sondern auch die Resozialisierung auf der Strecke bleiben.« Dabei sei die Wiedereingliederung Gefangener in die Gesellschaft »das oberste Ziel im Strafvollzug«.

Eine Personalaufstockung, die lediglich eine umfassende Videoüberwachung, gewissermaßen »Big Brother« auch im Knast, ermöglichen würde, darf allerdings nicht die Lösung sein und wäre auf Dauer auch nicht mit dem Grundgesetz konform. Weitermachen wie bisher und Suizide gewissermaßen als »Kollateralschäden« in Kauf zu nehmen, verbietet sich natürlich ebenfalls. Auch wenn man wohl nie jedem bis ins Letzte in den Kopf wird schauen können, muss man aus meiner Sicht im Strafvollzug in Zukunft dahin gelangen, dass jeder Einzelfall genauer von psychologischen Fachleuten betrachtet werden kann, als es bisher geschieht. Vielleicht sollten zudem die Vollzugsbeamten in ihrer Ausbildung verstärkt psychologisch geschult werden. Und so mancher JVA-Leiter könnte auch jetzt schon trotz aller Mangelverwaltung seine Belegschaft mehr für bestimmte Problemlagen sensibilisieren. Mehr Aufmerksamkeit rettet Leben.

Das hätte bei Walter Semper der Fall sein können – und auch bei einem ganz anders gelagerten Vorfall: Bei Dschaber al-Bakr. Der syrische Asylbewerber galt als islamistischer Terrorist, der einen großen Sprengstoffanschlag in Berlin plante. Nach seiner Festnahme am 10. Oktober 2016 saß er in der Justizvollzugsanstalt Leipzig in Untersuchungshaft. Die Haftrichterin in Dresden hatte in einem Vermerk vor dem Transport in die U-Haft angekreuzt, dass al-Bakr suizidgefährdet sei.

Nach seinem Transport in die JVA Leipzig verweigerte der mutmaßliche Anhänger der Terrormiliz »Islamischer Staat« (IS) jegliche Aufnahme von Getränken und Nahrung. Laut Anstaltsleitung ging man zwar von einer Suizidgefahr aus, da die Haftrichterin aber eine mögliche Fremdgefährdung für Mithäftlinge nicht ausschließen konnte, wanderte der syrische Terrorverdächtige in Einzelhaft. Auf die Unterbringung im »Bunker« verzichtete die JVA-Führung, weil diese nach eigenen Angaben nur bei akuter Suizidgefahr erlaubt sei – Anzeichen dafür seien aber laut Anstaltsleitung nicht vorhanden gewesen. Alle 15 Minuten habe man die Zelle kontrolliert. Nach einer Begutachtung am 11. Oktober mithilfe eines Dolmetschers wurden die Kontrollintervalle auf 30 Minuten erhöht. Am Abend des 12. Oktober 2016 fand ein Wärter al-Bakr in seiner Zelle tot auf. Die letzte reguläre Kontrolle erfolgte gegen 19:30 Uhr. Eine viertel Stunde später schaute ein Vollzugsbeamter außerplanmäßig erneut durchs Guckloch der Zelle. Da hatte sich al-Bakr mit seinem T-Shirt am Vorgitter der Zelle erhängt.

Drei Freitode in drei deutschen Haftanstalten, mit vollkommen unterschiedlichen Vorgeschichten, Sachlagen und Motiven. Zum einen der Familienvater Semper aus Westfalen, der aus Frust und Scham direkt nach einem Schuldspruch handelte, der ihn als Mörder abstempelte. Wie groß seine Verzweiflung gewesen sein muss, geht aus seinen Abschiedsbriefen hervor. Zum anderen der Flüchtling aus Syrien, der zu Unrecht eine Haftstrafe absitzt und sich unter nicht ganz geklärten Umständen, womöglich aus Angst vor Abschiebung, das Leben genommen hat. Und schließlich ein junger Islamist, der offenbar drauf und dran war, als Selbstmordattentäter einen Anschlag zu verüben, vorher von mutigen Landsleuten geschnappt wurde und in der Haft, bevor er verhört werden konnte, die Aggression gegen sich selbst richtete – wobei Mitarbeiter der Justizvollzugsanstalt nachlässig weggeschaut hatten.

Es gibt in den Haftanstalten zudem ungeklärte Fälle, Suizide, die nur aussehen sollen wie Suizide und andere, zu denen die Opfer getrieben wurden. Jeder Fall liegt anders, Und bei keinem kann ein Außenstehender tatsächlich die seelische Pein oder den Wahn ermessen, die einen Gefangenen dazu antreiben, sich das Leben zu nehmen.

KAPITEL 9

HIERARCHIEN

»Das Gesetz der Gesetzlosen ist das Recht des Stärkeren.« Der Satz eines Mandanten geht mir immer noch nach und umreißt sehr gut, worum es in diesem Kapitel gehen soll. Nirgends sonst sind die Hierarchien stärker ausgeprägt als im Knast. Offiziell haben die Wärter das Sagen, tatsächlich aber herrscht eine abgestufte Subkultur mit ganz eigenen Regeln unter den Insassen.

Weit oben im Gefängnisranking stehen die Gangs der russischen Mafiaorganisation »Diebe im Gesetz«. Bundesweit zählen sie mit bis zu 40 000 Mitgliedern zu den führenden Playern im hiesigen organisierten Verbrechen. Der Ableger der großen Syndikate im Putin-Land gibt auch in deutschen Gefängnisetagen den Ton an. Kaum einer der stark tätowierten Gangster würde mit den Behörden reden, für jeden Knacki zahlen die Brüder draußen einen Abschtschjak, eine Abgabe in den gemeinsamen Topf. »Die Leute fürchten nicht das Gefängnis, es ist ihre Heimat«, zitiert das Magazin *Focus* einen ihrer Bosse. Mitglieder der Bruderschaft erkennt man an ihren Tätowierungen, die sich für Kenner wie ein Ausweisdokument lesen: Auf dem Körper ist der Lebenslauf abgebildet – und der Status innerhalb der Verbrecherwelt.«

Verbranntes Gummi und Urin liefern nach Berichten des *Focus*-Reporters Josef Hufelschulte in der JVA den Ersatz für Tinte, ein mit einer Nadel umfunktionierter Elektrorasierer sticht die bedeutsamen Zeichnungen unter die Haut. Hufelschulte zählt auf, wie einzelne Symbole zu deuten sind: »So stellt jemand, der einen Totenschädel mit Krone auf dem Oberarm trägt, eine hohe Autorität dar. Sterne auf Brust und Knie bedeuten: Ich knie vor niemandem, mein Stolz ist mir mehr wert als mein Leben. Der Bär ist das Symbol von Auftragskillern. Der Kater mit Hut gilt als Rangabzeichen eines höheren Offiziers.« Er weiß zudem: »Wer sich ohne Genehmigung seiner Anführer ein Tattoo stechen lässt, die seinem Status nicht entspricht, wird hart bestraft. Im besten Fall kann er dabei zusehen, wie ihm die entsprechende Hautfläche bei vollem Bewusstsein verbrannt und dann abgezogen wird.«

Nachdem seit den 1990er Jahren eine umfangreiche Zuwanderung von Spätaussiedlern sowie Russlanddeutschen stattgefunden hat, warnte im Jahr 2016 Holger Münch, Präsident des Bundeskriminalamts (BKA), vor den organisierten Gruppen und ihren Aktivitäten: »Acht bis zehn Prozent der Insassen in deutschen Justizvollzugsanstalten sind russischsprachig oder russischstämmig. Das zeigt das Rekrutierungspotenzial«, sagte der Behördenleiter. Draußen wie drinnen stellen meist junge Spätaussiedler den Nachwuchs der russisch-eurasischen Banden, die ihrer speziellen Diebe-Philosophie folgen.

Ein Report der Wissenschaftlichen Dienste aus dem Bundestag zur Sachlage aus dem Jahr 2016 listet die – allerdings veränderlichen und schriftlich nicht festgeschriebenen – Punkte des russischen »Diebesgesetzes« auf. Darunter befinden sich Regeln wie die, dass das Mafiamitglied seiner leiblichen Familie den Rücken kehren muss. Einzig die Gang ist seine Familie. Auch darf der Dieb im Gesetz weder heiraten noch Kinder zeugen. Arbeiten ist tabu, er muss von den Erträgen seiner Straftaten leben.

Ein Dieb darf Informationen über Komplizen und deren Aufenthaltsort nur unter dem Siegel der Verschwiegenheit weitergeben. Gerät er ins Blickfeld von Polizei und Justiz, müssen »die Brüder« ihn verstecken und seine Flucht organisieren. Tritt innerhalb einer Bande ein Konflikt auf, regeln die Ganoven dies intern bei einem Treffen. Auch wird eine Art Schiedsgericht anberaumt, sollte die Lebensführung oder das Verhalten eines Bandenmitglieds dem Ehrenkodex widersprechen.

Entsprechende Strafen müssen umgehend vollstreckt werden. Der Dieb im Gesetz muss die Ganovensprache beherrschen und darf nur dann an einem Kartenspiel teilnehmen, wenn er genügend Geld vorweisen kann, um etwaige Schulden begleichen zu können. Alkoholkonsum ist nur insoweit erlaubt, als noch ein klarer Verstand bewahrt werden kann. Ein Dieb darf sich unter keinen Umständen mit den Behörden einlassen, auch nimmt er nicht am gesellschaftlichen Leben teil. Außerdem muss der Gauner jedes Versprechen einhalten, das er einem anderen Dieb gegeben hat.

Die Strukturen der russischen Syndikate gleichen der offiziellen Analyse zufolge jenen der italienischen Mafia. An der Spitze steht ein zentraler Führer, der von einem Kreis ausgewählter Berater umgeben ist.

Die Bosse selbst gehen nicht ins Gefängnis, sondern präsentieren den Strafverfolgern Gefolgsleute als Täter. Im Gegenzug versüßen sie ihren opferbereiten Getreuen die Haftzeit mit allerlei Annehmlichkeiten.

Je nach Region und Bundesland geben auch andere Unterweltgrößen hinter Gittern den Ton an. Während in Süddeutschland vor allem russische Gangs das Sagen haben, geben in Nordrhein-Westfalen, in Niedersachsen und Berlin Rocker, arabische Clans oder Gruppierungen aus dem Kaukasus den Ton an. In den neuen Bundesländern steuern auch gezielt deutsche Banden aus der JVA heraus ihre kriminellen Geschäfte jenseits der Gefängnismauern.

Gut ein Jahrzehnt lang machte etwa die thüringische Gang »Saat des Bösen« (SDB) von sich reden. Als Zeichen ihrer Treue trugen die knapp 50 Mitglieder ein Tattoo am Hals oder auf den Armen, auf dem in altdeutscher Schrift »SDB« stand. Auch traten sie einheitlich in schwarzer Kleidung auf. Laut der Staatsanwaltschaft Gera füllten diese Gangster Hunderte Strafakten. Die Palette reicht von Bildung einer kriminellen Vereinigung, versuchtem Totschlag, Raub, räuberischer Erpressung und Geiselnahme bis hin zum Verstoß gegen das Betäubungsmittelgesetz und Bandendiebstahl.

Die Gruppierung gründete sich zwischen 2006 und 2009 in der Jugendstrafanstalt Ichtershausen. Seinerzeit sammelte der inhaftierte Mörder Enrico V. weitere junge Knackis um sich. Den Ermittlern zufolge verübte die

Gang bereits in der JVA Straftaten. Nach seiner Haftentlassung vergrößerte der Bandenchef die Gruppe und ihr Terrain. Vornehmlich rekrutierte er ehemalige oder aktuelle Strafgefangene, die meist Gewaltverbrechen begangen hatten. Die SDB-Gruppe kooperierte häufig mit der Rockertruppe der Bandidos.

Enrico V. musste erneut vier Jahre ins Gefängnis, nachdem er 2011 einen Mann mit einem Messer mehrfach in den Hals gestochen und lebensgefährlich verletzt hatte. Via Handy organisierte er aus seiner Zelle heraus weiterhin die Geschäfte. So soll er laut Staatsanwaltschaft einen Überfall auf den neuen Freund seiner Ex-Freundin initiiert haben. Dabei sollte man den Nebenbuhler ausrauben und ihm die Ohren abschneiden. Die Kripo bekam 2012 Wind von den Plänen und fing das SDB-Kommando ab. Nach langen juristischen Querelen wurden erst Anfang November 2020 drei Tatverdächtige zu mehrjährigen Haftstrafen verurteilt.

Im Hochsicherheitsgefängnis in Tonna soll der Bandenboss überdies mit zwei Kumpels einen Mithäftling brutal zusammengeschlagen haben. Das Opfer saß wegen fahrlässiger Tötung seiner Tochter ein. Ferner schmuggelten die SBD-Häftlinge Alkohol in die JVA ein. Sturzbetrunken verprügelten sie Vollzugsbeamte. Laut Staatsanwaltschaft sitzt Enrico V. derzeit im Maßregelvollzug eine Strafe aus dem bayerischen Coburg ab. Die Gruppe »Saat des Bösen« scheint allerdings im Niedergang begriffen zu sein. »Viele Mitglieder sind nicht mehr aktiv«, betont ein Sprecher der Staatsanwaltschaft.

Auch Manuel Matzke kennt das Problem mafiöser Strukturen in den Justizvollzugsanstalten nur zu genau: Er ist Sprecher der Gefangenengewerkschaft und war selbst in Sachsen inhaftiert. »Aber das ist nicht in jedem Knast so, sondern es bestehen regionale Unterschiede.« Meist betreffe das Problem die Haftanstalten in den großen Städten, denn dort liegen die Hochburgen der organisierten Kriminalität, so Matzke. In kleineren Bundesländern falle der Einfluss der Gruppierungen dagegen eher gering aus.

In manchen ostdeutschen Gefängnissen macht der Gefangenenvertreter zudem zunehmend rechtsextremistische Umtriebe aus. »Da dulden die Wärter stillschweigend, dass Neonazis ihre Zelle mit verfassungsfeindlichem Material zupflastern.« Matzke selbst hat in der Haftanstalt Zeithain gesehen, wie Inhaftierte ihre Zelle mit Hitler-Aufnahmen ausstaffierten, auf Spielwürfeln prangten Hakenkreuze. »Bei einer Zellendurchsuchung entdeckten die Vollzugsbeamten einen Datenträger mit braunen Propagandainhalten, aber nichts geschah«, erzählt Matzke. Vielmehr habe es rechtsextreme Matadoren gegeben, »die als Multiplikator andere Häftlinge entsprechend mit fremdenfeindlichen Sprüchen auf ihre Seite gezogen haben.« Dieses Phänomen sei vor allem in Sachsen und in Brandenburg zu beobachten. Weggucken statt Hingucken. Eine Devise, die auch hinter Gittern mitunter Probleme schafft.

Oft bildet die gleiche Herkunft die Allianz hinter Gittern. Arabische, nordafrikanische und türkische Häftlinge schließen sich meist zu eigenen Cliquen zusammen. Daneben dominieren Mitglieder der Rockerbanden die Flure, die inzwischen ebenfalls oft einen türkischen oder arabischen Migrationshintergrund aufweisen. »Mit denen legst du dich besser nicht an, denn die Kontakte nach draußen reißen auch im Knast nicht ab«, hat mir mal ein Mandant erklärt. »Wenn du Pech hast, gehen die an deine Familie ran.«

Aus dem Knast heraus arrangierte etwa der ehemalige Mongols-Rocker Arasch R. im Jahr 2018 ein Attentat auf einen Widersacher von den Hells Angels. Das Opfer sitzt heute querschnittsgelähmt im Rollstuhl. Fast zwei Jahre später verurteilte das Landgericht Hamburg den Drahtzieher zu einer lebenslangen Haftstrafe.

Ähnlich rigoros verfahren die Bosse arabischer oder kurdischer Clans. Über eingeschmuggelte Handys heizten etwa Essener Milieugrößen aus einem mächtigen Familiensyndikat dem Besitzer eines Wettbüros ein. Er sollte Schutzgeld bezahlen und zwei seiner Läden der Sippe überschreiben. Alles begann mit einschüchternden Besuchen. »Ich sag dir offen, dass du unser Gast bist hier in Essen und ohne uns hier diese Geschäfte nicht machen kannst«, lautete die Drohung. Als der Geschäftsmann sich weigerte zu zahlen, erhielt er Anrufe. Dabei wurde ihm deutlich gemacht, dass er aufpassen müsse. Der Mann am anderen Ende der Leitung habe schon im

Gefängnis gesessen und er habe auch kein Problem damit, nochmals wegen ihm in den Knast zu wandern. Am Abend folgte dann ein weiterer Drohanruf einer Clan-Größe. Dieser Anrufer saß zu jener Zeit im offenen Vollzug in Castrop-Rauxel. Das hinderte ihn aber nicht, sich das Handy eines Knastkumpels auszuleihen, um den Wettbürobesitzer weiterhin unter Druck zu setzen.

Auch der einstige Rotlichtpate von Köln soll Vertrauten den Mord an einem Staatsanwalt angekündigt haben. Eine im Besucherraum der JVA Wuppertal installierte Polizeiwanze übertrug zwischen Oktober 2004 und März 2005 seine Hasstiraden. »Bei Gott, wenn ich hier rauskomme, werde ich ein paar Leute Dings machen«, radebrechte der Bandenboss vor einem Besucher. Immer wieder stieß er den Namen des Staatsanwalts hervor: »Ich ficke ihn … Ich hasse ihn … Ich weiß ein paar Namen, ich schwöre dir, ich werde die mein Leben lang nicht vergessen. Diese Ratten.« Kein Zweifel, vermerkten die Ermittler später, beabsichtige der Gefangene »nach seiner Haftentlassung […] bestimmte Personen zu töten«. Nach Verbüßung der Hälfte seiner neunjährigen Haftstrafe wurde der Bandenchef in seine türkische Heimat abgeschoben. Von dort aus soll er als Chef der türkischen Hells Angels nun viele kriminellen Geschäfte steuern.

Respekt im Gefängnis erfährt nur der Stärkere. Typen, die sich »gerade machen« oder im Ernstfall ein größeres Kontingent hinter sich wissen. Gewaltverbrecher genießen ebenfalls hohes Ansehen. Und natürlich sogenannte »Promis«, deren Taten vielfach über den Bildschirm gelaufen sind. Welcher Normal-Knacki hätte nicht gerne mit dem Steuersünder und langjährigem FC-Bayern-Präsidenten Uli Hoeneß einen Plausch gehalten.

In der Rangfolge kommen danach dann Großdealer wie Ronald Miehling, der einstige Schneekönig von Hamburg, der 33 Jahre lang in Gefängnissen einsaß. Als er im Oktober 2016 freikam, schwärmte er augenzwinkernd gegenüber der *Bild-Zeitung* noch von seiner Abschiedsparty in der Zelle: »Mit Jack Daniel's, Cohiba-Zigarren, Popcorn – Sachen, die man im Knast nicht kriegt. Keine Ahnung, wie die da reingekommen sind.«

Im mittleren Drittel stehen Berufskriminelle wie Betrüger, Einbrecher oder Diebe, auch sogenannte »Zweitverbüßer« – also Knackis, die nicht zum ersten Mal hinter Gittern sind.

In den unteren Kategorien rangieren schließlich die »unehrenhaften Täter«. Dazu zählen Kinder- oder Frauenmörder wie auch Kriminelle, die Senioren überfallen haben. Vergewaltiger finden sich ebenfalls auf dieser prekären unteren Rangebene der Haftanstalten. Nicht zu vergessen jene Zinker, die ihre Mitgefangenen aushorchen und bei der Justiz anschwärzen.

Sittiche sind eigentlich lärmende kleine Papageien. Im Knast-Jargon steht der Begriff jedoch für Kinderschänder. Diese Klientel steht ganz unten im JVA-Ranking. Wer dazu gehört, gilt quasi als vogelfrei. Meist verstecken sich die Pädokriminellen daher im Knast hinter einer Legende. So wie Jörg L. Der Krankenhausmitarbeiter aus Bergisch-Gladbach hatte begonnen, seine kleine Tochter zu missbrauchen, als sie gerade mal ein Jahr alt war. Durch die Auswertung seines Handys enttarnte die Ermittlungsgruppe »Berg« ein riesiges Netzwerk Pädokrimineller, die in abgeschotteten Chats Kinderpornodateien austauschten oder sich zur Vergewaltigung kleiner Jungen und Mädchen verabredeten. Jörg L., der mittlerweile zu 13 Jahren Haft verurteilt wurde, lebt hinter Gittern unter falschem Namen nebst fingierten Strafvorwürfen, andernfalls würde es ihm wohl übel ergehen.

Der seit Kurzem bundesweit bekannte Tatverdächtige im Fall des in einem portugiesischen Urlaubsort verschwundenen kleinen Mädchens Maddie wurde aus Sicherheitsgründen in Kiel in einen anderen Trakt des Gefängnisses verlegt. Nur in Begleitung des Wachpersonals darf er aus der Zelle. Auch bei seiner Person sind Übergriffe, so die Risikoanalyse der JVA-Leitung, nicht ausgeschlossen.

KAPITEL 10

ANDERE LÄNDER, ANDERE SITTEN

Der Zugriff an jenem 11. August 2018 erfolgte in brachialer Manier. Ivo, 43, verließ gerade mit seiner Verlobten im kroatischen Zadar ein Fastfood-Restaurant, als ihn Männer in Bermuda-Shorts und T-Shirts ansprachen. Die tätowierten Unbekannten, die auf den ersten Blick wie dahergelaufene Penner wirkten, gaben sich als Polizisten zu erkennen. Ivo, ein durch die Münchner Strafverfolger mit internationalem Haftbefehl gesuchter Deutscher mit kroatischen Wurzeln, flüchtete zunächst, rutschte dann allerdings auf einem Rasenstück aus. Sofort spürte er einen stechenden Schmerz in seinem Rücken: Einer der Verfolger war ihm in den Rücken gesprungen. Tritte, Schläge – am Ende platzte ihm beinahe der Kopf, als einer der Häscher ihn mit voller Wucht im Gesicht traf. Blut schoss Ivo aus Ohr und Nase. Irgendwas war eben mit seiner Hüfte passiert, sie erzeugte Höllenqualen.

Ohne viel Federlesens rissen die Zivilfahnder ihre Zielperson hoch, packten den Gesuchten in einen Wagen, um ihn zur Wache zu bringen. Dort angekommen, heizten die Beamten Ivo ein. Ein Mafioso sei er, ein Schwerverbrecher, der von Interpol gesucht werde. Erneut hagelte es Prügel. Anschließend sollte der Gefangene einen Wisch unterschreiben, dass er unversehrt geblieben sei. Ivo weigerte sich. Vielmehr bat er um einen Arzt, der seine Verletzungen behandeln könne. Nichts geschah.

Irgendwann, nach Mitternacht, erschien ein sichtlich angetrunkener Staatsanwalt, der den Inhaftierten zunächst für 48 Stunden in ein Loch auf dem Polizeirevier stecken ließ. Zwei Kameras waren auf ihn gerichtet. Die Klimaanlage wurde absichtlich auf extra-kalt gestellt. Draußen zeigte das Thermometer 40 Grad an, in dem Verließ aber fröstelte der Inhaftierte bei zehn Grad. Eine Lampe brannte unablässig. Keine Toilette, keine Zahnbürste, kein nichts gewährten ihm die Behörden. Wenn Ivo Glück hatte, reagierten die Beamten auf sein Klopfen und ließen ihn auf einem Abort die Notdurft verrichten.

Nach langem Warten verkündete eine Haftrichterin die Auslieferung an die deutschen Behörden, die allerdings erst einige Wochen später stattfinden sollte. Die Staatsanwaltschaft München warf dem vorbestraften Geschäftsmann die Anstiftung zum versuchten Wohnungseinbruch vor. Er habe angeblich zwei Männern aus Kroatien Adressen vermögender Münchner gegeben, um deren Domizile zu plündern. Gleich beim ersten Versuch wurden die Gangster erwischt.

Bis zum Rücktransfer in seine Geburtsstadt an der Isar musste Ivo in das berühmt-berüchtigte Gefängnis von Zadar. »Dort fing der Horror erst richtig an, diese Zeit werde ich nie vergessen. Deutsche Knäste sind zwar auch keine Wohlfühloasen, aber in Deutschland musst du nicht stetig die Prügel durch die Wärter fürchten«, erzählt Ivo mir heute, an einem Tag im November 2020 im Gespräch in meiner Kanzlei.

Und so schildert mein Mandant anhand drastischer Beispiele, was es heißt, auf dem Balkan in den Knast zu wandern. »Nie werde ich die Enge in dem Gefängnis in Zadar vergessen. Der einstündige Hofgang beschränkte sich gerade einmal auf 13 Meter in der Länge und dreieinhalb Meter in der Breite. Auf diesem kleinen Areal haben sich dann bis zu 25 Häftlinge gedrängelt.«

In einer 15 Quadratmeter großen Zelle hauste Ivo mit fünf weiteren Knackis. Die dreistöckigen Etagenbetten nahmen viel Platz ein. »Der Raum war damit fast schon voll«, beschreibt mein Mandant die damaligen Verhältnisse. Einzig in der Mitte habe es ein wenig Platz gegeben.

Das Klo befand sich am Ende des Raumes. »Es war so ein französisches Loch zum Drüberhocken, mit Profilen für die Füße rechts und links und sonst nichts. In dieses Loch musste man dann alles machen, was man an Bedürfnissen hatte.« Mit der Privatsphäre war es nicht weit her. Auch erhielt der Neuankömmling die ersten zehn Tage kein Toilettenpapier. Erst als seine Verlobte Geld auf ein Haftkonto einzahlte, konnte er sich in einem Gefängnisshop zu Wucherpreisen eindecken.

Nach zwei Wochen durfte Ivo zum ersten Mal seine Verlobte sehen. Eine Trennscheibe verhinderte eine Umarmung. Auf jeder Seite hing ein Telefon. Wie in einem amerikanischen Knastfilm sprachen die beiden miteinander, ohne sich berühren zu können.

»Wie einen Aussätzigen haben sie mich behandelt«, schimpft der einstige Geschäftsmann im Rückblick. In den Augen der kroatischen Wärter galt er als Deutscher oder Serbe, weshalb ihn die Aufseher verhöhnten. Die Schließer gaben ihm gar den Spitznamen »Dragan« (Liebchen).

Schnell sprach sich herum, warum Ivo einsaß. Und immer wieder setzte es Schläge. Mitunter half ein Gummiknüppel nach. »Diese Strafen trafen wahllos viele Gefangene«, versichert der Münchner.

Und dann diese brütende Hitze, die einen verrückt machte! Die aufgeheizten Metalltüren am Zelleneingang, der miese Fraß, der meinen Mandanten von 100 Kilogramm auf 78 abmagern ließ. Außer dem versifften Leitungswasser habe es zunächst keine anderen Getränke gegeben. Erst als Geld eintraf, konnte sich der Häftling Wasser in Kanistern anschaffen. »Manchmal dachte ich, da kommst du nicht mehr lebend raus.«

Auch die Gewalt unter den Gefangenen nahm in Zadar mitunter krasse Ausmaße an. So bekam Ivo mit, wie ein Mitgefangener vergewaltigt wurde. Ein kroatischer Zellengenosse hatte einem pakistanischen Mithäftling Socken in den Mund gestopft und war dann zügellos über sein Opfer hergefallen. Einen Monat lang saß Ivo mit dem Vergewaltiger noch zusammen in einer Zelle. »Das war echt totaler Psychoterror«, erläutert mein Klient. Panische Angst brach sich Bahn, stets begleiteten ihn die quälenden Fragen: »Greift er mich an? Wann geht er mich an?«

Zwei Monate harrte Ivo in Zadar aus. Dann ging es im Kastenwagen nach Zagreb. Bei der Überführung wurden die Hände des Insassen dreieinhalb Stunden lang am Boden des Transporters festgebunden. Diese Sicherheitsvorkehrungen rührten von Medienberichten her, die Ivo als gefährlichen Chef einer großen Einbrecherbande beschrieben hatten.

Am Flughafen der kroatischen Hauptstadt nahmen zwei deutsche Zivilbeamte den Delinquenten in Empfang. Die Polizisten verfrachteten ihn in die letzte Reihe des Fliegers ans Fenster. Einer setzte sich neben ihn, der andere in die nächste Reihe vor ihn. Auf Handschellen verzichtete man, um Aufsehen unter den Mitreisenden zu vermeiden.

Nach der Landung in München verbrachte Ivo zwei Tage im Polizeipräsidium, ehe ein Mannschaftswagen ihn zur JVA Stadelheim brachte. Einen Monat saß er dort ein. Auch hier war der Untersuchungshäftling erst einmal 23 Stunden lang sich selbst überlassen, nur der einstündige Hofgang fand in einem weit größeren Bereich statt als in Zadar.

»Ich hatte gehofft, dass es hier besser wäre als in Kroatien.« Ernst schaut Ivo mich an. »Es war auch vom Essen her deutlich besser«, führt mein Mandant aus. »Und sie haben mir eine Einzelzelle gegeben. Das tat schon sehr gut. Das war schon ein wenig Luxus, obwohl ich Stadelheim als das schlechteste Gefängnis in ganz Deutschland empfinde.«

Ein Fenster in vier Metern Höhe spendete nur spärliches Licht. Die Toilettenschüssel stand direkt neben dem Bett. »Das Problem in Stadelheim war, dass man kaum schlafen konnte«, so Ivo. »Viele Psychogefangene traten nachts gegen die Türen. Einige hauten mit den Stühlen stundenlang auf den Boden.« Als mein Mandant sich beim zuständigen Wärter beschwerte, hieß es immer: »Du kannst uns ja verklagen!« Aufmüpfige Gefangene bog man sich zurecht. »Aber immerhin schlagen die JVA-Beamten die Inhaftierten in Deutschland nicht.« Ivos Auffassung nach gibt es in Deutschland zwar keine schlagenden Wärter, aber solche, die bewusst auf beiden Ohren taub sind und die Gefangenen von oben herab behandeln, um ihr Selbstwertgefühl aufzuwerten. Es hat auch mit Machtdemonstration zu tun, so Ivo, wenn Wärter einfach so tun, als hätten sie den Gefangenen nicht gehört oder z. B. beim Filzen der Zelle so tun, als hätte der Insasse die Pest und Bomben unter der Matratze versteckt.

Nach einem Monat in Stadelheim verschonte die Amtsrichterin meinen Mandanten schließlich gegen Meldeauflage von der Untersuchungshaft. Fortan musste er sich zweimal wöchentlich beim Münchener Polizeirevier melden und durfte das Bundesgebiet nicht verlassen. Letztlich wurde er wegen Anstiftung zum versuchten Wohnungseinbruchdiebstahl zu einem Jahr und zehn Monaten Haft verurteilt. Das Münchener Gericht hat dabei leider von der Möglichkeit, die harte ausländische Haft doppelt anzurechnen, keinen Gebrauch gemacht.

Inzwischen hat Ivo seinen Wohnort gewechselt und ist von München nach Nordrhein-Westfalen gezogen. Dort, so ist zu hören, geht es in den Gefängnissen ziviler zu. Tatsächlich ist die Chance, in Nordrhein-Westfalen sofort oder nach einigen Tagen in den offenen Vollzug zu kommen, viel größer als etwa in Bayern. Dort sitzt man als Verurteilter meist monatelang im geschlossenen Vollzug, bevor überhaupt die Möglichkeit des offenen Vollzugs in Betracht gezogen wird. Deshalb gibt es auch einen regelrechten »Wohnsitzwechsel-Tourismus«, sobald Verurteilte ein rechtskräftiges Urteil haben und in Kürze die Strafe antreten müssen. Viele wählen dann – wie Ivo – den Weg aus dem »harten« Bayern ins eher »weiche« NRW oder Berlin. Ein zulässiger Trick, um sich einen möglichst milden Strafvollzug zu verschaffen. Denn es kommt nicht darauf an, wo man den Wohnsitz zum Zeitpunkt der Verurteilung hatte, sondern zum Zeitpunkt der Ladung zum Strafantritt.

Wer in Bayern zum Strafantritt geladen wird, der hat die ersten Monate hinter Gittern überhaupt nichts zu lachen: Offener Vollzug wird hier zunächst nicht bewilligt. Auch die Hürden einer vorzeitigen Entlassung sind in Bayern nach meiner Erfahrung deutlich höher als in anderen Bundesländern. Anders läuft es z. B. in NRW. Wer hier aus der Freiheit kommt und sich zum Strafantritt freiwillig stellt, wird mit Ausnahme von Sexualdelikten in der Regel unmittelbar in den offenen Vollzug kommen, jedenfalls nach einer kurzen, oft nur sieben bis 14 Tage dauernden Überprüfung der Eignung.

Ivo ist natürlich kein Einzelfall. Häufig genug stranden deutsche Staatsbürger in ausländischen Knästen. Ende März 2019 bezifferte die Bundesregierung die Zahl im Ausland inhaftierter Deutscher auf 1671. Die meisten Häftlinge saßen demnach in Spanien (254), in den Vereinigten Staaten von Amerika (156), in Frankreich (114), Polen (74), Österreich (54), der Türkei (50), Großbritannien (49), der Schweiz (48), Thailand (39) und Italien (34) ein und wurden konsularisch betreut. Und je nach Land ist das kein Zuckerschlecken. Beileibe herrschen auf den fünf Kontinenten der Erde nicht dieselben Haftbedingungen oder Gefangenenrechte wie hierzulande.

Wifried Siewe, ein Tourist aus Erlangen, wurde im Jahr 2019 wegen abstruser Umsturzvorwürfe in Kamerun festgenommen. Das Regime des langjährigen Staatspräsidenten Paul Biya inszenierte damals mehrere Verhaftungswellen. So wanderte Siewe, 42, ins Zentralgefängnis in der Hauptstadt Jaunde, weil er angeblich den Staat Kamerun destabilisieren und eine Rebellion anzetteln wollte. Stets hat der Deutsche die Vorwürfe zurückgewiesen, aber ohne Erfolg. Am 22. Juli 2019 wurde der Ingenieur kamerunischer Herkunft während einer Gefängnisrevolte schwer am Kopf verletzt. Zwar ließ die Justiz die ursprünglichen Revolte-Vorwürfe später fallen, verurteilte den bayerischen Familienvater im Strafverfahren jedoch zu 16 Monaten Haft. Erst im Dezember 2020, so berichtete nordbayern.de, kam Siewe wieder frei und durfte endlich nach Hause.

Laut dem Schweizer Boulevard-Blatt *Blick*, das 2019 über dreizehn der brutalsten Gefängnisse der Welt berichtete, geht es im thailändischen Hochsicherheitsgefängnis Bang Kwang besonders übel zu. Das Gros der 7000 Insassen sind Ausländer. Die ersten drei Monaten humpeln die Inhaftierten mit Fußfesseln durch die Gegend. Folter ist hier an der Tagesordnung, die Zellen sind völlig überfüllt. Täglich besteht die Mahlzeit aus einer Schüssel Reis mit Gemüse. Die Zahl unaufgeklärter Todesfälle ist hoch.

Das Zentralgefängnis Gitarama in Ruanda wird auch »die Hölle auf Erden« genannt. Ursprünglich für 400 Insassen konzipiert, vegetieren hier 7000 Häftlinge ungeschützt bei jedem Wetter vor sich hin. Vier Männer teilen sich einen Quadratmeter Lebensraum. Mangels ausreichender Ernährung sollen sich auch Spuren von Kannibalismus in dem Horror-Knast finden.

Im venezolanischen Sabaneta regieren kriminelle Gangs hinter Gittern. Allein 2012 wurden dort 591 Häftlinge getötet. In Sabaneta leben doppelt so viele Gefangene wie vorgesehen. Viele von ihnen müssen auf Hängematten schlafen. Wer Geld hat, kann sich jedoch bei den Wärtern auch eine komfortable Zelle erkaufen.

Bei den knapp 3500 Insassen im US-Gefängnis Pelican Bay handelt es sich fast ausschließlich um Hochrisikohäftlinge. Die Top-Liga der Gewaltverbrecher des Sonnenstaates landet in einer Hochsicherheits-Isolationsabteilung namens SHU *(Secure Housing Unit)*, der sogenannten *Supermax*-Haftanstalt. Viele von ihnen gehören Banden wie der Mexican Mafia, der Nuestra Familia, der Black Guerrilla Family oder der Aryan Brotherhood an. Die SHU-Häftlinge werden einzeln je eine Stunde täglich in den kleinen Innenhof gebracht. Die restliche Zeit verbringen sie in Isolationshaft.

Die schwierigen Zustände in Pelican Bay führten 2013 zu einem Hungerstreik der Insassen, dem sich 29 000 Häftlinge in ganz Kalifornien anschlossen. Mit Blick auf die Zustände bei der Einzelhaft in Kalifornien sprach Amnesty International von großen Menschenrechtsverletzungen.

Besonders grausam geht es allerdings immer dort zu, wo Diktatoren die Gesetze mit Füßen treten. Ein Prozess beim Oberlandesgericht Koblenz arbeitet gerade unfassbare Gräuel in Geheimdienstgefängnissen in Syrien auf. So schilderte der Filmemacher Feras F. in Vernehmungen in allen Einzelheiten sein Martyrium: Die Schmerzen nahmen kein Ende. Während der Verhöre schlugen die Peiniger auf ihn ein, Knüppel sausten auf seine Füße – wieder und immer wieder. Mitunter hängten sie den syrischen Dissidenten an die Decke, um ihn auszupeitschen, vergewaltigten ihn mit einem Stock. Wenn die Folterknechte von ihm abließen, landete er in einer Zelle mit 200 anderen Leidensgenossen. Es war stickig und eng, es gab keinen Platz, sich zu setzen. Durch die Gänge hallten Tag und Nacht Schmerzensschreie.

Wer im Gefängnis der syrischen Geheimdienstabteilung 251 im Viertel Al-Khatib in Damaskus landete, fürchtete täglich um sein Leben. Es war der Beginn der großen Protestwelle 2011/2012 gegen den Diktator Bashar Al

Assad. Zu Tausenden verschleppten Inlandsdienste und Militär sowie Polizisten Demonstranten und Dissidenten in die Folterkammern. Dort wollte man den Gefangenen Namen der Oppositionsbewegung abpressen. Viele Menschen starben an den Folgen der Torturen.

Die Staatsfolter des Assad-Regimes wird seit dem 23. April 2020 vor dem Staatsschutzsenat Koblenz durchleuchtet. Anwar Ruslan, einem ehemaligen Geheimdienstoberst der Abteilung 251, wirft die Bundesanwaltschaft Verbrechen gegen die Menschlichkeit in den Jahren 2011 und 2012 vor. Die Ankläger legen dem Ex-Leiter der Sektion »Ermittlungen« 58-fachen Mord zur Last, zudem sollen unter seiner Ägide im Gefängnis 4000 Inhaftierte gefoltert worden sein.

Neben Elektroschocks und Eisenstangen griffen die Peiniger zu Mitteln wie *Falaqa* – Stockschlägen auf die Fußsohlen – oder *Shabeh*: Dabei wurden die Opfer so aufgehängt, dass ihre Füße nur noch ganz knapp den Boden berührten. Durch den psychischen Stress sollte sich die Wirkung der Prügel erhöhen. Beim *Dulab* wurde der Inhaftierte in das Loch eines Autoreifens gezwängt und mit Tritten und Hieben gequält. Im Jargon der Sicherheitskräfte verharmloste man die Methoden und sprach von »strengen Vernehmungen«.

Etliche Überlebende schafften letztlich die Flucht nach Westeuropa. Vierundzwanzig von ihnen traten nach und nach als Kronzeugen der Anklage im Prozess in Koblenz auf. Während der Ermittlungen schilderten sie die unmenschlichen Haftbedingungen im Foltergefängnis: ungenießbare Lebensmittel, kaum Wasser, keine medizinische Behandlung der gequälten Menschen. Einen angeschossenen Inhaftierten ließen Wärter wochenlang liegen, bis er starb. Unsägliche Gräuel scheinen an der Tagesordnung gewesen zu sein. Da war der Haftraum Nummer 50, den ein ehemals internierter Zeuge »die Zelle der Toten« nannte, weil dort so viele Insassen zugrunde gingen. Teilweise hätten die Wärter die Leichen erst nach einigen Tagen herausgeholt.

Anwar Ruslan setzte sich Ende 2012 mit seiner Familie nach Jordanien ab. Zwei Jahre später siedelte er nach Berlin über und wurde als Asylberechtigter anerkannt. Lange Jahre ahnten die Behörden nichts von seiner Vergangenheit. Im Oktober 2017 dann wurde er als Zeuge zur syrischen Regime-Folter befragt und bekannte freimütig, dass er sowohl an friedlichen wie auch an gewaltsamen Verhören beteiligt gewesen sei: Es seien »100 Vernehmungen täglich« gewesen. Deshalb habe man »nicht immer höflich bleiben können«.

Es sollte noch eineinhalb Jahre dauern, ehe der Oberst der Abteilung 251 im Februar 2019 nach Hinweisen von Zeugen verhaftet wurde. Vor Gericht aber gibt sich Ruslan nun selbst als Opfer höherer Gewalt.

All dies zeigt eines: Das Leben hinter Gittern in Deutschland ist ganz sicherlich kein Zuckerschlecken. Glücklicherweise aber haben wir keine dramatischen Zustände wie z. B. in Kroatien oder gar in Diktaturen, wo grundlegende Menschenrechte mit Füßen getreten werden.

NACHWORT

RAUS AUS DEM KNAST

Ein Tag im Herbst. Christian, der Internetkiller, erhebt sich nach unserem Gesprächstermin und schreitet durch die offene Tür, die sich hinter ihm schließt. Der Weg führt ihn in die sozialtherapeutische Abteilung zurück. Wie lange er dort noch bleiben muss, hängt von ihm selbst ab, aber auch von jenen Verantwortlichen, die darüber befinden müssen, ob er noch ein Risiko für die Allgemeinheit darstellt.

Mein Weg führt mich durch die andere Tür. Langsam geht es der Ausgangspforte entgegen. Draußen schaue ich nochmals zurück zu den hohen Mauern. Wie so oft bin ich froh, die beklemmende Atmosphäre hinter mir lassen zu können. Nicht, dass ich Mitleid mit Christian haben muss. Durch ihn haben zwei Frauen ihr Leben verloren. Dafür muss er büßen, kein Zweifel. Aber in solchen Momenten wird mir stets aufs Neue klar, wie hoch das Gut der Freiheit zu bewerten ist. Ein Mandant hat mal zu mir gesagt: »Ich wusste gar nicht, was es bedeutet, frei zu sein, bis die Gefangenschaft begann.«

Auf der langen Fahrt von Santa Fu zurück in meine Kanzlei im Ruhrgebiet sinne ich über die Dinge nach, die im Strafvollzug fehlgehen – angefangen bei der Personalnot in den Haftanstalten bis hin zu längst überfälligen Reformen der Gefängniswelt.

In erster Linie tut Entlastung not, damit der Knastalltag wieder in normale Bahnen gerät und auch hinter Gittern die Sicherheit wieder zunimmt.

Die Häftlingszahlen ließen sich meiner Meinung nach absenken, wenn man etwa all jene ausmustern würde, die eine Ersatzfreiheitsstrafe absitzen müssen, weil sie die Geldstrafe nicht bezahlen können. Anstatt über 100 Euro pro Tag für den Knastaufenthalt dieser Leute auszugeben, wäre es sicher sinnvoller, diese Klientel gemeinnützige Arbeit verrichten zu lassen. Damit wäre der Kommune ebenso geholfen wie der Justiz und der Staatskasse. Ich habe hunderte Mandanten erlebt, die nicht aus Böswilligkeit die Strafe schuldig blieben, sondern weil sie ihr Leben nicht im Griff hatten. Viele von ihnen hatten es schlichtweg versäumt, auf die Mahnschreiben der Justiz zu reagieren, weil sie ihre Post nicht geöffnet haben. Dass eine Gefängnisstrafe dem nicht abhilft, dürfte jedem einleuchten. Es ist außerdem fast pervers, wie der Steuerzahler durch vollstreckte Ersatzfreiheitsstrafen gleich doppelt geschädigt wird: Erst erhält die Staatskasse von dem Betroffenen die offene Geldstrafe nicht und dann werden weitere Steuergelder für einen überflüssigen Gefängnisaufenthalt verschwendet. Der Staat schmeißt hier gutes Geld sinnlos schlechtem Geld hinterher.

Eine weitere Entlastung der Justizvollzugsanstalten ließe sich durch eine Reduzierung derjenigen Gruppe Straftäter erreichen, die zunächst eine Bewährungsstrafe erhalten haben, dann aber gegen die damit verbundenen Auflagen verstoßen. Wer dies beharrlich über einen längeren Zeitraum tut, dessen Bewährung wird widerrufen und es folgt eine Einweisung ins Gefängnis – obwohl nach Auffassung der Gerichte ein Gefängnisaufenthalt eigentlich gar nicht für angebracht befunden wurde. Ich habe unzählige Mandanten vertreten, die einfach unorganisiert, unerfahren, dumm und nachlässig gewesen waren. Sie hatten eine Geldauflage im Rahmen der Bewährung an eine gemeinnützige Einrichtung nicht gezahlt oder Arbeitsstunden nicht verrichtet, die ihnen die Gerichte aufgegeben haben, oder sie hatten ein Beratungsgespräch für eine Drogentherapie nicht aufgesucht. Auch diese Klientel gehört ja an sich zunächst einmal nicht hinter Gitter und auch für diese Menschen fände ich es erheblich besser, wenn man sie arbeiten lassen würde für die Allgemeinheit. Die Struktur, die sie im Leben benötigen und die ihnen fehlt, das Eingebundensein in organisierte Abläufe, das Funktionieren in einer Gesellschaft, als deren Teil sie sich verstehen sollen, wird ihnen auf diese Weise sicherlich eher nahegebracht als im Knastalltag.

Auch wären Fußfesseln für Kleinkriminelle sicherlich überlegenswert, anstatt diese für viel Geld zu internieren. Laut einer Auswertung des Hessischen Justizministeriums vom April 2020 wurden bundesweit nur 122 Personen mit Hilfe einer Fußfessel kontrolliert. Aus meiner Sicht eine verschwindend geringe Zahl. Seit 2018 observiert etwa eine Gemeinsame Überwachungsstelle der Länder (GÜL), die in der hessischen JVA Weiterstadt angesiedelt ist, islamistische Gefährder, um etwaige Anschläge zu verhindern. Ferner fallen ehemalige Knackis, die mindestens zwei Jahre eingesessen haben, in die Fußfesselkategorie, wenn sie als »hochgefährlich« eingestuft werden. Bei zwei Dritteln von ihnen handelt es sich um entlassene Sexualstraftäter. Warum setzt man das Instrumentarium der häuslichen Überwachung nicht auch in größerem Maße bei Kleinkriminellen ein? Die Kosten für das zur Kontrolle nötige Personal sind sicherlich nicht so hoch, wie diese Leute einzubuchten.

Ganz gleich wie und auf welchem Wege dies geschieht: Die Justiz muss im Strafvollzug schnell in einen anderen Gang schalten. Es kann nicht sein, dass viele Inhaftierten meist 23 Stunden unnütz in ihrer Zelle hocken. 23 Stunden des Tages auf wenigen Quadratmetern hinter Gittern, ohne große Abwechslung außer dem Fernsehprogramm, führen zu einer steten Verdummung, einer Abgestumpftheit und Frust. Es kann nicht sein, dass für einen Großteil der 67 000 Gefangenen in Deutschland Anreize fehlen, sich in ein normales Leben nach der Zelle einzufinden. Natürlich sind da die Hardcore-Knackis, die immer wieder Straftaten begehen werden. Aber was ist mit dem großen Rest?

Meiner Meinung nach braucht es viel mehr Programme für die Gefangenen. Die Millionen, die der Justizapparat allein durch Reformen in der Causa Ersatzfreiheitsstrafen einsparen würde, könnte er in weiter reichende Therapieangebote stecken. Wir müssen den Durchschnittshäftling herausholen aus der Langeweile, der Lethargie, aus dem *Scheiß-drauf!*-Modus. Wir müssen mehr zu Verantwortung erziehen, mehr Empathie und mehr Ehrgeiz wecken, vor allem den Ehrgeiz, legal Geld zu verdienen. Dazu braucht es weitaus mehr Personal, mehr Psychiater, mehr Psychotherapeuten, mehr Sozialarbeiter, mehr Seelsorger, mehr geschulte Betreuer, mehr Vollzugsbeamte.

Je nach Schwere der Schuld und je nach psychischer Verfasstheit der Straftäter müsste der Staat unterschiedliche Angebote offerieren. Bisher wird nahezu alles, was einsitzt, in einen Topf geworfen. Nehmen wir das Beispiel der sogenannten »Kinderschänder«. Allzu oft »verwahrt« die Justiz diese Leute jahrelang lediglich, um sie letztlich untherapiert zu entlassen. Ein Rückfall ist bei der Hälfte aller Sexualtäter aktenkundig. Stellt sich die Frage: Was tun? Derzeit fallen die Therapieangebote in solchen Fällen äußerst dürftig aus. Natürlich stellt sich stets das Problem, inwieweit man einen Pädokriminellen überhaupt therapieren kann. Die perverse Vorliebe für kleine Kinder gleicht oft einer Sucht, einem schwer stillbaren Trieb. Das heißt, man muss diese Leute behandeln wie alkoholkranke oder rauschgiftsüchtige Knackis. Für Letztere gibt es vergleichsweise viele Angebote, denn auch diese Kundschaft wird ihr Leben lang von ihrer Sucht befallen bleiben. Allerdings erlernen in den Therapien manche von ihnen Mechanismen, um nicht wieder rückfällig zu werden. Dieser Weg wird für Pädokriminelle momentan nicht ausreichend begangen.

Für Sexualstraftäter kommt als Alternative stattdessen häufig der Maßregelvollzug in Betracht. Dort landen vor allem psychisch kranke oder drogensüchtige Täter. Doch auch hier ist das Platzangebot überschaubar.

Wie groß das Dilemma ist, bestätigt ein Beitrag in der *Hannoverschen Allgemeinen Zeitung* (HAZ) vom 9. Oktober 2020. Demnach musste die niedersächsische Landesregierung einräumen, dass fehlende Plätze in den psychiatrischen Kliniken mittlerweile zu einer Gefahr für die Öffentlichkeit werden. Mehr als die Hälfte der verurteilten und häufig suchtkranken Straftäter, die auf eine Behandlung in diesen psychiatrischen Einrichtungen warten, hat in Freiheit erneut Straftaten begangen. Nach Angaben der Justizministerin Barbara Havliza (CDU) seien 58 von 101 Tätern, die sich aufgrund fehlender Plätze im Maßregelvollzug noch in Freiheit befanden, rückfällig geworden. Die Ministerin listete fast 400 Ermittlungsverfahren für 2019 auf, darunter Vergewaltigung, Körperverletzung oder Raubdelikte. 22 Täter seien wegen solcher Delikte bereits erneut verurteilt. »Ich sage es ganz deutlich«, zitiert die HAZ die Ministerin, »dieser Zustand stellt sich unter rechtsstaatlichen, sicherheits- und gesellschaftspolitischen Aspekten als bedenklich dar.«

Flugs verkündete die zuständige Sozialministerin Carola Reimann (SPD), dass die Landesregierung 32 neue Plätze in den zehn psychiatrischen Kliniken in Niedersachsen schaffen will. »Es liegt auf der Hand, dass die Kapazitäten ausgebaut werden müssen.« Derzeit gibt es demnach 1231 Plätze. Reimann verwies darauf, dass immer mehr Straftäter wegen psychischer Erkrankungen in den Maßregelvollzug eingewiesen würden. In den vergangenen zehn Jahre habe diese Zahl um 75 Prozent zugenommen.

Diese Erkenntnis deckt sich auch mit den Aussagen meines Mandanten Mehmet, dem ehemaligen Justizvollzugsbeamten, dessen Geschichte in diesem Buch in Kapitel 5 geschildert wird. Auch er erzählt, dass immer mehr psychisch auffällige Häftlinge den Vollzugsbeamten das Leben schwer machen, weil sie so schlecht einschätzbar sind. Das Gefängnis ist für diese Leute der falsche Ort, angesichts des Platzmangels im forensischen Maßregelvollzug nehmen die für den Strafvollzug zuständigen Bundesländer dieses Manko jedoch stillschweigend in Kauf. Aus meiner Sicht ein Skandal sondergleichen.

Wer aber in der Politik wollte sich für einen Sinneswandel öffentlich stark machen? Wie unpopulär dieses Thema ist, belegen einmal mehr die Proteste, als das Land Nordrhein-Westfalen von 2012 an fünf neue forensische Kliniken für psychisch kranke Straftäter bauen wollte. Auf Bürgerversammlungen schlug den Regierenden heftiger Widerspruch entgegen. Da half es auch nicht, Volkes Zorn mit dem Hinweis zu beruhigen, dass diese neuen Einrichtungen im Gegensatz zu den alten Kliniken über weitaus bessere Sicherheitsstandards verfügen würden. Letztlich baute die Landesregierung gegen den Willen der Anwohner.

Hieran zeigt sich, dass noch viel mehr Aufklärung bei der Bevölkerung geleistet werden muss, dass Straftäter zu jeder Gesellschaft dazugehören, zu jeder Stadt, jedem Dorf, jeder Gemeinde und jeder Familie – wer eine Familie hat, in der nie jemand straffällig geworden ist, kann sich glücklich schätzen, aber wie es schon in der Bibel steht: Wer ohne Schuld ist, werfe den ersten Stein. Wenn Straftäter weggeschlossen sind, lässt sie das vielleicht auf bequeme Weise erst mal aus dem Blickfeld geraten – die Frage, was weiterhin mit ihnen geschehen soll, wird gerne verdrängt.

Viel bedrohlicher als Täter in einem neu gebauten Gefängnis oder einer forensischen Psychiatrie, die offenbar niemand in der Nachbarschaft haben will, ist ein mangels guter Konzepte und mangels Kapazitäten schlecht oder gar nicht therapierter Täter, der irgendwann wieder frei draußen herumläuft. Das Ansehen der betreffenden Einrichtungen und vor allem die Arbeitsstellen in solchen Einrichtungen müssen folglich enttabuisiert und aufgewertet werden. Heute gilt vielen beispielsweise ein Therapeut, der sich für die Therapie von Pädokriminellen stark macht immer noch eher als Helfer und Beförderer von Pädophilie, denn als jemand, der dem Problem auf Augenhöhe Abhilfe schaffen will und dafür konkrete Ansätze und Methoden hat. Menschen, die in Gefängnissen arbeiten, müssen generell mehr anerkannt und ihre Arbeit als gesellschaftlich wichtig angesehen werden.

Vor dem Hintergrund bleiben aus meiner Sicht nur zwei Optionen: Entweder wir tun weiterhin so, als könnten wir unsere Knackis hinter den Gefängnismauern verschimmeln lassen, oder aber wir kümmern uns endlich um diese Klientel, und zwar mittels Therapieangeboten nebst der nötigen Ausstattung mit entsprechend geschultem Personal.

Dasselbe gilt für die Angebotspalette in den Jugendstrafanstalten. Gerade bei jungen Häftlingen produziert der Knastaufenthalt häufig erst die kriminelle Karriere. Da muss man sich Alternativen überlegen. Warum gibt es kaum geschlossene Heime für jugendliche Intensivtäter? Oder Camps, in denen es darum geht, den jungen Menschen ein von festen Strukturen geprägtes Leben beizubringen? Viele der jugendlichen Täter wissen durch ihre familiäre Vorgeschichte gar nicht, wie es ist, pünktlich morgens aufzustehen, arbeiten zu gehen und sich selbst um die Dinge des Lebens zu kümmern. Verantwortung für andere zu übernehmen, beharrlich sein Ziel zu verfolgen oder etwas auf die Beine zu stellen – all das ist für diese Klientel ein Fremdwort.

Wer etwa im Clanmilieu aufwächst, bekommt früh eingeimpft, dass krumme Touren weniger Mühe machen, als sich legal abzurackern. Der Traum vom schnellen Geld, einem dicken Schlitten, wenn auch nur geleast, übt auf diese Jugendlichen einen weitaus größeren Reiz aus als ein Schulabschluss oder eine Lehre.

Anders gelagert, aber oft mit ähnlichem Ergebnis, ist die Situation von jugendlichen Straftätern, die aus den sozial schwachen Stadtteilen stammen, in denen es wenig Anreize und Angebote gibt und wo sich viele Jugendliche von vornherein auf der Verliererseite der Gesellschaft sehen.

Hierfür muss die Gesellschaft Antworten finden, ansonsten verliert sie diesen großen Teil einer Generation an die kriminellen Milieus.

Neben dem Erziehungsgedanken sollten wir auch mehr in die Richtung denken, eine Bringschuld für die jungen Delinquenten zu entwickeln. Stichwort: Zivildienst. In den Kliniken und Altenheimen besteht ein Pflegekräftemangel. Mit der Wehrpflicht fiel auch der Zivildienst weg. Viele Sozialstationen caritativer Einrichtungen trauern noch heute all jenen jungen Männern nach, die kranke oder bettlägerige Senioren zu Hause besuchten, für sie einkaufen gingen, sie pflegten, wuschen oder die Wohnung putzten. Ich glaube, dass solche Maßnahmen bei Straftätern, die mit einer überschaubaren Jugendstrafe rechnen müssen und die für solche Tätigkeiten geeignet sind, eine machbare Alternative darstellen könnte. Das jugendrichterliche Urteil für diese Gruppe von Straftätern würde dann beispielsweise auf »sechs Monate soziale Arbeit in einem Behindertenheim, jeweils 8 Stunden samstags und 8 Stunden sonntags« lauten. Verstöße der Verurteilten gegen die Arbeitsauflage des Urteils könnten zunächst einen mehrtägigen Aufenthalt in einer Jugendarrestanstalt als Warnschuss nach sich ziehen. Anschließend besteht die neuerliche Chance, sich durch Ableistung der Arbeitsstunden zu rehabilitieren. Beim zweiten Fehlverhalten folgt der Jugendknast.

Zu guter Letzt wiederhole ich nochmals mein Plädoyer dafür, die Zahl der Bediensteten in den Justizvollzugsanstalten drastisch zu erhöhen, so dass diese sich besser um die Inhaftierten kümmern können. Und sie besser zu bezahlen und besser zu schulen. Es kann nicht sein, dass Wärter eine Etage mit 50 Gefangenen als One-Man-Show betreuen. Dass man sich für 2000 Euro netto monatlich immer wieder Gefahrenmomenten aussetzen muss, in einem Umfeld, in dem Beschimpfungen, Bedrohungen und Attacken genauso zum Alltag gehören wie der ewige Zwang, den Knackis zu beweisen, wer das Sagen hat, und man nur ja keine Schwäche zeigen darf. Wenn Wärter wie Mehmet ohne spezielle Ausbildung einfach ins kalte Wasser geworfen werden, dann muss man sich nicht wundern, dass angesichts der personellen Not die Gefangenen in ihren Zellentrakten oft nur verwahrt werden. Oder Justizwachtmeister auf dumme Gedanken kommen, mit den Gefangenen fraternisieren und illegal Handys oder Drogen einschmuggeln.

Wie so oft spielt der Faktor Geld die entscheidende Rolle. Geld, das die Politik meines Erachtens unbedingt in die Hand nehmen muss, so dass sich die Situation in deutschen Knästen bessert.

Was haben wir uns nicht in den 70er Jahren auf die Schulter geklopft, als die Verhältnisse hinter Gittern liberaler wurden und der Resozialisierungsgedanke Einzug hielt. Davon haben wir uns aber bei genauerer Betrachtung ein gutes Stück weit wieder entfernt. Natürlich ist einiges geschehen seither: Der offene Vollzug wurde ausgebaut und in neu errichteten Gefängnissen steigen keine Ratten mehr durchs Klo. Der jeweilige Häftling erhält ein bisschen mehr Privatsphäre beim Gang auf die Toilette als früher. Ich will auch nicht abstreiten, dass heutzutage viel mehr Lehr- und Arbeitsangebote für jugendliche Inhaftierte offeriert werden als zu früheren Zeiten.

Auch gibt es die Beratungszentren, um den jungen Männern und Frauen eine berufliche Perspektive nach ihrer Freilassung zu vermitteln. Nach wie vor aber ist die Rückfallquote bei den jugendlichen Gefangenen hoch. Vieles bleibt Stückwerk, seit Jahren stagniert der Strafvollzug. Die wichtige psychotherapeutische Aufarbeitung der Tat und der Ursache der kriminellen Karriere unterbleibt nach wie vor oft gänzlich oder wird allenfalls oberflächlich vorgenommen. Gerade bei jungen, noch prägbaren Menschen wären solche tiefenpsychologisch fundierte Begleitungen im Strafvollzug essentiell zur Verhinderung künftiger Taten. Mit den steigenden Migrationszahlen füllen zudem mehr ausländische Täter die Hafttrakte. Damit wachsen die Sprach- und Verständigungsprobleme. Weitere Schritte sind also nötig, um die Herausforderungen der sich stetig ändernden Gefängniswelt zu bewältigen.

Auch das Gutachterproblem müssen die Bundesländer in den Griff bekommen. Zum einen durch mehr und besser geschultes Personal aus der forensischen Psychiatrie. Zum anderen wäre es beispielsweise sinnvoll, ein Vieraugenprinzip einzuführen, wenn es um die Frage der vorzeitigen Entlassung oder Gefährlichkeitsprognosen geht. Das heißt, man betraut zwei Sachverständige mit dem Fall statt nur einen.

Mittlerweile geben sechzehn verschiedene Strafvollzugsgesetze in den jeweiligen Bundesländern die Richtung vor, aber der Behandlungsauftrag ist allen gemeinsam: »Der Vollzug dient dem Ziel, die Gefangenen zu befähigen, künftig in sozialer Verantwortung ein Leben ohne Straftaten zu führen.«

Die Realität sieht anders aus. Nach wie vor geht Sicherheit vor Freiheit und Verwahrvollzug vor Therapie. Wie schrieb mir noch der Ausbrecherkönig Michael Heckhoff? »Die Gesellschaft sollte mehr auf den Strafvollzug achten. Den meisten rechtstreuen Bürgern ist gar nicht bewusst, dass fast 100 Prozent der Knackis irgendwann auch wieder aus dem Gefängnis raus und in die Gesellschaft reinkommen. Nur Weggucken und sich beruhigt auf die Schenkel klopfen nach dem Motto ›Hinter Gittern sind die bösen Verbrecher ja gut aufgehoben und das geht mich nichts an‹ ist eine unreflektierte Betrachtungsweise. Am Ende ist es billiger, Sorge zu tragen, dass weniger unresozialisierte Straftäter entlassen werden. Wenn man mit uns hier so umgeht, dann ist es am Ende für die Gesellschaft teurer und gefährlicher, die Rückfallquoten werden sich nicht verbessern. Jeder hat eine zweite Chance verdient und die Gesellschaft würde besser geschützt, wenn in den Justizvollzugsanstalten wirklich etwas für Resozialisierung getan würde.«

ANHANG

TAGESABLAUF

Der Vollzugsalltag in deutschen Haftanstalten ist straff organisiert und durchgetaktet. Für dieses Buch habe ich einen meiner Mandanten, der wegen des Vorwurfs der Körperverletzung in elf Fällen, Freiheitsberaubung und Nötigung in Untersuchungshaft sitzt, gebeten, mir einen typischen Tagesablauf zu schildern. Es ist ein Dienstag, einer von vielen, der auch für viele andere Wochentage in deutschen Gefängnissen steht. Es handelt sich um eine Anstalt für erwachsene Untersuchungshäftlinge in Nordrhein-Westfalen.

05:40 Uhr: Ding, dang, dong. Ich werde von der ersten Glocke geweckt.

06:00 Uhr: Ding, dang, dong. Ein erneuter Glockenschlag, jetzt kommt das Frühstück, wobei man angezogen sein muss, viele Beamte meckern nämlich, wenn man nicht vorher aufgestanden ist oder vorher das Fenster aufgemacht hat zum Durchlüften. Jeder Beamte fährt seinen eigenen Film, dafür muss man ein Gespür entwickeln. Es gibt auch einige Beamte, die, wenn man nicht sofort an der Tür steht, einfach wieder zuschließen, und es gibt nichts zu frühstücken. Für mich kein großes Problem, denn das Weißbrot schmeckt fürchterlich und das Körnerbrot ist so knüppelhart, dass ich es auch nicht essen kann. Für mich fällt daher Frühstück immer aus. Stattdessen sind meine Gedanken bei meiner Familie, insbesondere bei meiner

Mutter, die trotz der neuen Vorwürfe zu mir hält, ich bin froh, dass ich sie habe.

07:00 Uhr: Ding, dang, dong. Ein erneuter Glockenschlag, jetzt ist Arbeitsaufschluss. Alle Gefangenen, die eine Arbeitsstelle haben, können arbeiten gehen. Zudem gibt es montags, mittwochs und freitags jetzt die Möglichkeit zu duschen. Heute, am Dienstag, gibt es dementsprechend keine Dusche und ich gehe aus der Zelle raus und sammele den Müll von allen Gefangenen ein und packe ihn in einen großen blauen Sack. Alle Gefangenen müssen nämlich ihren Müll morgens um 06:00 Uhr bei Frühstücksausgabe vor ihre Zellentür auf die »Piste« (Zellenflur) stellen. Ich sammele die blauen Säcke dann ein und parke sie vor meinem Hausarbeiterbüro.

07:30 Uhr: Jetzt ruft meistens der Wärter »Müll«, es kommen alle Hausarbeiter mit dem eingesammelten Müll aus dem ganzen Flügel und wir werfen ihn draußen in dem Hof in die große Tonne. Danach geht's zurück in die Abteilung, wo mir mein Abteilungsbediensteter Anträge gibt, wer z. B. Putzzeug oder Zahnpasta, Klopapier oder Rasierer benötigt oder eine Flitsche mit Eimer, mit der man den Haftraum dreimal die Woche sauber machen kann. All diese Sachen bringe ich dann den Gefangenen vor die Hafttür, der Beamte öffnet die Tür und die Gefangenen bekommen die Utensilien.

08:30 Uhr: Ding, dang, dong. Der nächste Gong ist dieses Mal zur Freistunde. Jetzt haben die Gefangenen und auch ich die Chance, in die Freistunde zu gehen, die Gespräche sind jeden Tag die gleichen: Wie lange machst du schon ab? Wie lange musst du voraussichtlich noch? Welchen Anwalt hast du? Meiner ist aber der beste Anwalt! Ja, ich weiß, aber er ist sehr teuer pp. Welcher Richter urteilt über deinen Fall? Ach der, ach du lieber Herr. Da kriegst du ordentlich Qualm, der nagelt dich an die Wand. Es quatschen alle untereinander, außer mit den »Pädos«, gemeint sind die »Sittiche«, also die Kinderschänder, mit denen will keiner was zu tun haben, die werden beschimpft und kriegen hier die volle Packung von uns »normalen« Gefangenen. Es gibt auch einige Gefangene, die überhaupt keine Kohle haben, die sammeln dann die Zigarettenstummel von anderen vom Rauchen auf, es gibt auch unheimlich viele »Schnorrer«, die die ganze Freistunde lang immer nach Tabak betteln oder auch nach Subutex als Heroinersatz. Subutex ist hier so normal wie draußen ein Brötchen und Kaffee zum Frühstück.

09:30 Uhr: Jetzt gehen alle nach der Freistunde wieder auf ihren Haftraum. Ich bin immer total froh, dass ich das ganze Gesocks nicht mehr sehen muss. Wenn alle auf ihrem Haftraum sind, wische ich den Flur, mache mir immer positive Gedanken und denke: »Du hast schon mal fünf Jahre hinter Gittern gepackt und diese positive Sichtweise hat dich auch damals gerettet.«

12:00 Uhr: Ding, dang, dong. Der nächste Glockenschlag. Jetzt gibt es das Mittagessen. Alle erhalten in ihrem Haftraum Essen.

12:45 Uhr: Es gongt wieder. Es gibt Leute, die jetzt zum Fußball gehen wollen, andere machen Kraftsport. Man muss allerdings eine entsprechende Karte erhalten haben, für die man vorher – wie für alles hier – einen Antrag stellen muss, und die bekommt man meistens erst nach vier bis sechs Monaten.

13:00 Uhr: Ding, dang, dong. Jetzt müssen alle wieder zur Arbeit, und zwar bis 15:30 Uhr. Dann geht es wieder auf Zelle.

17:00 Uhr: Jetzt gibt es Abendbrot. Jetzt kann man meistens duschen, maximal zehn Minuten nach dem Duschen steht man wieder vor seinem Haftraum und der Bedienstete kommt und schließt dich ein.

18:00 Uhr: Jetzt ist bis 19:30 Uhr Umschluss, d. h. man kann – am Wochenende allerdings meistens nicht – in eine andere Zelle und mit anderen Gefangenen dort sprechen. Dies natürlich nur, wenn man möchte. Ich lehne meistens ab, weil ich das ganze Gesocks nicht ertragen kann. Ich gehe lieber, aber leider nur zweimal im Monat für 20 Minuten, sonntags früh in die Kirche und nach 20 Minuten Beten muss ich dann wieder zurück in die Zelle.
Diejenigen, die zum Umschluss gehen, reden auch hier wieder vor allem über Anwälte, laufende Gerichtsverfahren, einige haben ganz tolle Tricks, wie man angeblich aus der Sache rauskommt, und es wird viel Karten gespielt.

19:30 Uhr: Nach dem Umschluss geht man wieder auf die eigene Zelle, man ist dann alleine. Ich schaue immer viel aus dem Fenster, denke an meine Familie und freue mich schon auf die nächsten Briefe, die mir erst drei bis vier Wochen nach Absenden weitergeleitet werden, weil sie durch die richterliche Briefkontrolle gehen. Ich mache mir ständig Gedanken, was mich dieses Mal für ein Urteil erwartet, ich bin mit über fünf Jahren damals vorbestraft wegen zweier Vergewaltigungen, dieses Mal geht es darum, dass ich einer Ex-Freundin etwas angetan habe, auch wenn es dieses Mal nicht um sexuelle Straftaten geht, sondern nur um Körperverletzung, wenn auch in elf Fällen, Freiheitsberaubung und Nötigung, trotzdem bin ich gewissermaßen ein Wiederholungstäter und ich habe Angst, welche Strafe ich erhalte. Andererseits beruhige ich mich wieder, weil ich immer denke, dass ich einen Top-Anwalt an meiner Seite habe, und ich freue mich immer, wenn ich von ihm Verteidigerpost bekomme, und er hat mir auch damals das Urteil genau so vorausgesagt, wie es gekommen ist, und deshalb glaube ich, dass er dieses Mal mit seiner Prognose von zweieinhalb bis dreieinhalb Jahren hoffentlich wieder richtig liegt. Damit könnte ich leben, das wäre überschaubar.

Die Tür ist jetzt ab 19:30 Uhr zu. D. h. dann im Prinzip »Gute Nacht bis morgen«. Man redet allerdings noch aus dem Fenster heraus mit anderen Insassen.

20:00 Uhr: Jetzt liege ich meistens im Bett und schaue mir Fotos meiner Familie an, schaue ein bisschen ins TV, und wenn nicht gerade wieder ein Bekloppter aus dem Nachbarfenster schreit oder gegen die Wände hämmert, schlafe ich so ab 22:00 Uhr ein.

Ein ganz normaler Tag in Untersuchungshaft, ich sitze jetzt schon über acht Monate in U-Haft und mein Gerichtsverfahren läuft noch.

DAS ESSEN

In Deutschland essen die Gefangenen ihre Mahlzeiten auf ihren Zellen. Ähnlich wie im Krankenhaus werden die Mahlzeiten mit Speisewagen auf den Stockwerken verteilt. Eine große Auswahl haben die Inhaftierten nicht. Gegessen wird, was auf dem Speiseplan steht. Schnitzel ist drinnen genauso wie draußen sehr beliebt. Freitags gibt es in der Regel Fisch. 2300 Kalorien stehen jedem Häftling täglich zu. Ob er diese zu sich nimmt, bleibt jedoch jedem Gefangenen selbst überlassen.

Speiseplan

14.12.2020 - 20.12.2020

Tag	Kost	Morgenkost	Mittagskost	Abendkost
Montag 14.12.2020	NK	Nussnougatcreme, Brot, Margarine, Tee (Z001, A001)	Graupensuppe mit Mettwurst, Obst (Z002, Z007, A001-1)	Quark mit Zitrone, Brot, Margarine, Tee (Z001, Z008, A001, A006)
	Rel. K.	w. Nk. (Z001, A001)	Geflügelbockwurst, s. w. Nk. (Z001, Z002, Z004, Z007, A001-1)	w. Nk. (Z001, Z008, A001, A006)
	Veg. K.	w. Nk. (Z001, A001)	Apfelpfannekuchen, s. w. Nk. (Z008, Z011, A001, A006, A001-1)	w. Nk. (Z001, Z008, A001, A006)
Dienstag 15.12.2020	NK	Nussnougatcreme, Brot, Margarine, 1l H-Milch, Tee (Z001, Z008, A001, A004, A005, A006, A007, A010, A007-2)	Bolognese (Rind), Nudeln, Salat (Z004, A001, A001-1)	Grobe Leberwurst, Brot Margarine, Tee (Z001, Z008, A001, A006, A008, A009)
	Rel. K.	w. Nk. (Z001, Z008, A001, A004, A005, A006, A007, A010, A007-2)	w. Nk. (Z004, A001, A001-1)	Yayla-Tavuk, s. w. Nk. (Z001, Z002, Z003, Z004, A001, A005, A006, A007, A008, A009)
	Veg. K.	w. Nk. (Z001, Z008, A001, A004, A005, A006, A007, A010, A007-2)	Sojawürfel, s. w. Nk. (Z004, A001, A001-1)	Edamer Käse, s. w. Nk. (Z001, A001, A006)
Mittwoch 16.12.2020	NK	Krakauer Wurst, Brot, Margarine, Tee (Z001, A001)	Schweinehaxe, Püree, Bratensoße, Weißkohlsalat, Obst (Z004, Z008, A001)	Thunfisch in Öl, Brot, Margarine, Tee (Z001, A001, A002, A013, A014)
	Rel. K.	Ei, s. w. Nk. (Z001, A001, A009, A014)	Hähnchenkeule TK, s. w. Nk. (Z004, Z008, A001)	w. Nk. (Z001, A001, A002, A013, A014)
	Veg. K.	Ei, s. w. Nk. (Z001, A001, A009, A014)	Blumenkohl - Käse - Medaillon, s. w. Nk. (Z004, Z008, A001, A003, A001-1)	w. Nk. (Z001, A001, A002, A013, A014)
Donnerstag 17.12.2020	NK	Braunschweiger Wurst, Brot, Margarine, 1l H-Milch, Tee (Z001, Z002, Z004, Z008, A001, A006, A008, A009)	2 gek. Eier, Spinat, Kartoffeln, Senfsoße (Z004, Z008, A009, A014)	Putenbierwurst vac, Brot, Margarine, Tee (Z001, Z002, Z004, Z007, A001)
	Rel. K.	Schmelzkäse., s. w. Nk. (Z001, Z002, Z008, A001, A006)	w. Nk. (Z004, Z008, A009, A014)	w. Nk. (Z001, A001)
	Veg. K.	Schmelzkäse., s. w. Nk. (Z001, Z002, Z008, A001, A006)	w. Nk. (Z004, Z008, A009, A014)	Tomaten frisch, Gurken, s. w. Nk. (Z001, A001)
Freitag 18.12.2020	NK	Marmelade, Brot, Margarine , Tee, (Z001, Z002, A001)	Bratfisch, Kartoffeln, Rote Beete, Kräutersoße, Obst (Z002, Z004, A001)	Brieecken, Brot, Margarine, Tee (Z001, A001)
	Rel. K.	w. Nk. (Z001, Z002, A001)	w. Nk. (Z002, Z004, A001)	w. Nk. (Z001, A001)
	Veg. K.	w. Nk. (Z001, Z002, A001)	w. Nk. (Z002, Z004, A001)	w. Nk. (Z001, A001)
Samstag 19.12.2020	NK	Marmelade, Brot, Margarine, Tee (Z001, A001)	Erbsensuppe mit ger. Speck, 1 Joghurt (Z002, Z004, Z008, A006)	Pfeffermortadella vac., Brot, Margarine, Tee (Z001, A001)
	Rel. K.	w. Nk. (Z001, A001)	Margarine, s. w. Nk. (Z001, Z002, Z004, Z008, A006)	Geflügelfleisch in der Dose, s. w. Nk. (Z001, Z002, Z004, A001)
	Veg. K.	w. Nk. (Z001, A001)	Margarine, s. w. Nk. (Z001, Z002, Z004, Z008, A006)	Quark Becher, s. w. Nk. (Z001, A001)
Sonntag 20.12.2020	NK	1 gek. Ei, Brot, Margarine, Kakao (Z001, A001, A009, A014)	Hähnchenschnitzel, Duvec-Reis, Salat, Tomatensoße, Obst (Z004, A001, A003, A001-1)	Fr. Zwiebelmettwurst, Brot, Margarine, Tee (Z001, A001)
	Rel. K.	w. Nk. (Z001, A001, A009, A014)	w. Nk. (Z004, A001)	Gouda, s. w. Nk. (Z001, Z008, A001, A006)
	Veg. K.	w. Nk. (Z001, A001, A009, A014)	Gemüseschnitte, s. w. Nk. (Z004, A001, A003, A008, A001-1)	Gouda, s. w. Nk. (Z001, Z008, A001, A006)

Aufgestellt: Küchenleiter/in

Speiseplan wurde noch nicht geprüft!

Änderungen vorbehalten

Kreuzallergene können nicht ausgeschlossen werden

VL BASIS-Web **Seite: 1/2**

EINKAUFSLISTE

Während der Untersuchungshaft stellt der Einkauf für viele Gefangenen ein Highlight im oft tristen Haftalltag dar. In Nordrhein-Westfalen z. B. stehen jedem Untersuchungshäftling monatlich bis zu 210 Euro zur Verfügung, sofern ein Angehöriger Geld auf das Anstaltskonto des Insassen überwiesen hat. Beim Gefängniskaufmann kann der Inhaftierte über eine Einkaufsliste Waren des täglichen Lebens – von Hygieneartikeln über zugelassene Elektrogeräte bis hin zu Nahrungsmitteln wie Süßigkeiten, löslichen Kaffee, Brotaufstriche und Fertiggerichte kaufen. Die Einkaufsliste umfasst mehrere Seiten. Vier Rollen Toilettenpapier kosten z. B. 1,74 Euro, ein Glas Nutella 3,33 Euro und eine 500-Gramm-Packung Filterkaffee bis zu 5,88 Euro.

	Art.Nr.	Artikel	Grundpr.	Inhalt	Preis
		Sonstige Getränke			
-	30168	Apfelsaft	0,83 1l	1 l	0,83
-	40502	Capri Sonne Kirsch Gran	2,94 1l	330 ml	0,97
-	31197	Direktsaft Ananas	1,71 1l	1 l	1,71
-	31203	Direktsaft Apfel trüb	1,06 1l	1 l	1,06
-	38908	Gran. Multi	2,04 1l	1 l	2,04
-	38891	Gran. Orange	2,04 1l	1 l	2,04
-	30351	Himbeersirup für 10l	1,53 1l	700 ml	1,07
-	32384	Hohes C Frühstückssaft	1,94 1l	1 l	1,94
-	36444	Holunder-Zitronensirup f	1,53 1l	700 ml	1,07
-	32761	Karottensaft m. Honig	1,94 1l	500 ml	0,97
-	38106	Kirsch-Bananen Nektar	1,35 1l	1 l	1,35
-	33418	Kirschsirup für 10l	1,53 1l	700 ml	1,07
-	33686	Maracujanektar	1,46 1l	1 l	1,46
-	34216	Multivitaminfruchtsaftget	0,71 1l	1,5 l	1,06
-	34150	Multivitaminsaft	1,35 1l	1 l	1,35
-	34630	Orangenfruchtsaftgetränl	0,78 1l	1 l	0,78
-	34654	Orangensaft	1,22 1l	1 l	1,22
-	34939	Pfirsichnektar	1,46 1l	1 l	1,46
-	35543	Sauerkirschnektar	1,46 1l	1 l	1,46
-	14552	Sirup Himbeer Glas	3,12 1l	500 ml	1,56
-	31975	Tomaten-Gemüsesaft	0,97 1l	1 l	0,97
-	36500	Tomatensaft	0,97 1l	1 l	0,97
-	36614	Traubensaft	1,35 1l	1 l	1,35
		Obst & Gemüse zu Tagespreisen			
-	16690	(Mini)Tomaten		500 g	
-	10236	Ananas		1 Stk	
-	11848	Äpfel grün		1 kg	
-	14539	Äpfel rot		1 kg	
-	10376	Auberginen		1 kg	
-	10406	Avocado		1 Stk	
-	10479	Bananen		1 kg	
-	10583	Birnen		1 kg	
-	10571	Blattspinat		100 g	
-	10595	Blumenkohl		1 Stk	
-	10649	Broccoli		1 Stk	
-	10807	Champignon		300 g	
-	10820	Cherrytomaten		250 g	
-	14709	Clementinen		1 kg	
-	11060	Eisbergsalat		1 Stk	
-	11137	Erdnüsse m. Schale		750 g	
-	10042	Feldsalat		100 g	
-	15430	Galiamelone		1 Stk	
-	11629	Granatapfel		1 Stk	
-	11423	Grapefruit		1 Stk	
-	11502	Gurken		1 Stk	
-	15969	Heidelbeeren		125 g	
-	12701	Himbeeren		125 g	
-	11617	Honigmelone		1 Stk	
-	11666	Ingwer frisch		100 g	
-	15295	Kaki		1 Stk	
-	11770	Karotten		1 kg	
-	16652	Kiwi 4er		1 Pack	
-	11939	Knoblauch		200 g	
-	11940	Kohlrabi		1 Stk	
-	11964	Kopfsalat		1 Stk	
-	12269	Lauch		1 kg	

	Art.Nr.	Artikel	Grundpr.	Inhalt	Preis
-		**Russische Spezialitäten**			
-	32293	Hefegebäckringe Flora	2,60 1kg	300 g	0,78
-	33194	Lammfleisch im Aufguss	7,33 1kg	400 g	2,93
-	35191	Rindfleisch im Aufguss	5,38 1kg	400 g	2,15
-	39986	Sonnenbl. Krokant Riege	6,86 1kg	70 g	0,48
		Türkische Spezialitäten			
-	30340	Türk. Tomatenmark	2,44 1kg	800 g	1,95
-	30752	Bulgur Weizengrütze	1,95 1kg	1 kg	1,95
-	31033	Couscous	2,92 1kg	500 g	1,46
-	31665	Fasulye weiße Bohnen	1,34 1kg	800 g	1,07
-	37345	gefüllte Paprikaschoten	5,03 1kg	350 g	1,76
-	32311	Helva Vanille	5,57 1kg	350 g	1,95
-	41579	Hühnerwürstchen Halal 6	7,80 1kg	250 g	1,95
-	32682	Kadayif Teigfäden	5,88 1kg	400 g	2,35
-	34393	Nohut Kichererbsen	1,14 1l	850 ml	0,97
-	35373	Rote Linsen	2,44 1kg	1 kg	2,44
-	40617	schwarze Oliven	5,38 1kg	400 g	2,15
-	36067	Sonnenblumenkerne ges	5,85 1kg	200 g	1,17
-	36286	Susam türk. Sesam	4,88 1kg	600 g	2,93
-	36717	Türk. Ceylon Tee lose	5,86 1kg	500 g	2,93
-	36687	Tursu Mischgem	0,94 1kg	3,12 kg	2,93
-	32633	Yufka Teigblätter	4,40 1kg	400 g	1,76
		Brot, Brötchen			
-	10388	Aufbackbaguette 2er	1,97 1kg	300 g	0,59
-	10390	Aufbackbrötchen	1,63 1kg	300 g	0,49
-	30739	Brotchips Knoblauch	5,44 1kg	250 g	1,36
-	10686	Buttertoast	1,86 1kg	500 g	0,93
-	31045	Croissants	5,87 1kg	300 g	1,76
-	39603	Eiweißbrot	4,30 1kg	500 g	2,15
-	36729	Fladenbrot	3,18 1kg	400 g	1,27
-	16548	Hamburgerb. m.Sesam 6	3,23 1kg	300 g	0,97
-	11540	Hamburgerbrötchen 6er	3,23 1kg	300 g	0,97
-	33042	Knäckebrot	3,12 1kg	250 g	0,78
-	41671	Krostini Vollkorn	5,08 1kg	250 g	1,27
-	33182	L.u.Cross Knusper Weiz	7,13 1kg	150 g	1,07
-	16240	Mehrkornbrot	2,14 1kg	500 g	1,07
-	37540	Pumpernickel	3,64 1kg	500 g	1,82
-	41609	Reiswaffeln unges.	8,70 1kg	100 g	0,87
-	13432	Roggenvollkornbrot	1,56 1kg	500 g	0,78
-	13584	Sandwichtoast (MHD<7T	1,69 1kg	750 g	1,27
-	35920	Sesamknäckebrot	3,12 1kg	250 g	0,78
-	30156	Sonnenblumenkernbrot	1,56 1kg	500 g	0,78
-	34812	Vollkornbrot	3,04 1kg	500 g	1,52
-	36961	Wasa fit u. vital	6,61 1kg	230 g	1,52
-	38751	Wraps 6er	3,95 1kg	370 g	1,46
-	37310	Zwieback	3,87 1kg	225 g	0,87
		Frische Grillware			
		nur zum sofortigem Verzehr			
-	11319	Ganze Hähnchen		1 Stk	8,05
-	15362	gegrillter Haxen		1 Stk	7,07

Art.Nr.	Artikel	Grundpr.	Inhalt	Preis
	Kaffee, Kakao (*=löslicher Kaffee)			
30820	Cappuccino	4,90 1kg	1 kg	4,90
30831	Cappuccino Dose	9,75 1kg	200 g	1,95
30843	Caro Malz Kaffee	15,65 1kg	200 g	3,13
37849	Choco Drink Dose	3,30 1kg	800 g	2,64
31069	*Cuneo Classical Kaffee	25,45 1kg	200 g	5,09
31070	*Cuneo Gold	30,85 1kg	200 g	6,17
31082	*Cuneo Mocca Kaffee	22,50 1kg	200 g	4,50
44027	*Dallm. Gold lösl.	43,16 1kg	250 g	10,79
31744	Filterkaffee Mocafix	7,58 1kg	500 g	3,79
35877	Filterkaffee Naturmild	7,58 1kg	500 g	3,79
31756	Filterkaffee koffeinfrei	9,00 1kg	500 g	4,50
39457	*Gina lösl. Gold Kaffee	29,40 1kg	300 g	8,82
32530	Jac. Cappu. Choco	8,42 1kg	500 g	4,21
32542	Jac. Cappu. Vanille	8,42 1kg	500 g	4,21
32554	*Jac. Espresso Portions.	54,22 1kg	45 g	2,44
32580	Jac. Krönung	11,76 1kg	500 g	5,88
31161	Jac. Krönung kräftig	11,76 1kg	500 g	5,88
32566	Jac. Meisterröstung	11,36 1kg	500 g	5,68
32670	Kaba fit Erdbeere	5,88 1kg	400 g	2,35
34010	Kaba Nachfüllbeutel	4,30 1kg	500 g	2,15
32669	Kaba Vanille	5,88 1kg	400 g	2,35
37837	*Kaffee Gold entkoff. lösl	30,30 1kg	100 g	3,03
32694	Kaffee Naturmild	9,00 1kg	500 g	4,50
33133	Krue. Capp. Stracciate.	7,44 1kg	500 g	3,72
35117	Krue. Caramel Cappuc.	7,44 1kg	500 g	3,72
39342	Krue. Inst. 3in1 10er	12,50 1kg	180 g	2,25
38131	Krue.Schokotasse schok	7,80 1kg	250 g	1,95
33236	Lavazza Creme E Gusto	16,84 1kg	250 g	4,21
39550	Mass. Cappu. Stracciate	6,35 1kg	400 g	2,54
39561	Mass. Cappu. WhiteLine	5,48 1kg	500 g	2,74
37473	*Maxwell Klassisch	31,85 1kg	200 g	6,37
33832	Melitta Cafe Harmonie	11,16 1kg	500 g	5,58
33856	Melitta Choco Cappucc.	9,80 1kg	400 g	3,92
33844	Melitta Kaffee	11,16 1kg	500 g	5,58
39883	*Mocarica Kaffee lösl. Bt	25,40 1kg	100 g	2,54
34307	Nesc. Capp. cremig zart	18,80 1kg	250 g	4,70
34320	*Nesc. Classic	34,30 1kg	200 g	6,86
40551	*Nesc. Espr. Sticks 25er	56,44 1kg	45 g	2,54
34332	*Nesc. Gold	49,00 1kg	200 g	9,80
35798	Nesquick Nachfüllbtl	5,38 1kg	400 g	2,15
34721	Ovomaltine	9,80 1kg	500 g	4,90
40368	Schreyögg Espresso	17,64 1kg	250 g	4,41
36237	Such.Expr.Kakao NFB	4,50 1kg	500 g	2,25
36638	Trinkfix Erdbeer	3,65 1kg	400 g	1,46
	Tee (*=löslicher Tee)			
30132	*Apfel-Mango Getränk. f.	3,92 1kg	1 kg	3,92
30181	*Apfelteegetränk	3,65 1kg	400 g	1,46
31306	Earl Grey Tee lose	29,40 1kg	150 g	4,41
31677	Fencheltee 20er	0,02 1Stk	1 Pack	0,48
31859	Früchtetee 20er	0,02 1Stk	1 Pack	0,48
36390	*Getränkep. Himbeere	5,80 1kg	100 g	0,58
36407	*Getränkep. Orange	5,80 1kg	100 g	0,58
32001	Grüner Tee lose	29,40 1kg	150 g	4,41
38763	Grüner Tee 20er	0,06 1Stk	1 Pack	1,27
32141	Hagebuttentee 20er	0,02 1Stk	1 Pack	0,48
32463	*Ice Tea Pfirsich f. 10l	3,90 1kg	500 g	1,95
32475	*Ice Tea Zitrone f. 10l	4,88 1kg	400 g	1,95
40836	*Instantgetränk Cola	3,65 1kg	400 g	1,46
32748	Kamillentee 20er	0,02 1Stk	1 Pack	0,48
40332	Meß. türk.Bayramtee 20	0,10 1Stk	1 Pack	1,95
40320	Meßmer Earl Grey 25er	0,07 1Stk	1 Pack	1,85
33339	MF Amarena/Kirsch 28er	0,07 1Stk	1 Pack	2,05
33352	MF Brom/Himb. 28er	0,07 1Stk	1 Pack	2,05
30776	MF Ingwertee 28er	0,07 1Stk	1 Pack	2,05
34198	*Multivitamin Getränk. f.	3,92 1kg	1 kg	3,92
41452	Ostfriesentee Leuchttum	7,40 1kg	250 g	1,85
34903	Pfefferminztee 20er	0,02 1Stk	1 Pack	0,48
34940	*Pfirsichteegetränk	3,65 1kg	400 g	1,46
37412	schwarzer Tee 20er	0,02 1Stk	1 Pack	0,48

520

Dez 2020 **Seite 1-2**

	Art.Nr.	Artikel	Grundpr.	Inhalt	Preis
		Angebote			
		folgende Artikel inkl. 0,25€ Pfand			
-	32116	Coca Cola	1,08 1l	1,25 l	1,35
-	37928	Coca Cola Zero	1,08 1l	1,25 l	1,35
-	39755	Fanta Orange	1,08 1l	1,25 l	1,35
-	41075	Sprite	1,08 1l	1,25 l	1,35
-	40010	Mezzo Mix	1,08 1l	1,25 l	1,35
-	38106	Kirsch-Bananen Nektar	1,16 1l	1 l	1,16
-	78487	Duschdas DG blühend s	4,32 1l	250 ml	1,08
-	71298	Duschdas DG Noire	4,32 1l	250 ml	1,08
-	79595	Duschdas DG vitalisiert	4,32 1l	250 ml	1,08
-	71286	Duschdas DG Men	4,32 1l	250 ml	1,08
-	71328	Duschdas DG Sport	4,32 1l	250 ml	1,08
-	81450	Duschdas DG prickelnd f	4,32 1l	250 ml	1,08
-	30820	Cappuccino	4,41 1kg	1 kg	4,41
-	42742	Fruchtgummi Mix 500g	2,92 1kg	500 g	1,46
-	15970	Eggetürk Parmak Sucuk	13,72 1kg	500 g	6,86
-	10996	Edelsalami	6,63 1kg	650 g	4,31
-	37217	Zent. Nusspli	4,40 1kg	400 g	1,76
-	34162	Eiweißpulver Erdbeer	15,68 1kg	500 g	7,84
-	34174	Eiweißpulver Schoko	15,68 1kg	500 g	7,84
-	34186	Eiweißpulver Vanille	15,68 1kg	500 g	7,84
-	30430	Barilla Maccheroni	1,94 1kg	500 g	0,97
-	30442	Barilla Penne Rigate	1,94 1kg	500 g	0,97
-	30454	Barilla Spaghetti	1,94 1kg	500 g	0,97
-	33947	Pesto Rosso	4,11 1kg	190 g	0,78
-	71985	Zig-Zag Papers 10x50er	0,00 1Stk	1 Pack	1,94
		Sonderangebote MWSt.			
-	44027	*Dallm. Gold lösl.	35,28 1kg	250 g	8,82
-	39093	Choclait Chips Original	8,43 1kg	115 g	0,97
-	37102	Nutella 750g+75g gratis	4,44 1kg	750 g	3,33
		folgende Artikel nur im Dezember erhältlich			
-	12658	Grießpudding Zimt/pur	2,74 1kg	175 g	0,48
-	14930	Gourmetcreme Haselnus	2,40 1kg	200 g	0,48
		Schreibwaren			
-	77835	3er Gelschreiber bunt	0,42 1Stk	1 Pack	1,27
-	70579	Bleistift		1 Stk	0,29
-	70622	Block kariert 50Blatt		1 Stk	0,97
-	70610	Block blanko 50Blatt		1 Stk	0,97
-	70634	Block liniert 50Blatt		1 Stk	0,97
	je Briefmarke max. 10 Stück pro Einkauf				
-	84141	Briefmarke 0,05		1 Stk	0,05
-	76983	Briefmarke 0,10		1 Stk	0,10
-	77082	Briefmarke 0,60		1 Stk	0,60
-	78992	Briefmarke 0,80		1 Stk	0,80
-	79443	Briefmarke 0,95		1 Stk	0,95
-	81528	Briefmarke 1,10		1 Stk	1,10
-	82119	Briefmarke 1,55		1 Stk	1,55
-	70749	Briefumschläge kurz 100	0,02 1Stk	1 Pack	1,55
-	70750	Briefumschläge lang 50e	0,04 1Stk	1 Pack	1,94
-	80883	Buntstifte 24er	0,14 1Stk	1 Pack	3,40
-	70816	Buntstifte Pelikan 12er	0,19 1Stk	1 Pack	2,33
-	70853	Bürolocher m. Schiene		1 Stk	5,84
-	77446	Farbband 153C		1 Stk	5,35
-	72060	Fineliner schwarz		1 Stk	0,83
-	76703	Fineliner 3er schwarz	0,32 1Stk	1 Pack	0,96
-	72023	Fineliner Stabilo 10er	0,73 1Stk	1 Pack	7,31
-	77379	Geodreieck		1 Stk	1,46
-	72412	Geburtstagskarte m. Um		1 Stk	1,17
-	72424	Glückwunschkarte neutr		1 Stk	1,17
-	72801	Heft A4 kariert		1 Stk	0,77
-	72825	Heftgerät kl. No.10		1 Stk	2,92
-	72849	Heftklammern kl. No.10		1 Pack	0,97
-	73192	Klarsichthüllen 30er	0,03 1Stk	1 Pack	1,06
		je 1 Stück pro Einkauf erhältlich			
-	73209	Klebefilm mit Abroller		1 Stk	1,26
-	73210	Klebefilmrolle		1 Stk	0,49
-	73222	Klebestift		1 Stk	1,06
-	73350	Kugelschreiber blau		1 Stk	0,38
-	77471	Kugelschreiber Lamy		1 Stk	6,34
-	73362	Kugelschreiber schwarz		1 Stk	0,38
-	73490	Lineal 30cm		1 Stk	0,97

	Art.Nr.	Artikel	Grundpr.	Inhalt	Preis
-	79145	Colg.MaxWhite one Opt.	38,80 1l	75 ml	2,91
-	70944	Colgate ZC Whitening	31,07 1l	75 ml	2,33
-	79042	Dr.Best ZB hart		1 Stk	1,65
-	71201	Dr.Best ZB mittel		1 Stk	1,65
-	71213	Dr.Best ZB weich		1 Stk	1,65
-	81103	Elk. Super Haftcreme	45,33 1kg	75 g	3,40
-	71766	Elk. ZB classic weich 2er	0,39 1Stk	1 Pack	0,77
-	71778	Elk. ZB hart 2er	0,39 1Stk	1 Pack	0,77
-	71780	Elk. ZB mittel 2er	0,39 1Stk	1 Pack	0,77
-	71810	Elmex ZC	41,47 1l	75 ml	3,11
-	72140	Fluor Zahngel	5,04 1l	125 ml	0,63
-	73398	Kukident Aktiv Plus 33er	0,06 1Rolle	1 Pack	1,94
-	73751	Meridol Mundspülung	14,10 1l	400 ml	5,64
-	73763	Meridol ZC	42,80 1l	75 ml	3,21
-	73880	Mundspülung	2,52 1l	500 ml	1,26
-	74214	Odol-Med3 samtweiss Z(	32,40 1l	75 ml	2,43
-	80925	Perlweiß ZC Shine on	73,80 1l	50 ml	3,69
-	74512	Perlweiß Raucher	73,80 1l	50 ml	3,69
-	80913	Perlweiß Schönheitszahn	73,80 1l	50 ml	3,69
-	75218	Signal Sport ZC	12,93 1l	75 ml	0,97
-	75220	Signal ZC	12,93 1l	75 ml	0,97
-	76284	White ZC	6,96 1l	125 ml	0,87
-	73696	Zahnseidesticks 64er	0,03 1Stk	1 Pack	1,94
		Duschbäder			
-	70221	Axe DG Alaska	8,52 1l	250 ml	2,13
-	80949	Axe DG Anti Hangover	8,52 1l	250 ml	2,13
-	70233	Axe DG Dark Temptation	8,52 1l	250 ml	2,13
-	80937	Axe DG Excite	8,52 1l	250 ml	2,13
-	75206	B.Barty Vanilla DG	9,72 1l	500 ml	4,86
-	79340	Dove DG Men	7,76 1l	250 ml	1,94
-	71171	Dove DG Pfingstrose	7,76 1l	250 ml	1,94
-	79595	Duschdas DG vitalisiert	5,40 1l	250 ml	1,35
-	78487	Duschdas DG blühend s	5,40 1l	250 ml	1,35
-	81450	Duschdas DG prickelnd f	5,40 1l	250 ml	1,35
-	71286	Duschdas DG Men	5,40 1l	250 ml	1,35
-	71298	Duschdas DG Noire	5,40 1l	250 ml	1,35
-	71328	Duschdas DG Sport	5,40 1l	250 ml	1,35
-	81322	Elk. DC Kokos&Vanille	2,90 1l	300 ml	0,87
-	81360	Elk. DC Soft Care	2,57 1l	300 ml	0,77
-	81346	Elk. DG Men Sport	3,23 1l	300 ml	0,97
-	81334	Elk. DG Kirschblüte	2,57 1l	300 ml	0,77
-	81358	Elk. DG Zit&Lim.	2,57 1l	300 ml	0,77
-	71936	Fa DG Cacao-Cocos	6,20 1l	250 ml	1,55
-	71845	Fa DG Joghurt	6,20 1l	250 ml	1,55
-	71950	Fa DG Speedster	6,20 1l	250 ml	1,55
-	71961	Fa DG Sport	6,20 1l	250 ml	1,55
-	79984	Lor. DG Men Energy	10,70 1l	300 ml	3,21
-	78761	Niv. DG sens. for Men	7,76 1l	250 ml	1,94
-	81401	Palm. DG Honig	5,80 1l	250 ml	1,45
-	81413	Palm. DG Kokos&Feuch	5,80 1l	250 ml	1,45
-	75140	Seba. Duschöl	20,90 1l	200 ml	4,18
		Körperpflegeartikel			
-	82880	Bulldog Bartshampoo	29,00 1l	200 ml	5,80
-	79558	Bebe Nachtpflegecreme	81,60 1l	50 ml	4,08
-	83823	B.Barty Black Pearl Body	9,72 1l	500 ml	4,86
-	83811	B.Barty Blackberry Body	9,72 1l	500 ml	4,86
-	79601	B.Barty Kokos Bodyl.	9,72 1l	500 ml	4,86
-	74822	B.Barty Vanilla Bodyl.	9,72 1l	500 ml	4,86
-	70907	Clearasil Waschgel	20,90 1l	200 ml	4,18
-	71158	Dove Bodylotion	8,50 1l	400 ml	3,40
-	71160	Dove Bodymilk	8,50 1l	400 ml	3,40
-	76995	Elk. Augencreme	194,00 1l	15 ml	2,91
-	71523	Elk. Bodylotion	2,90 1l	500 ml	1,45
-	71535	Elk. Bodymilk	2,90 1l	500 ml	1,45
-	76790	Elk. Fußcreme Urea	23,30 1l	100 ml	2,33
-	71584	Elk. Gesichtspeeling	21,30 1l	100 ml	2,13
-	74433	Elk. Handcr. Kamille	7,44 1l	125 ml	0,93
-	71602	Elk. Nachtcreme Q10	52,40 1l	50 ml	2,62
-	71675	Elk. Softcreme	5,80 1l	250 ml	1,45
-	71468	Elk. Sonnenmilch LSF20	12,84 1l	250 ml	3,21
-	75619	Elk. Sonnenmilch LSF 3(	14,76 1l	250 ml	3,69
-	71705	Elk. Tagescreme Q10	52,40 1l	50 ml	2,62

Art.Nr.	Artikel	Grundpr.	Inhalt	Preis
71640	Elk. SH 7 Kräuter	2,04 1l	500 ml	1,02
82089	Elk. SP Oil & Repair	7,75 1l	200 ml	1,55
80585	Elk. SH Antischuppen	3,87 1l	300 ml	1,16
71651	Elk. SH For Men	2,04 1l	500 ml	1,02
71663	Elk. SH Vit. u. Frucht	2,04 1l	500 ml	1,02
80573	Elk. SH Volumen	3,23 1l	300 ml	0,97
71833	Elvital SH Color&Glanz	10,70 1l	300 ml	3,21
71857	Elvital SP Color&Glanz	12,84 1l	250 ml	3,21
78657	Fructis SH Oil Repair	9,72 1l	250 ml	2,43
78633	Fructis SH Kraft+Glanz	9,72 1l	250 ml	2,43
83732	Gliss 1Min-Kur Total Rep	18,45 1l	200 ml	3,69
84244	Gliss SP Total Repair	13,60 1l	200 ml	2,72
77070	Got2B Styl.Gel Kleber	29,20 1l	150 ml	4,38
72783	H&S 2in1 Classic Clean	17,52 1l	250 ml	4,38
37692	Pant. SH Volumen	12,84 1l	250 ml	3,21
79546	Plantur 39 SH	37,00 1l	250 ml	9,25
74974	Schauma SH Antisch.Me	4,85 1l	400 ml	1,94
75012	Schauma SH for Men	4,85 1l	400 ml	1,94
75000	Schauma SH Pro-Vit.B5	5,10 1l	400 ml	2,04
75139	Seba. SH Antischuppen	19,45 1l	200 ml	3,89
80482	Syoss SH Men Power	8,84 1l	440 ml	3,89
80494	Syoss SP Repair	8,84 1l	440 ml	3,89
76272	Wet Haargel Ultra	8,40 1l	150 ml	1,26
	Rasierapparate & Klingen			
71389	Elk. EW-Rasierer 5er	0,13 1Stk	1 Pack	0,63
71390	Elk. EW-Rasierer Doppe	0,18 1Stk	1 Pack	1,84
71687	Elk. Xen.6 App.		1 Stk	5,64
71948	Elk. Xen.6 Klingen 4er	1,41 1Stk	1 Pack	5,64
79613	Gill.Fusion App.		1 Stk	9,74
72369	Gill.Fusion Klingen 5er	4,26 1Stk	1 Pack	17,05
72370	Gillette Mach 3 App. inkl		1 Stk	8,76
72382	Gillette Mach 3 Klingen 6	2,44 1Stk	1 Pack	14,61
73994	Niv. AS Balsam	63,30 1l	100 ml	6,33
79078	Wilk.Hydro3 App.		1 Stk	6,81
76314	Wilk.Hydro3 Klingen 4er	1,95 1Stk	1 Pack	7,79
79080	Wilk.Hydro5 App.		1 Stk	8,28
76326	Wilk.Hydro5 Klingen 4er	2,80 1Stk	1 Pack	11,20
	Rasierzubehör			
71614	Elk. Rasiergel Men	8,25 1l	200 ml	1,65
75127	Elk. Rasierschaum	3,87 1l	300 ml	1,16
72394	Gillette Rasiergel	14,55 1l	200 ml	2,91
74044	Niv. Rasiercreme	15,50 1l	100 ml	1,55
74366	Palm. Rasiercreme	14,50 1l	100 ml	1,45
74378	Palm. Rasierschaum	7,43 1l	300 ml	2,23
	Sonstige Kosmetikartikel			
70531	Bimsschwamm		1 Stk	0,77
72710	Cott.feuchtes Toilettenp.	0,05 1Stk	1 Pack	1,94
84256	Duschpuschel		1 Stk	0,97
82570	feuchtes Toilettenpapier		1 Pack	2,04
72539	Haarbürste		1 Stk	1,46
84980	Haargummi schwarz		1 Stk	0,29
72667	Haarreif		1 Stk	2,91
73076	Kamm		1 Stk	1,45
78931	Kosmetikpinsel		1 Stk	2,91
73933	Nagelknipser klein		1 Stk	1,45
79030	Papiersandfeile		1 Pack	1,74
83082	Peelinghandschuh 2er	0,97 1Stk	1 Pack	1,94
81670	Toilettenpapier 4x250Bla	0,44 1Rolle	1 Pack	1,74
75553	Taschentücher 15x10er	0,14 1Stk	1 Pack	1,35
75942	Vaseline	11,60 1l	125 ml	1,45
	Haushaltswaren			
70154	Antennenkabel 1,5m		1 Stk	2,91
72515	Armbanduhr Lederband		1 Stk	12,66
83483	Armbanduhr Metallband		1 Stk	12,66
70300	Backpapier-Zuschnitte 3(	0,03 1Stk	1 Pack	0,97
70415	Batterie Mignon R6 AA		1 Stk	0,39
70439	Batterie Mikro AAA R03		1 Stk	0,39
70762	Brillenputztücher	0,02 1Stk	1 Pack	0,97

	Art.Nr.	Artikel	Grundpr.	Inhalt	Preis
-	12002	Kräuterbutter	11,30 1kg	100 g	1,13
-	12440	Lätta Margarine	4,30 1kg	500 g	2,15
-	12518	Margarine	1,86 1kg	500 g	0,93
-	12520	Mascarpone	7,80 1kg	250 g	1,95
-	12579	Milchschnitte 5er	10,43 1kg	140 g	1,46
-	17164	Milchsnack 6er	7,56 1kg	168 g	1,27
-	12580	Mini-Babybel 9x20g	16,28 1kg	180 g	2,93
-	12646	Mozzarella	4,35 1kg	200 g	0,87
-	11113	Mü. Kn.Jogh. Va./Sch.Ba	4,53 1kg	150 g	0,68
-	12671	Mü. Milchreis vanille	4,15 1kg	200 g	0,83
-	12660	Mü. Milchreis schoko	4,15 1kg	200 g	0,83
-	16457	Müllermilch Banane	2,93 1l	400 ml	1,17
-	12695	Müllermilch Erdbeere	2,93 1l	400 ml	1,17
-	12749	Müllermilch Schoko	2,93 1l	400 ml	1,17
-	12956	Oe. Wölkchen Schoko	5,44 1kg	125 g	0,68
-	13079	Philadelphia Natur	9,49 1kg	175 g	1,66
-	13183	Quark Magerstufe	2,14 1kg	500 g	1,07
-	14941	Rama Culinesse	3,70 1l	500 ml	1,85
-	13249	Rama Margarine	3,90 1kg	500 g	1,95
-	13602	Saure Sahne 10%	2,95 1kg	200 g	0,59
-	13614	Scheiblettenkäse Cheste	5,08 1kg	250 g	1,27
-	13626	Scheiblettenkäse Toast	5,08 1kg	250 g	1,27
-	15878	Schmelzkäse Mix	7,40 1kg	250 g	1,85
-	13699	Schmelzkäse Sahne	5,85 1kg	200 g	1,17
-	13985	Speisequark 20%	3,12 1kg	250 g	0,78
-	13997	Speisequark 40%	3,12 1kg	250 g	0,78
-	10327	Speisequark lact.frei	4,28 1kg	250 g	1,07
-	36160	Sprühsahne	5,84 1l	250 ml	1,46
-	12932	Trinkjoghurt	1,94 1l	500 ml	0,97
-	13274	Zott Joghurt Himbeere	4,93 1kg	150 g	0,74
-	13262	Zott Joghurt Pfirsich-Mar	4,93 1kg	150 g	0,74
-	14382	Zott Sahnejogh. Erdbeer	4,93 1kg	150 g	0,74
-	16871	Zott Sahnejogh. Kirsch	4,93 1kg	150 g	0,74
-	14400	Zott Sahnejogh. Saison	4,93 1kg	150 g	0,74
-	10169	Zottis Naturjoghurt 2%	2,00 1kg	400 g	0,80
-	10170	Zottis Fruchtjoghurt 0,1%	2,00 1kg	400 g	0,80
		Frische Wurst-, Fisch- und Fleischwaren			
-	10285	Aoste Stickado Klassik	33,57 1kg	70 g	2,35
-	10297	Aoste Stickado Pikant	33,57 1kg	70 g	2,35
-	10420	Bacon	12,30 1kg	100 g	1,23
-	11277	Bauchspeck MHD ca. 1	8,13 1kg	300 g	2,44
-	10560	Bierwurst	6,35 1kg	200 g	1,27
-	10765	Cabanossi	7,83 1kg	300 g	2,35
-	10790	Cervelatwurst	8,60 1kg	200 g	1,72
-	10819	Schweine-Cheeseburger	6,50 1kg	300 g	1,95
-	13146	Chickenburger	6,50 1kg	300 g	1,95
-	10984	Ed. Esp. Serrano Schink	26,88 1kg	80 g	2,15
-	10996	Edelsalami	7,38 1kg	650 g	4,80
-	11009	Edle Matjesfilet	6,46 1kg	256 g	1,66
-	11174	Fleischsalat lact.frei	3,72 1kg	250 g	0,93
-	11186	Fleischwurst	5,26 1kg	650 g	3,42
-	11204	Frikadellen	5,68 1kg	500 g	2,84
-	11332	Geflügel Filet-Roulade	11,73 1kg	150 g	1,76
-	10870	Geflügelfrikadelle	5,68 1kg	500 g	2,84
-	11861	Geflügel-Frikadellenbällc	5,86 1kg	500 g	2,93
-	11368	Geflügelmortadella	5,35 1kg	200 g	1,07
-	16585	HähnchenFiletstreifen	15,00 1kg	150 g	2,25
-	10844	Hähnchen-Nuggets	8,30 1kg	200 g	1,66
-	11654	Hähnchenschnitte panier	9,40 1kg	250 g	2,35
-	11678	Jagdwurst Aufschnitt	6,35 1kg	200 g	1,27
-	12178	Lachsschinken	13,20 1kg	100 g	1,32
-	14977	Laru Schweineschmalz	3,88 1kg	250 g	0,97
-	12257	Lasagne Bolognese	3,62 1kg	1 kg	3,62
-	12373	Leberkäse	5,88 1kg	400 g	2,35
-	11757	Leberwurst m. Kalbfleisc	7,76 1kg	125 g	0,97
-	15349	Lust auf Leicht Salami	14,60 1kg	100 g	1,46
-	12567	Mettenden 4x75g	8,47 1kg	300 g	2,54
-	19033	Mettwurst luftgetr.	14,08 1kg	250 g	3,52

	Art.Nr.	Artikel	Grundpr.	Inhalt	Preis
		Frische türkische Spezialitäten			
-	12415	Ayran Getränk	1,56 1l	500 ml	0,78
-	14667	Böregi (Blätterteig Käsef	7,05 1kg	750 g	5,29
-	15970	Eggetürk Parmak Sucuk	15,68 1kg	500 g	7,84
-	13213	Sigir Sosis	5,86 1kg	500 g	2,93
-	14072	Sucuk	6,78 1kg	500 g	3,39
-	14527	türk.Weichkäse Dose	5,85 1kg	720 g	4,21
-	14175	Türkische Pastirma	31,30 1kg	100 g	3,13
		Frische Halal Produkte			
-	15921	Gefl. Bratwurst Halal	5,86 1kg	500 g	2,93
-	15945	Gefl. Fleischwurst Halal	5,35 1kg	200 g	1,07
-	17152	Gefl. Wiener Halal	5,53 1kg	400 g	2,21
-	19057	Geflügel-Jagdwurst Hala	5,35 1kg	200 g	1,07
-	14199	Snack Salami Halal 7er	14,51 1kg	175 g	2,54
-	16860	Sucuk Kamar Rind	9,51 1kg	350 g	3,33
-	15933	Truthahn Salami Halal	7,80 1kg	200 g	1,56
-	19045	Truthahnbrust Halal	13,60 1kg	100 g	1,36
		Lactosefreie/Vegane Produkte			
-	41518	Brotaufstr. Auberg. veg.	9,78 1kg	180 g	1,76
-	33261	Flohsamenschalen	21,90 1kg	200 g	4,38
-	39044	H-Milch lact. 1,5%	1,23 1l	1 l	1,23
-	10522	Minus L Naturjoghurt 3,8	3,65 1kg	400 g	1,46
-	35488	Soja Reis Drink	1,26 1l	1 l	1,26
		Würze & Soßen			
-	38337	B.R.Mozz.TomatenSalz	18,44 1kg	90 g	1,66
-	30429	Bar. Pesto Genovese	14,95 1kg	190 g	2,84
-	38210	Barbecue Sauce	3,23 1l	300 ml	0,97
-	30491	Bautzner Senf	2,20 1l	200 ml	0,44
-	40824	Bert. Olivenöl Originale	11,76 1l	500 ml	5,88
-	31094	Curry-Ketchup	2,08 1l	875 ml	1,82
-	36511	Dressing French	2,46 1l	500 ml	1,23
-	36523	Dressing Joghurt	2,46 1l	500 ml	1,23
-	36535	Dressing Kräuter	2,46 1l	500 ml	1,23
-	31770	Fondor NFB	13,60 1kg	100 g	1,36
-	42020	Gemüsebrühe f. 7l	5,57 1kg	140 g	0,78
-	32153	Hamburger Sauce	4,59 1l	425 ml	1,95
-	42810	Tomatenketchup Papa J	3,12 1l	500 ml	1,56
-	38040	Heinz Tomatenketchup	4,88 1l	500 ml	2,44
-	37758	Hela Curryketchup	3,18 1l	800 ml	2,54
-	42705	Hühnerbrühe f. 7l	5,57 1kg	140 g	0,78
-	39159	Ketchup	1,94 1l	500 ml	0,97
-	32864	Kn. Bouillon Pur Gemüse	11,61 1kg	168 g	1,95
-	32876	Kn. Bouillon Pur Huhn	11,61 1kg	168 g	1,95
-	32888	Kn. Bouillon Pur Rind	11,61 1kg	168 g	1,95
-	32979	Knoblauch-Sauce	3,23 1l	300 ml	0,97
-	33066	Kokosmilch	3,18 1l	400 ml	1,27
-	33169	Kühne Senf	5,44 1l	250 ml	1,36
-	33595	Ma. Würze	11,14 1l	202 ml	2,25
-	33807	Mayonnaise	2,54 1l	500 ml	1,27
-	38532	Miracel Whip	6,64 1l	250 ml	1,66
-	42780	Nudelsoße Arrabiata	2,55 1kg	420 g	1,07
-	34411	Nudelsoße Bolognese	2,55 1kg	420 g	1,07
-	31410	Olivenöl extra	5,88 1l	1 l	5,88
-	37394	passierte Tomaten Tetra	1,28 1kg	500 g	0,64
-	37643	Pesto alla Genovese	7,16 1kg	190 g	1,36
-	38593	Petersilie Gefriergetr.	84,67 1kg	15 g	1,27
-	34952	Pflanzenöl aus Raps	1,36 1l	1 l	1,36
-	35166	Remoulade	2,54 1l	500 ml	1,27
-	39068	Röstzwiebeln	5,84 1kg	250 g	1,46
-	31847	Salatfix Salatkräuter 5er	9,60 1kg	50 g	0,48
-	35490	Salatgewürz Beutel	34,80 1kg	25 g	0,87
-	35567	Schaschlik-Sauce	3,23 1l	300 ml	0,97
-	35919	Senf mittelscharf	1,52 1l	250 ml	0,38
-	36055	Sojasauce	8,47 1l	150 ml	1,27
-	36079	Sonnenblumenöl	1,66 1l	1 l	1,66
-	33730	Tafel-Meerrettich	5,57 1kg	140 g	0,78
-	36304	Th. Sandwich Creme	8,67 1l	225 ml	1,95
-	36316	Th. Sauce Hollanda.	5,44 1l	250 ml	1,36
-	36432	Tom. Al Gusto Basilikum	4,22 1kg	370 g	1,56

Art.Nr.	Artikel	Grundpr.	Inhalt	Preis
	Nudeln, Reis, Kartoffelprodukte			
30405	Bancetto Maccaroni	2,34 1kg	500 g	1,17
40812	Bandnudeln	2,34 1kg	500 g	1,17
30430	Barilla Maccheroni	3,12 1kg	500 g	1,56
39573	Barilla Fusilli glutenfr.	6,10 1kg	400 g	2,44
30442	Barilla Penne Rigate	3,12 1kg	500 g	1,56
30454	Barilla Spaghetti	3,12 1kg	500 g	1,56
30480	Basmatireis	2,25 1kg	1 kg	2,25
36912	Bio Vollkornn. Hörnchen	2,14 1kg	500 g	1,07
30715	Bratkartoffel m. Zwiebel	3,65 1kg	400 g	1,46
39469	Buit. Farfalle	2,92 1kg	500 g	1,46
39895	Buit. Eliche	2,92 1kg	500 g	1,46
31653	Farfalle m. Käse-Kräuter	4,02 1kg	266 g	1,07
31896	Fusilli	1,16 1kg	500 g	0,58
34137	Kartoffelpüree	3,06 1kg	510 g	1,56
33054	Knödel halb+halb	5,35 1kg	200 g	1,07
33200	Langkornreis im Kochbtl	1,66 1kg	500 g	0,83
33224	Lasagneplatten	2,92 1kg	500 g	1,46
40370	Mie Nudeln	3,73 1kg	260 g	0,97
34710	Oryza Basmati&Wildreis	5,86 1kg	500 g	2,93
34824	Penne Rigate	1,16 1kg	500 g	0,58
37424	schwäbische Spätzle	2,14 1kg	500 g	1,07
35890	Semmelknödel	5,35 1kg	200 g	1,07
38489	Glasnudeln	6,40 1kg	100 g	0,64
36080	Spaghetti	1,16 1kg	500 g	0,58
36547	Tortellini mit Käse	4,68 1kg	250 g	1,17
36559	Tortellini Carne	4,68 1kg	250 g	1,17
36742	U.B. Express Reis Medit	8,60 1kg	250 g	2,15
36791	U.B. Reis	4,50 1kg	500 g	2,25
	Fertiggerichte / Suppen			
30867	Cevapcici m. Reis	5,20 1kg	300 g	1,56
31495	Erbseneintopf	1,95 1kg	800 g	1,56
31719	Feuertopf	1,71 1kg	800 g	1,37
32025	Gulaschsuppe	3,18 1l	400 ml	1,27
32128	H.T. Spargelcremesuppe	0,36 1Stk	1 Pack	1,07
32451	Hühnernudeltopf	1,46 1kg	800 g	1,17
32906	Kn. SL Buchstabensupp	10,61 1kg	82 g	0,87
32918	Kn. SL Frühlingssuppe 3	14,03 1kg	62 g	0,87
33509	Ma. MKL Tomatensuppe	17,00 1kg	80 g	1,36
33583	Ma. Tomatencremesupp	12,74 1kg	84 g	1,07
33881	Mexico-Hacksteak	4,87 1kg	300 g	1,46
35130	Ravioli in Fleischsoße	1,65 1kg	800 g	1,32
35142	Ravioli in Tomatensoße	1,65 1kg	800 g	1,32
36092	Spaghetti in Tomatenso	1,65 1kg	800 g	1,32
36110	Spaghettigericht Tomate	2,44 1kg	397 g	0,97
36328	Thaisuppe	2,43 1l	400 ml	0,97
	Gewürze			
30200	Aquasale Meersalz	2,14 1kg	500 g	1,07
30466	Basilikum Beutel	43,50 1kg	20 g	0,87
38271	Cardamom Beutel	107,00 1kg	10 g	1,07
31100	Currygewürz Beutel	12,43 1kg	70 g	0,87
32608	Jodsalz	0,38 1kg	500 g	0,19
41324	Knobl. gran. Streuer Gla	18,14 1kg	70 g	1,27
32955	Knoblauch gran. Beutel	12,43 1kg	70 g	0,87
38301	Koriander Beutel	33,20 1kg	50 g	1,66
33170	Kümmel gemahlen	58,67 1kg	30 g	1,76
38295	Lebkuchengewürz Beute	85,60 1kg	12,5 g	1,07
34691	Oregano Beutel	58,00 1kg	15 g	0,87
34708	Oregano Streuer	117,33 1kg	15 g	1,76
41336	Paprika edels. Streuer G	25,40 1kg	50 g	1,27
34769	Paprika edelsüß Beutel	12,43 1kg	70 g	0,87
35993	Tafelsalz	0,38 1kg	500 g	0,19
37229	Zimt Beutel	17,40 1kg	50 g	0,87
37230	Zimt Streuer	44,00 1kg	40 g	1,76
	Schokolade & Schokoladenriegel			
34605	Aero Vollmilchschokolad	9,70 1kg	100 g	0,97
35294	Aero weiße Schokolade	9,70 1kg	100 g	0,97
38544	Alpia Edel-Nougat	9,70 1kg	100 g	0,97
30685	Bounty	8,40 1kg	256 g	2,15

520

Dez 2020

Seite 3-4

	Art.Nr.	Artikel	Grundpr.	Inhalt	Preis
		Salzgebäck			
-	30855	Cashewkerne Dose ges.	16,27 1kg	150 g	2,44
-	30910	Chio Chips Red Paprika	10,57 1kg	175 g	1,85
-	30922	Chips Cracker Sour Crea	7,76 1kg	125 g	0,97
-	31057	Crunchips Hot Paprika	10,06 1kg	175 g	1,76
-	42961	Erdnuss-Mais-Mix	7,30 1kg	200 g	1,46
-	31586	Erdnüsse pikant	4,93 1kg	150 g	0,74
-	31550	Erdnussflips	3,40 1kg	200 g	0,68
-	31562	Erdnusskerne Dose ges.	4,85 1kg	200 g	0,97
-	31574	Erdnusskerne gesalzen	5,35 1kg	200 g	1,07
-	40850	FF Chipsfrisch Oriental	10,06 1kg	175 g	1,76
-	41520	FF Chipsfrisch Peper.	10,06 1kg	175 g	1,76
-	31628	FF Chipsfrisch ungarisch	10,06 1kg	175 g	1,76
-	31938	Gebäckstangen Käse	8,80 1kg	150 g	1,32
-	31940	Gebäckstangen Salz	8,80 1kg	150 g	1,32
-	40861	Goldfischli Original	11,70 1kg	100 g	1,17
-	30089	Kesselchips Salt&Vinega	9,07 1kg	150 g	1,36
-	35981	Krabbenchips	11,70 1kg	100 g	1,17
-	34368	Nic Nacs	13,28 1kg	125 g	1,66
-	34757	Paprika Chips	4,65 1kg	200 g	0,93
-	40848	Paprikasticks	6,96 1kg	125 g	0,87
-	42973	Party Nuts	5,35 1kg	200 g	1,07
-	34990	Pistazien	15,28 1kg	250 g	3,82
-	35026	Pringles Original	11,75 1kg	200 g	2,35
-	35038	Pringles Paprika	11,75 1kg	200 g	2,35
-	35178	Riffelchips Paprika	4,85 1kg	200 g	0,97
-	40873	Ritzcracker	8,30 1kg	200 g	1,66
-	35506	Salzstangen	1,92 1kg	250 g	0,48
-	36006	Snackmix	4,10 1kg	300 g	1,23
-	36225	Studentenfutter	7,80 1kg	200 g	1,56
-	36584	Tortillachips Cheese	4,23 1kg	300 g	1,27
+-	36596	Tortillachips Natural	4,23 1kg	300 g	1,27
-	36675	Tuc Cracker	10,70 1kg	100 g	1,07
-	36950	Walnusskerne	13,70 1kg	200 g	2,74
-	36973	Wasabi Peanuts	9,07 1kg	150 g	1,36
-	37333	Zwiebelringe	6,80 1kg	100 g	0,68
		Kuchen			
-	16597	Berliner 6er (MHD<3Tag	6,10 1kg	400 g	2,44
zum sofortigen Verzehr - MHD max. 3 Tage lt. Etikett					
-	12750	Donuts 4er (MHD<2Tage	9,78 1kg	230 g	2,25
zum sofortigen Verzehr - MHD max. 2 Tage lt. Etikett					
-	40654	Butter Cookies	6,89 1kg	454 g	3,13
-	30790	Quarkkuchen	4,89 1kg	440 g	2,15
-	30806	Butterstreuselkuchen	5,38 1kg	400 g	2,15
-	38660	Cupcakes 4er	8,13 1kg	240 g	1,95
-	31513	Erdbeerrolle	3,30 1kg	400 g	1,32
-	39111	Gugelhupf Marmor	4,40 1kg	400 g	1,76
-	42638	Kakaorolle	3,30 1kg	400 g	1,32
-	41117	K.M. Black&White	3,65 1kg	400 g	1,46
-	41014	K.M. Kiwikuchen	3,65 1kg	400 g	1,46
-	33406	K.M. Marzipankuchen	3,65 1kg	400 g	1,46
-	33560	K.M. Schokokuchen	3,65 1kg	400 g	1,46
-	39743	K.M. Marmorkuchen	3,65 1kg	400 g	1,46
-	39299	K.M. Stracciatellakuchen	3,65 1kg	400 g	1,46
-	36560	Tortenboden	3,90 1kg	300 g	1,17
-	37047	Wiener Boden dunkel	5,86 1kg	500 g	2,93
-	37059	Wiener Boden hell	5,86 1kg	500 g	2,93
		Süße Gebäckspezialitäten			
-	30296	PickUp Choco&Milch 5er	14,64 1kg	140 g	2,05
-	30521	Beuk. Prinzenrolle kakao	4,15 1kg	400 g	1,66
-	37515	Butterbrioche geschn.	4,40 1kg	400 g	1,76
-	30788	Butterkeks	3,65 1kg	400 g	1,46
-	30946	Choco Crossies	13,00 1kg	150 g	1,95
-	39100	Cookies	4,31 1kg	225 g	0,97
-	42900	Crunchy Flakes	8,60 1kg	250 g	2,15
-	31227	Doppelkeksrolle	2,64 1kg	500 g	1,32
-	31320	Ed. Cookies Double Cho	8,30 1kg	200 g	1,66
-	31331	Ed. Cookies Triple Choc.	8,30 1kg	200 g	1,66
-	31781	Frischeiwaffeln	3,88 1kg	250 g	0,97
-	31926	Gebäckmischung	2,66 1kg	500 g	1,33

	Art.Nr.	Artikel	Grundpr.	Inhalt	Preis
		Frühstücksbedarf			
-	30545	Bienenhonig flüssig Glas	6,26 1kg	500 g	3,13
-	30934	Choco Chips	3,52 1kg	750 g	2,64
-	31021	Cornflakes	2,46 1kg	500 g	1,23
-	31276	Duo Schokocreme	2,73 1kg	750 g	2,05
-	31537	Erdnusscreme	5,74 1kg	340 g	1,95
-	31835	Früchtemüsli	3,00 1kg	750 g	2,25
-	31823	Früchtemüsli	2,15 1kg	1 kg	2,15
-	36882	Haferflocken kernig	1,16 1kg	500 g	0,58
-	32130	Haferflocken zart	1,16 1kg	500 g	0,58
-	32396	Honey Wheat	3,52 1kg	750 g	2,64
-	30533	Honig Spender	7,44 1kg	500 g	3,72
-	32700	Kaffeesahne Port. 20x10	4,15 1kg	200 g	0,83
-	32712	Kaffeeweißer	3,88 1kg	250 g	0,97
-	32803	Kellogs Frosties	9,48 1kg	330 g	3,13
-	32815	Kellogs Toppas	9,48 1kg	330 g	3,13
-	37503	Knusper Müsli Choco	4,50 1kg	500 g	2,25
-	33157	Kölln Haferflocken zart	2,92 1kg	500 g	1,46
-	39834	Kölln Müsli Knusper Klas	5,70 1kg	600 g	3,42
-	33080	Kondensmilch 7,5%	2,29 1kg	340 g	0,78
-	14576	Konfit.Erdbeer	2,82 1kg	450 g	1,27
-	37825	Konfit. Waldfrucht	2,82 1kg	450 g	1,27
-	34095	Mini Zimtos	3,52 1kg	750 g	2,64
-	34400	Nougat Bits	3,52 1kg	750 g	2,64
-	34423	Nuss Nougat Creme	4,05 1kg	400 g	1,62
-	34435	Nutella	7,40 1kg	450 g	3,33
-	34459	Nutella to go	22,50 1kg	52 g	1,17
-	38192	Oe.Knusp.müsli wenig.sü	5,38 1kg	600 g	3,23
-	33893	Oe.Vit.Knusper Müsli	5,38 1kg	600 g	3,23
-	34976	Pflaumenmus	2,82 1kg	450 g	1,27
-	41701	Schoko-Haseln.Aufstrich	3,40 1kg	400 g	1,36
-	35786	Schokomüsli	2,87 1kg	750 g	2,15
-	41397	Salatkernmix	22,67 1kg	60 g	1,36
-	36298	Süßstoff 1200er Spende		1 Pack	0,97
-	36602	Trauben-Nuss-Müsli	2,15 1kg	1 kg	2,15
-	33698	Zent. Konfit. Aprikose	5,85 1kg	200 g	1,17
-	33704	Zent. Konfit. Erdbeere	5,85 1kg	200 g	1,17
-	33716	Zent. Konfit. Himbeere	5,85 1kg	200 g	1,17
-	37199	Zent. Konfit. Waldfrüchte	5,85 1kg	200 g	1,17
-	37217	Zent. Nusspli	4,88 1kg	400 g	1,95
-	37205	Zent.Belmandel	5,63 1kg	400 g	2,25
-	37308	Zuckersirup	3,24 1kg	450 g	1,46
		Gemüsekonserven			
-	38477	Artischockenviertel i. Öl	5,93 1kg	280 g	1,66
-	30326	Baked Beans	2,28 1l	425 ml	0,97
-	30727	Brechbohnen	1,14 1l	850 ml	0,97
-	30880	Champignon geschnitten	2,17 1l	314 ml	0,68
-	31471	Erbsen s.f.m. Möhrchen	1,84 1l	425 ml	0,78
-	31483	Erbsen sehr fein	1,51 1l	425 ml	0,64
-	31963	Gemüsemais	1,60 1l	425 ml	0,68
-	37369	geschälte Tomaten	1,45 1kg	400 g	0,58
-	40381	getrocknete Tomaten	7,09 1kg	275 g	1,95
-	32049	Gewürzgurken	1,49 1l	720 ml	1,07
-	38684	Kartoffeln fein	1,72 1kg	680 g	1,17
-	32827	Kidneybohnen	1,60 1l	425 ml	0,68
-	38799	Oliven grün entsteint	2,85 1kg	340 g	0,97
-	39500	Oliven grün m. Paprikap	4,00 1kg	340 g	1,36
-	34576	Oliven grün m. Paprika E	5,08 1kg	250 g	1,27
-	39810	Oliven schw. entsteint	2,85 1kg	340 g	0,97
-	38428	Peperoni mild	2,72 1kg	320 g	0,87
-	32232	Pfifferlinge	6,21 1l	314 ml	1,95
-	35105	Puszta Salat	2,62 1l	370 ml	0,97
-	35555	Sauerkraut	1,38 1l	850 ml	1,17
-	39032	schwarze Oliven	3,89 1kg	350 g	1,36
-	38507	Chinagemüse	2,89 1l	370 ml	1,07
-	38726	Silberzwiebeln	2,35 1l	370 ml	0,87
-	36122	Span.Oliven m. Paprika	5,58 1l	156 ml	0,87
-	36493	Tomatenpaprika geviertel	2,57 1l	720 ml	1,85
-	37000	Weiße Bohnen m.Suppe	1,14 1l	850 ml	0,97

Art.Nr.	Artikel	Grundpr.	Inhalt	Preis
33625	Makrelenfilet in Öl	14,08 1kg	125 g	1,76
37448	Ölsardinen m.H.u.G.	5,92 1kg	125 g	0,74
35520	Ölsardinen o.H.u.G	7,44 1kg	125 g	0,93
35160	Rindergulasch	6,46 1kg	500 g	3,23
35208	Rindsrouladen	9,80 1kg	400 g	3,92
35440	Saftbockwürstchen 8er	6,13 1kg	720 g	4,41
35622	Schmalzfleisch	5,38 1kg	400 g	2,15
40721	Schmalzfleisch mit Zwieb	5,38 1kg	400 g	2,15
35830	Schweinefleisch	6,10 1kg	400 g	2,44
36330	Thunfisch in Gemüse	6,86 1kg	185 g	1,27
40691	Thunfisch in Öl	7,35 1kg	185 g	1,36
40708	Thunfisch natur i.eig. Sa	7,35 1kg	185 g	1,36
36663	Truthahnfleisch	7,83 1kg	300 g	2,35
	Backzutaten			
30600	Blattgelatine weiß	48,50 1kg	20 g	0,97
30612	Blockschokolade	5,65 1kg	200 g	1,13
36183	Bunte Zuckerstreusel	7,80 1kg	100 g	0,78
31902	Oe. Galetta Schokolade	10,81 1kg	99 g	1,07
31914	Oe. Galetta Vanille	13,38 1kg	80 g	1,07
32050	Götterspeise Kirsch	24,17 1kg	24 g	0,58
32062	Götterspeise Waldmeiste	24,17 1kg	24 g	0,58
31355	Grießbrei	8,48 1kg	92 g	0,78
32244	Hartweizengrieß	1,58 1kg	400 g	0,63
32268	Haselnüsse ganz	12,20 1kg	200 g	2,44
32270	Haselnüsse gehackt	17,60 1kg	100 g	1,76
32281	Haselnüsse gemahlen	11,25 1kg	200 g	2,25
32724	Kakao z. Backen	9,00 1kg	250 g	2,25
33078	Kokosraspeln	4,65 1kg	200 g	0,93
33649	Mandeln ganz	13,20 1kg	200 g	2,64
33650	Mandeln gehobelt	11,70 1kg	100 g	1,17
33662	Mandeln gemahlen	12,20 1kg	200 g	2,44
33789	Marzipanrohmasse	9,25 1kg	200 g	1,85
33959	Milchreis	1,66 1kg	500 g	0,83
31641	Milchreis	6,24 1kg	125 g	0,78
38465	Oblaten70mm 100er	0,01 1Stk	1 Pack	0,97
36195	Oe. Sahnepudding 4er	0,24 1Stk	1 Pack	0,97
34496	Oe. Schokopudding 3er	0,39 1Stk	1 Pack	1,17
31239	Oe. Vanillepudding 4er	0,24 1Stk	1 Pack	0,97
34540	Oe.Dessertcr. Himb.sahn	17,26 1kg	62 g	1,07
36869	Oe.Fin. Orangenschale 2	0,34 1Stk	1 Pack	0,68
38246	Oe.Fin.ger.Zitr.schale 2e	0,34 1Stk	1 Pack	0,68
34563	Oe.Vanillaroma 4er	0,20 1Stk	1 Pack	0,78
34629	Orangeat gewürfelt	4,80 1kg	100 g	0,48
34745	Paniermehl	1,07 1kg	1 kg	1,07
35040	Puddingpulver Schoko 3	0,13 1Stk	1 Pack	0,38
35051	Puddingpulver Vanille 5e	0,08 1Stk	1 Pack	0,38
35063	Puderzucker	1,76 1kg	250 g	0,44
38441	Bourb.Vanillezucker 3er	0,42 1Stk	1 Pack	1,27
35403	Raspelschokolade ZB	11,70 1kg	100 g	1,17
35427	Vanillesoße o.Kochen 3e	0,19 1Stk	1 Pack	0,58
35452	Sahnesteif 5er	0,08 1Stk	1 Pack	0,38
35610	Schlemmercreme Vanille	0,54 1Stk	1 Pack	1,07
35415	Schokostreusel	7,30 1kg	200 g	1,46
37552	Seeb. Kürbisk. schalenlo	22,05 1kg	200 g	4,41
36134	Speisestärke	1,95 1kg	400 g	0,78
36250	Sultaninen	4,68 1kg	250 g	1,17
39354	Tortenguß klar 6er	0,08 1Stk	1 Pack	0,48
34484	Vanillinzucker 10er	0,03 1Stk	1 Pack	0,28
36894	Vollkornmehl	1,66 1kg	1 kg	1,66
36985	Weichweizengries	1,16 1kg	500 g	0,58
36997	Weizenmehl Typ 405	0,54 1kg	1 kg	0,54
37242	Zitronat gewürfelt	5,80 1kg	100 g	0,58
40344	Zitronenaroma 4er	0,14 1Stk	1 Pack	0,58
	Saisonartikel Weihnachten			
	nur solange der Vorrat reicht			
41993	Butterspekulatius	5,32 1kg	250 g	1,33
32505	Christstollen	3,91 1kg	750 g	2,93
32499	Dominosteine ZB	6,24 1kg	250 g	1,56
39226	Ferr. Küsschen 20er	18,15 1kg	178 g	3,23

ANTRAG AUF TASCHENGELD UND TASCHENGELDVORSCHUSS

Jeder Häftling, der arbeitet oder einer Ausbildung nachgeht, erhält ein Arbeitsentgelt bzw. eine Ausbildungsbeihilfe. Der Verdienst liegt monatlich bei ca. 60 bis 150 Euro. Ist ein Gefangener ohne eigenes Verschulden daran gehindert zu arbeiten, hat er Anspruch auf ein Taschengeld oder zu Überbrückungszwecken auf einen Taschengeldvorschuss. Beides muss beantragt werden. Das Taschengeld beträgt 14 % des Arbeitsentgelts abzüglich Eigen- und Hausgeld.

Arbeitsverwaltung

Buchnummer

Antrag auf Festsetzung eines Taschengeldes

Name, Vorname (bitte in Druckschrift) ______________________ geb. ______________

Antrag

Ich beantrage für den Monat ______________ 20 ______ Taschengeld, weil ich ohne mein Verschulden seit dem __________ 20______ kein Arbeitsentgelt/keine Ausbildungsbeihilfe nach dem Strafvollzugsgesetz erhalte.

(Tag) ______________ (Unterschrift) ______________

Die Angaben treffen – nicht – mit nachstehenden Einschränkungen – zu.

(Tag) ______________ (Unterschrift, Amtsbezeichnung)) ______________

(Von der Zahlstelle auszufüllen)

Guthaben an Hausgeld __________ €

Guthaben an Eigengeld __________ €

(Unterschrift, Amtsbezeichnung) ______________

1. Der Antragsteller erfüllt nicht die Voraussetzungen für die Gewährung eines Taschengeldes, weil

____

____

2. Der Antragsteller erfüllt die Voraussetzungen für die Gewährung eines Taschengeldes. Ihm wird für den Monat ________ ______________20__ ein Taschengeld gemäß nebenstehender Berechnung gewährt.
3. Der Antragsteller ist von der Entscheidung zu verständigen.

   (Erl. am ____________________ 20 ______/______)
4. a) Der Arbeitsverwaltung z. w. V. bei Gewährung.

   b) Z. d. GefPA. bei Ablehnung des Antrags

Zulässiges Taschengeld (14 v. H. der Eckvergütung von __________€ (= __________€) x Anzahl der Arbeitstage d. Monats)	__________ €
Anzurechnendes Hausgeld und Eigengeld	__________ €
Bewilligtes Taschengeld	__________ €

(Tag) ______________ (Unterschrift, Amtsbezeichnung) ______________

1. Angewiesen am ________________ 20 ______
2. Im Nachweis der Empfänger von Taschengeld verbucht (HJ. 20 ________, lfd. Nr. __________).
3. Als Anlage zum Nachweis der Empfänger von Taschengeld nehmen.

(Tag) ______________ (Unterschrift, Amtsbezeichnung) ______________

██████████
(Behörde)

Arbeitsverwaltung

Taschengeldvorschuss § 35 (3) StVollzG (laufender Monat)

....

Name, Vorname (bitte in Druckschrift) geb.

Antrag

Ich beantrage, mir für den Monat ... . 20 **19**... einen **Vorschuss** in Höhe von 50 Prozent des üblichen Taschengeldsatzes zu gewähren, da ich seit dem bedürftig bin.

Ich bin damit einverstanden, dass der mir gewährte Vorschuss mit dem ersten Arbeitsentgelt, der ersten Ausbildungsbeihilfe, der ersten nachfolgenden Gewährung von Taschengeld oder bei Eingang sonstiger finanzieller Zuwendungen verrechnet wird . Insofern erkläre ich mich mit der Aufrechnung einverstanden.

(Tag) (Unterschrift)

(Von der Arbeitsverwaltung auszufüllen)

Die Angaben treffen – nicht – mit nachstehenden Einschränkungen – zu.

(Tag) (Unterschrift, Amtsbezeichnung)

Guthaben an Haus- / Eigengeld .... €

(Unterschrift, Amtsbezeichnung)

---

1. Der Antragsteller erfüllt nicht die Voraussetzungen für die Gewährung eines Vorschusses in Höhe von 50 Prozent des üblichen Taschengeldsatzes, weil ....

....

....

....

2. Der Antragsteller erfüllt die Voraussetzungen für die Gewährung

eines Vorschusses in Höhe von 50 Prozent des üblichen Taschengeldsatzes für den Monat .... 20 ....

3. Der Antragsteller ist von der Entscheidung zu verständigen. (Erl. am .... 20 .... / ....)

(Namenszeichen)

4. a) Der Arbeitsverwaltung z.w.V. bei Gewährung.

b) z.d.Gef.PA bei Ablehnung des Antrags.

Taschengeld (14 v.H. der Eckvergütung von **13,46 € = 1,88 €)** x Anzahl der Arbeitstage des Monats) = **€**	
Vorschuss v. 50 %	.... €
anzurechnende Gelder	.... €
bewilligter Vorschuss	.... €

(Tag) (Unterschrift, Amtsbezeichnung)

Vfg.

1.) Dem Gefangenen , geb. , wird gem. § 35 (3) StVollzG ein Taschengeldvorschuss in Höhe von € gewährt.

Der Vorschuss ist als Forderung ( ) zu verbuchen und wird mit dem ersten Arbeitsentgelt, der ersten Ausbildungsbeihilfe, der ersten nachfolgenden Gewährung von Taschengeld oder bei Eingang sonstiger finanzieller Zuwendungen verrechnet.

2.) Zahlstelle z.w.V.

(Unterschrift, Amtsbezeichnung)

BEGLEITUMSCHLAG FÜR ABGEHENDE BRIEFE

Im Gefängnis ist die Kommunikation nach außen eingeschränkt. Inhaftierten steht kein Internet zur Verfügung. Sie dürfen auch keine Handys bei sich tragen. Die Hauptkommunikation nach außen erfolgt demzufolge noch ganz klassisch auf dem Postweg. Jeder abgehende Brief wird während der Untersuchungshaft von dem zuständigen Richter kontrolliert. Gegebenenfalls kann die Postkontrolle auch auf die Staatsanwaltschaft übertragen werden. Für diese abgehenden Briefe gibt es einen eigenen Begleitumschlag, mit dem der Gefangene sein Schreiben versendet.

Begleitumschlag für abgehende Briefe

Das Umrandete ist vom Gefangenen auszufüllen

(Name, Vorname, Geburtstag)

Die Briefkontrolle nimmt wahr:

Amts- Land- Oberlandesgericht *)
Staatsanwaltschaft *)
Untersuchungsrichter *)

in ____________________

Geschäftsnummer: ____________________

Inhalt:

___ Sendung(en)
(Empfänger auf der Rückseite angeben)

(Tag)

(Unterschrift des Gefangenen)

(Justizvollzugsanstalt)

Erhalten und weitergegeben am: ____________________

(Namenszeichen d. Bed. d. Briefstelle)

Beförderung genehmigt:

(Tag, Unterschrift)

Zur Post gegeben am: ____________________

(Unterschrift)

VG 86 Begleitumschlag für abgehende Briefe
Preisklasse 106

*) Nichtzutreffendes streichen

GLOSSAR

Hinter Gefängnismauern herrschen nicht nur eigene Regeln, sondern es gibt auch eine ganz eigene Sprache mit Knast-typischen Begriffen. Einige der wichtigsten, die größtenteils auch in den Knastalltagsgeschichten meiner Mandanten vorkommen, sollen hier kurz vorgestellt werden:

abkacken
auf der Zelle hocken, auch generell: Zeit im Knast verbringen (»Ich habe drei Jahre abgekackt« steht für »Ich habe drei Jahre hinter Gittern verbracht«)

abpissen
bei Verdacht auf Drogenmissbrauch eine Urinprobe abgegeben

eine Acht
Handschellen (»Ich hab 'ne Acht im Rücken gehabt« bedeutet »Man hatte mir Handschellen angelegt«)

einen Affen schieben
Drogenentzugserscheinungen zeigen wie Frieren, Erbrechen, Krämpfe, Schlaflosigkeit usw.

auf Ampel gehen
den Notrufknopf in der Zelle betätigen (dann geht vor der Zelle eine Lampe an und ein Bediensteter meldet sich)

Angesetzter
hausgebrautes alkoholisches Getränk, unter Hefe- und Zuckerzusatz aus Fruchtsaft oder Ähnlichem erzeugt

eine Ansage machen
einem anderen Häftling unmissverständlich etwas klarmachen

Antrag
das meistgebrauchte Wort hinter Gittern – nichts geht ohne. Für alles und jedes erforderlich: Arztbesuch, Betreuung durch Seelsorger, Sozialarbeiter oder Psychologen, Sonderbesuch, Telefonat, Wäsche-Paketmarke, Briefmarke, Papier usw.

Aquarium
Glaskanzel in den einzelnen Abteilungen für die Wärter

Aufschluss
Zeit, in der die Zellentür geöffnet ist

Ausführung
Verlassen der JVA in Begleitung einer oder mehrerer Anstaltspersonen, mit oder ohne »Acht«

Ausgang (in zwei Varianten möglich):
begleiteter Ausgang
erste Lockerung: in Begleitung die JVA verlassen, z. B. für Ämtergänge vor der Entlassung

unbegleiteter Ausgang
erweiterte Lockerung: ohne Begleitung die JVA verlassen, z. B. zur Einkleidung vor der Entlassung

auslösen
die Geldforderung, die einer Ersatzfreiheitsstrafe zugrunde liegt, begleichen, was zur Entlassung des Gefangenen führt

BTMer
Drogenkonsument (»BtM« sind Betäubungsmittel)

Bombe
Päckchen Tabak

Bunker
Beruhigungszelle, formell »BgH« (besonders gesicherter Haftraum); Häftlinge werden in der Regel als Disziplinar-, Sicherungs- oder Beruhigungsmaßnahme hier eingesperrt, dabei ist Fesselung möglich; kann stunden- oder tageweise verordnet werden. Empfänger dieser Maßnahme erhalten in der Regel außer Papierwäsche nichts anderes. Das WC ist im Boden eingelassen. Es erfolgt eine ununterbrochene Videoüberwachung und externe Temperaturregelung.

Dreiteiler
ein aus Edelstahl gestanzter Teller zur Trennung von Kartoffeln, Gemüse und Fleisch mit Soße

EFS
steht für »Ersatzfreiheitsstrafe«, womit gemeint ist, dass eine nicht bezahlte Geldstrafe in eine Gefängnisstrafe umgewandelt wurde. Hat der Verurteilte z. B. 250 Tagessätze Geldstrafe zu 5 Euro bekommen, aber die 1250 Euro nicht bezahlt, muss er 250 Tage in der JVA absitzen – was den Staat und damit den Steuerzahler über 30 000 Euro zusätzlich kostet.

Eigengeld
Geld, welches der oder die Gefangene beim Strafantritt mitgebracht hat oder aber von Angehörigen (nicht zweckgebunden) überwiesen worden ist. Darüber darf vor Erreichen der »Überbrückungsgeld«-Summe nicht verfügt werden, sondern es wird dem oder der Gefangenen bei der Entlassung ausgezahlt. Wurde das Überbrückungsgeld aber in voller Höhe angespart, kann

der oder die Gefangene über den übrigen Betrag frei verfügen (»freies Eigengeld«), sofern keine Forderungen oder Pfändungen bestehen. Eine Ausnahme gilt für die Untersuchungshaft: Hierbei darf auch auf das Eigengeld zugegriffen werden (wegen der Unschuldsvermutung und weil hier keine Verpflichtung zur Arbeit besteht).

Endstrafe
bezeichnet das Verbüßen der vollen Haftzeit, wenn Häftlinge nicht nach der Hälfte oder zwei Dritteln der Zeit vorzeitig entlassen werden

filzen
Durchsuchen einer Zelle (Haftraum) oder einer Person

Freistunde
die tägliche Stunde, in der die Häftlinge hinaus auf den Hof dürfen, siehe auch unter »eine Runde drehen«

Führungsaufsicht
erhalten Gefangene, die auch nach Entlassung aus der JVA weiter durch eine staatliche Betreuungsperson überwacht und unterstützt werden sollen. Dieser Fall tritt insbesondere dann ein, wenn eine mindestens zweijährige Freiheitsstrafe wegen einer vorsätzlichen Straftat voll verbüßt wurde, es also keine vorzeitige Entlassung gegeben hat. Führungsaufsicht gibt es auch nach vollständiger Verbüßung einer Strafe wegen einer vorsätzlichen Straftat gegen die sexuelle Selbstbestimmung von mindestens einem Jahr. In NRW nimmt die Aufgaben der Führungsaufsicht ein ambulanter sozialer Dienst wahr. Ziel ist es, besonders rückfallgefährdete Tätergruppen zu stabilisieren und neue Straftaten in Freiheit zu vermeiden.

einen Gelben verpassen
Gefangene im Sinne einer Disziplinarmaßnahme verwarnen

Grüne Minna

besonders gesicherter Bus für den Transport von Gefangenen

Halbstrafe

frühestmöglicher vorzeitiger Entlassungszeitpunkt bei Erwachsenen, nämlich nach Verbüßung von 50 Prozent der Strafe (Jugendliche und Heranwachsende können ausnahmsweise schon vorzeitig entlassen werden, wenn ein Drittel der Strafe verbüßt ist)

Hausgeld

Geldbetrag, welchen der oder die Gefangene für eigene Bedürfnisse verwenden kann (Einkauf, Telefonate, zum Verplomben von elektrischen Geräten usw.); bei Gefangenen ohne Arbeit stammt das Hausgeld aus dem Taschengeld (ca. 30 Euro pro Monat, muss beantragt werden), bei den anderen aus 3/7 ihres Verdienstes für die Arbeitstätigkeit.

Hütte

Zelle bzw. Haftraum, ca. 10 qm einschließlich Mobiliar und WC für eine oder zwei Personen (bei zwei Personen größere Fläche)

JVA

Justizvollzugsanstalt

JAA

Jugendarrestanstalten – Anstalten zur Vollstreckung von Jugendarresten, also einem kurzen Freiheitsentzug von bis zu vier Wochen

Kostklappe

kleine, abschließbare Klappe an der Haftraumtür, durch die bei gefährlichen Gefangenen Essen oder Medizin gereicht und suizidale Gefangene beobachtet werden

KüHR
steht für »kameraüberwachter Haftraum«; dieser wird meist aus Sicherheitsgründen bei suizidalen Absichten verwendet

Lebendkontrolle
findet jeden Morgen beim ersten Aufschluss in der gesamten JVA statt und zudem viertel- oder halbstündlich bei Suizidgefährdeten

LL
Kürzel für lebenslange Freiheitsstrafe«, »lebenslänglich«

LZB
steht für Langzeitbesuch«, einen mehrstündigen Besuch mit der Möglichkeit, mit der Partnerin oder dem Partner sexuell in der Anstalt zu verkehren

Nachschlag bekommen
während der Inhaftierung zu einer weiteren Freiheitsstrafe verurteilt werden

Nachtverschluss
Verriegelung der Hafträume am Tagesende

Pendel
Plastiktüte an einer Leine, mit der Gegenstände während des Einschlusses vom Zellenfenster aus in eine andere Zelle transportiert (»gependelt«) werden – seit der Feinvergitterung so gut wie unmöglich

Piste
Stationsflur, an den die Hafträume anschließen

Plombe
Fernseher und andere Geräte werden für den Gebrauch in Gefängnissen verplombt, um Manipulationen vorzubeugen

Qualm
lange Freiheitsstrafe bzw. hartes Urteil (»der hat ordentlich Qualm bekommen«)

Roter Punkt
Kennzeichnung an der Zellentür bei suizidgefährdeten Gefangenen

Rucksack bekommen
nach der Strafhaft in Sicherungsverwahrung (SV) kommen

eine Runde drehen
offiziell »Freistunde« oder »Hofgang« genannt, gesetzlich vorgeschrieben ist mindestens eine Stunde pro Tag auf dem Hof innerhalb der Anstalt mit anderen Gefangenen

Schub
Verlegungstransport: Gefangene werden in eine andere Anstalt verlegt (was teilweise Wochen dauert, da es oft keine direkten Anbindungen gibt, sondern es nach und nach über andere JVAs in die Zielanstalt geht)

Sittich
Kinderschänder

Spannmann
Mitgefangener in einer Zweierzelle

Spüli
Anstaltskaffee

Strafhaft
im Gegensatz zur U-Haft ist der oder die Gefangene in der Strafhaft rechtskräftig durch ein Gericht verurteilt; es handelt sich nun um die Vollstreckung der Freiheitsstrafe

SV
steht für »Sicherungsverwahrung«, fortgesetzte Haft im Anschluss an die Verbüßung der Strafhaft, Ende offen

Überbrückungsgeld
Geld, welches der oder die Gefangene während der Haftzeit anspart und das helfen soll, die ersten vier Wochen nach der Haft zu überbrücken. Es muss ein festgeschriebener Grundbetrag erreicht werden (ca. 1400 Euro), von dem ausgehend das »Ü-Geld« individuell errechnet wird, z. B. werden unterhaltspflichtige Kinder berücksichtigt. Bei Gefangenen in Arbeit wird das verdiente Arbeitsentgelt gesplittet: 3/7 werden dem Hausgeld und 4/7 dem Überbrückungsgeld gutgeschrieben. Ist das »Ü-Geld« angespart, werden die 4/7 von da an dem (freien) Eigengeld zugeschlagen.

U-Haft
steht für »Untersuchungshaft«, das heißt, der oder die Gefangene ist noch nicht durch ein Gericht rechtskräftig verurteilt, es besteht aber dringender Tatverdacht für eine Straftat und daneben entweder Flucht-, Verdunkelungs- oder Wiederholungsgefahr. Kommt es später zu einer Strafhaft, wird die U-Haft angerechnet, so dass die Betroffenen nicht »umsonst« gesessen haben. Wird der U-Häftling später rechtskräftig freigesprochen, entschädigt ihn die Staatskasse mit gerade mal 75 Euro pro unschuldig abgesessenem Tag, vor 2020 waren es sogar nur 25 Euro. Hieran sieht man in erschreckender Weise, wie wenig dem Staat die Freiheit seiner Bürger wert zu sein scheint.

Umlauf
Transport von Gefangenen, z. B. von einer JVA in die andere oder auch von der JVA zu Gericht

Umschluss
Besuch von anderen Gefangenen in anderen Zellen

verschuben
verlegen, siehe »Schub«

Vollstreckungsblatt
ein Papier, das in der JVA für jeden in Strafhaft befindlichen Insassen geführt wird; neben den Personalien der Betroffenen und den Aktenzeichen der Staatsanwaltschaft sind hier in der Regel der Termin der Halbstrafe (wenn 50 % verbüßt sind) und der 2/3-Zeitpunkt (wenn 2/3 der Strafe abgesessen sind) verzeichnet.

sich wegmachen
sich selbst umbringen (»der hat sich selbst weggemacht«), häufigste Todesursache im Knast

Zählappell
die Gefangenen stellen sich vor dem Haftraum oder im Hof auf und werden durch die Wärter gezählt. Wenn ein Knacki fehlt, wird überprüft, ob er einen Termin hat, z. B. beim Arzt, oder Fluchtverdacht besteht, was zur Auslösung von Alarm führen kann.

Zwei-Drittel-Anhörung
Die meisten Gefangenen werden durch die Strafvollstreckungskammer des örtlich für die JVA zuständigen Landgerichts nach Verbüßen von zwei Dritteln der Strafe vorzeitig entlassen. Bekommt man sechs Jahre Haft, hat man nach vier Jahren die Zwei-Drittel-Anhörung und kommt dann in der Regel frei. Voraussetzung ist, dass man sich während des Strafvollzugs gut geführt hat. Zweitverbüßer müssen allerdings oft bis zum letzten Tag der verhängten Strafe sitzen (»Endstrafe abmachen«).

Zweitverbüßer
Gefangene, die zum wiederholten Male hinter Gittern sind